鈴村裕輔

政治家 石橋湛山

見識ある「アマチュア」の信念

中公選書

はじめに

自民党第二代総裁

一九五六（昭和三十一）年十一月に首相の鳩山一郎《はとやまいちろう》が正式に退陣を表明した。これにより、自由党と日本民主党の保守合同で一九五五年十一月に誕生した自由民主党（以下、自民党）は、結党後最初の総裁選挙を行うこととなった。

鳩山は八月の時点で軽井沢の別荘に政権幹部と自民党の首脳を集めて非公式に総理総裁からの退陣の意向を示していた。そのため、鳩山内閣の農林相の河野一郎《こうのいちろう》や外相の重光葵《しげみつまもる》ら政権幹部から、保守合同に最後まで強硬に反対した松村謙三《まつむらけんぞう》まで、総裁選への出馬が取り沙汰された人物は十指に余ったが、最終的に正式に立候補したのは党幹事長の岸信介《きしのぶすけ》、総務会長の石井光次郎《いしいみつじろう》、通商産業大臣の石橋湛山《いしばしたんざん》の三人だった。

幹事長として党務を差配し、党主流派として重きをなした岸、鳩山の後継者として最有力候補でありながら保守合同の直後に急逝した緒方竹虎《おがたたけとら》の跡を継いだ石井、鳩山内閣を支え、旧日本民主党系の議員に影響力を持つ石橋と、誰もが納得する候補者の顔ぶれだった。

十二月十四日に行われた投票では、事前の予想の通り地力で勝る岸が第一位となったものの得票数が過半数に満たなかったため、第二位の石橋と決選投票を行うことになる。そして、石井との間で「第一回目の投票で敗退した者が決選投票に回った者を支援する」という「二位・三位連合」を結んだ石橋が、岸を二五八票対二五一票で破り、自民党の第二代総裁に選出される。

総裁選の勝利を確信していた岸にとっても、選挙中も「周囲からの要望に応えて出馬しただけ」と口にしていた石橋にとっても予想外の、まさに二人の運命を分けた七票だった。

息の長い活動

十二月二十三日に第五五代内閣総理大臣に就任した石橋の歩みは、歴代首相に比べて異色のものだった。

今では珍しくなくなったとはいえ、私立大学を経て内閣総理大臣となったのは慶應義塾を中退した犬養毅《いぬかいつよし》以来で、早稲田大学出身者としては初の首相であった。また、就任時に七十二歳であったものの、当選四回目、初当選から九年目で総理総裁の座を手にしたのは、石橋が「新鮮な人格と識見」といった世評を得ていたのが、大きな理由の一つだった。何より、政治活動に入る前は言論活動に従事し、通産相時代は自分で国会答弁の原稿を書くなど、文書担当の課長が自分の出番がないと嘆息するほど筆が立ったことは、石橋の大きな特徴だろう。

石橋は一九一一（明治四十四）年に東洋経済新報社に入社し、雑誌『東洋時論』の記者となって以来、最晩年に至るまで言論活動を行った。特に一九一二（大正元）年十月に『東洋時論』が経済専門誌『東洋経済新報』に合併されてからは、石橋は同誌で論説記事の執筆を担当する。

学生時代は哲学を専攻し、『東洋時論』でも文芸や社会問題などを担当していた石橋が『東洋経済新報』の配属となってから経済学を独学自習し、やがてジョン・メイナード・ケインズの経済学を日本で最初に紹介した一人となるまで経済学の理論に通じるようになったことは、石橋の伝記や評伝には欠かせない逸話である。

『東洋経済新報』を舞台とした評論活動が活発になるにつれて、石橋の社内での地位も高まる。一九一五年には東洋経済新報社の合名社員となって会社の意思決定に参画することになり、一九二四年には東洋経済新報社の第五代編集主幹、翌年には代表取締役専務、一九四一（昭和十六）年に代表取締役社長と、言論活動と企業経営の両面で重要な役割を担うことになるのである。

分野を横断して収めた成功

このように見れば、石橋が記事を書くだけでなく、東洋経済新報社という一つの企業の経営にも重責を負ったことが分かる。

しかも、石橋は記者や評論家、経営者にとどまらない、多くの活動を行った。

一九三一年に東洋経済新報社の外郭団体として経済倶楽部を設立し、講演会の開催と購読者数の増加を図ったことは、石橋による起業家的取り組みの一つであった。

また、一九五二年には立正《りっしょう》大学の学長となり、教学運営を任されるとともに学生に対する講義や若手の教員を囲んだ勉強会を開くなど、教育者としても後進の育成に励んでいる。

さらに、戦後は政界に進出し、第一次吉田茂《よしだしげる》内閣で大蔵大臣に就任したことをはじめとして、日本民主党最高委員や鳩山一郎内閣の通産大臣など、行政や国政政党の党務の分野で実績を重ねた。こうした様々な経験を経て迎えたのが、一九五六年の自民党総裁選での勝利と内閣総理大臣への就任であった。

言論、経営、教育、政治といった複数の分野に携わり、そのいずれにおいても成功を収めた点に、石橋の活動の特徴の一つがあると言えるだろう。

取り残される「政治家 石橋湛山」の像

だが、これまでのところ石橋湛山の研究も伝記や評伝、研究書も、主として扱うのは言論人としての石橋である。

例えば、石橋の言論活動として知られるのが、「小日本主義」や「金解禁論争」だ。

武力に裏打ちされた領土拡張が国家の方針として進められていた一九二〇年代に、日本の領土を北海道、本州、四国、九州に限定し、台湾や朝鮮半島などの植民地の放棄を勧める、いわゆる「小日本主義」を唱えた。また、濱口雄幸《はまぐちおさち》内閣が推進した金解禁については、従来の法定平価での金と円の交換を計画する政府に対し、円の実勢を反映した価格の設定を主張する石橋らとの間で「金解禁論争」が行われた。

これらは、一九二〇年代の日本の常識であった対外政策や政府の為替政策と正面から対立するものであり、米英を中心とする国際協調主義や自由貿易こそ日本の活路であるとする主張、さらに戦前は対米開戦の不利を唱え、戦中は日本の最終的な敗北を指摘する石橋の姿は、多数派に対して一歩も引かない言論人の手本として、現在も様々な形で取り上げられている。

これに対し、戦後に政界に転身した石橋は、首相となって頂点を極めたものの病気のために在職六五日で退陣しているし、一九六三年の総選挙では首相経験者として初めて落選したことも、評価を難しくしている。

短命の内閣が登場するたびに、石橋内閣は「戦後の短命内閣の一覧」に取り上げられる。また、二〇〇九（平成二十一）年の総選挙で海部俊樹《かいふとしき》が落選した際には、「石橋湛山以来となる首相経験者の落選」と報道されている。こうしたありさまを見れば、「政治家・石橋湛山」の印象が悪くなるのも致し方ない。

もちろん、これまで石橋の政治家としての側面を取り扱う研究が皆無だったわけではない。筒井清忠の『石橋湛山――自由主義政治家の軌跡』（中公叢書、一九八六年）は「政治家石橋湛山の研究はまだない」という書き出しが示すように、政治家・石橋の足跡を客観的な立場から研究した先駆的な研究だ。また、増田弘の『石橋湛山――リベラリストの真髄』（中公新書、一九九五年）や『石橋湛山――思想は人間活動の根本・動力なり』（ミネルヴァ書房、二〇一七年）は、その時々の最新の研究成果を取り入れ、言論人と政治家の二つの側面を中心に石橋の全体像を描いている。

だが、筒井の場合は一九五六年の総裁選挙から翌年の内閣総辞職までは詳細な検討が加えられているものの、それ以降の政治上の活動については補論的に取り扱われているのみである。

また、現在の石橋湛山研究の基礎をなすというべき増田の『石橋湛山――リベラリストの真髄』、そして過去二〇年間の石橋研究の進展を反映した『石橋湛山――思想は人間活動の根本・動力なり』は、言論人としての特徴であった独立不羈《どくりつふき》の精神が政治活動に反映されており、石橋において言論活動と現実の政治が連続していることを明瞭に描くものの、いかにして自民党内の権力闘争を勝ち抜いたか、あるいは派閥政治家としての石橋の姿がどのようなものであったかという点については、挿話的に扱われているのみである。

こうした状況は、「政治家 石橋湛山」の研究が、これから大いに開拓されるべき分野であることを示している。

一九五六年の総裁選挙は自民党の人々に派閥の重要性を実感させたし、投票会場となったサンケイホールの廊下で紙袋に詰められた選挙資金がやり取りされるなど、「金で票を買う」の実践の場でもあった。

劣勢を伝えられた石井と石橋は決選投票に残った者がもう一方を支援するという「二位・三位連合」で合意し、結果として石橋が岸を破ることになる。しかし、日本の政治史を動かした石橋と石井の合意がいつ結ばれたのか、従来の研究では定説となる見解は出されていない。

さらに、首相退任後も小規模ながら石橋派を率いて通称「自民党八個師団」の一角を占め、一九六〇年の岸信介内閣による日米安全保障条約改定の際に「反岸」の立場を鮮明にしたことなどは、石橋の派閥政治家としての一面を物語る。

自民党政治の特徴の一つである派閥や金権体質を考えるなら、石橋の政治活動の全貌を明らかにすることは、戦後の日本の政治のあり方を知る上でも重要な手掛かりとなるだろう。

あるいは、憲法改正問題への対応や首相退任後に行った日中国交正常化や日ソ関係の改善への取り組みなども、紙とペンを通して世論に訴えかけてきた石橋が権力を手にしたことで現実の政治に一定の影響を与えた特筆すべき事績である。

なぜ今、「政治家　石橋湛山」なのか

言論人時代を「青っちょろい議論をしておった」と振り返る石橋は、政治家としても自らの信念に基づき、時には「ワンマン」と呼ばれた吉田茂や占領下の日本に君臨した進駐軍の高官と対立してでも政策の実現を目指した。こうした態度は、政治家として最大の敵手となった岸信介をして「石橋さんは見識ある人」と呼ばしめることになった。

そして、権力の維持そのものを目指すのではなく、国民のために尽くすのが政治家であるという石橋の見識を示すものが、一九五七年に病気療養のため二か月の絶対安静が必要という医師の診断が出た際の、「私の政治的良心に従います」という声明だった。

首相臨時代理に政務を任せて回復を待つということができたにもかかわらず、あえて辞職を選んだのは、自らの不在中に自民党内で派閥間の対立が起きて国民の信頼を失うことは、自らの信念に反するという理由からだった。このような石橋の態度は、側近たちを残念がらせたし、「アマチュア政治家」と呼ばれる原因ともなった。

しかし、党利党略、個利個略のために権力の座に就くのではなく、権力を手にしなければ理想を

実現できないと考えていた石橋にとっては、首相の地位を手放さない姿は「政治的良心」に背くものに他ならなかったのである。

周囲から「アマチュア」と言われながらも最後まで信念を曲げなかったことで政敵からも「見識ある人」と評された石橋の姿は、「権力を私物化している」と批判されるような政治家たちとは明らかに異なる。

今や、政党や思想信条の違いを超えて尊敬を集める政治家を見つけ出すことは困難かもしれない。そのような時代に、自らの信念に忠実であり、一面において権力闘争に打って出て一歩も引かない迫力を持ちながら、他面では出処進退に淡白であった石橋湛山の姿を知ることは、大きな意味を持つ。

本書は最新の研究成果を踏まえ、石橋湛山の政治家としての姿に焦点を当て、自民党総裁選、派閥、憲法改正問題、日中国交正常化、選挙などの具体的な出来事を通して、これまでの「石橋湛山伝」をさらに進める、新たな人物像を描き出すものである。

政治家　石橋湛山

目次

第五章　日中国交正常化への努力

政治家　石橋湛山

見識ある「アマチュア」の信念

第一章　政治家 石橋湛山の誕生

公職追放解除の指定をうけ、政界への再出馬をめざす（一般財団法人石橋湛山記念財団提供）

初の国政選挙

一三三名中二〇位の落選

大日本帝国憲法下での最後の総選挙である第二二回衆議院議員総選挙は、一九四六（昭和二十一）年四月十日に執行された。

改選される四六六議席に立候補したのは、現在に至るまでの最多となる二七七〇名であった。選挙の結果、鳩山一郎の率いる日本自由党が一四〇議席を獲得して第一党となり、第二党は九四議席を得た日本進歩党、そして九二議席の日本社会党が第三党となった。前年十二月に合法化された日本共産党も徳田球一《とくだきゅういち》や野坂参三《のさかさんぞう》ら党幹部を含む五人が当選し、一九二二（大正十一）年の結党以来初めて帝国議会に議席を得ることになった。

また、衆議院議員選挙法の改正により女性が選挙権とともに被選挙権を獲得し、加藤《かとう》シヅエ（日本社会党）、山口《やまぐち》シヅエ（日本社会党）、松谷天光光《まつたにてんこうこう》（餓死防衛同盟）など三九名の女性議員も当選する。

一方、後に衆議院議長を務める櫻内義雄《さくらうちよしお》、一九三五年に第一回芥川賞を受賞した作家の石川達三《いしかわたつぞう》、一九六一年に不信任決議案が可決された唯一の衆議院副議長となる久保田鶴松《くぼたつるまつ》などが落選している。

そして、落選した二二三四名の中には東洋経済新報社の社長であった石橋湛山の名前もあった。定数一二名の東京都第二区から立候補した石橋が獲得したのは一三三名中二〇位となる二万八〇四四票で、当選には遠く及ばなかった。

言論活動の限界

最初の国政選挙で当選を果たせなかった石橋湛山の政治との関わりは、一九一一（明治四十四）年に入社した東洋経済新報社で月刊誌『東洋時論』の編集に携わり、政治や外交に関する評論を執筆したことに始まる。

その後、『東洋経済新報』に移籍した石橋は、植民地の放棄や男子普通選挙の実現、金解禁問題での新平価による金解禁など、その時々の日本を取り巻く内政と外交の問題について積極的に発言し、一九一九（大正八）年には普通選挙期成同盟会に参加するなど、言論活動とともに実際の活動にも積極的に携わった。

しかし、一九二五年に男性のみを対象とするものの普通選挙が実現したことを除けば、植民地放棄論や旧平価による金解禁の反対など、石橋が提唱した議論が政治家たちに受け入れられ、具体的な政策となることはなかった。

実際には、中国大陸での権益の拡大を目指したことで一九三一（昭和六）年に満洲事変が起き、日本は国際連盟から脱退して国際社会からの孤立を余儀なくされたし、旧平価による金解禁は正貨の流出と通貨と信用の収縮をもたらし、濱口政権が推進した緊縮財政とあいまって昭和恐慌と呼ばれる深刻な不況に陥った[1]。

それでは、なぜ、世論は石橋らの主張に与《くみ》せず、政治家たちは支持しなかったのか。どれほど適切な議論であろうと、人々は適切さのみで、その議論を支持するのではない。むしろ論者を信頼するからこそ議論を支持するのである。そのため、所論を実際の政治に反映させるためには、政治家たちの信頼を獲得して献策を受け入れさせるか、自分自身が政治家となって所論を政策へと具体化するしかない。

国政への進出の理由を問われた石橋は、「戦争中に日本が誤まった道を歩んだ、もうここで誤まった道を歩ませてはならないということを考え、それだけで政治に入ったようなもの[2]」と回顧する。太平洋戦争そのものだけでなく戦争へと至る様々な出来事を含め、ことごとく日本の針路を正すことができなかったという挫折の経験を踏まえ、二度と日本が誤った道を歩まないよう、石橋は戦後になって自ら国政に参与することを決意したのである。

後年、石橋は一九四六年の総選挙に出馬した理由として二つの点を挙げている。すなわち、この年の一月に連合国軍最高司令官総司令部（GHQ）の指令により過去の日本の政治家の多くが追放されて選挙に立候補できなくなったため、各政党が良い候補者を失って困っていたこと、また、敗戦直後の日本が緊縮政策を行えば経済が破綻する恐れがあったことである。

このとき、石橋は自らの心情を次のように記している[3]。

そこで私もこの際、文筆界に引込んでいる時ではなく、どれほど働けるかは分らないが従来の私の主義主張を実践に移し、日本再建に尽したいと思った。（中略）みずから政界に出て、いずれかの政党の政策に自分の主張を強力に取入れてもらい、これをなんとか食い止めなければならないと考えた。

ここには、『東洋時論』以来その時々の政府の政策や方針を改め、よりよい日本の針路の実現を目指しながらも、ついに素志を果たすことのできなかった石橋の反省と雪辱の念が凝縮されていると言えるだろう。

日本自由党への入党

国政への進出を目指した石橋は、一九四五（昭和二十）年十一月に鳩山一郎が総裁を務める日本自由党に入党する。

当時は様々な新政党が誕生しており、日本社会党からは松岡駒吉《まつおかこまきち》が入党ないし顧問としての総選挙への出馬を求め、日本自由党からは植原悦二郎《うえはらえつじろう》が石橋を勧誘している。(4)

石橋が日本自由党への入党を決めたのは、当時の主要政党であった進歩党と日本社会党と比較した結果であった。(5)

戦前から社会主義を排除するのではなく、その主張を正しく理解することが重要であると説き、社会主義に理解があると考えられていたのが石橋である。そのため、社会党に入党したとしても不思議ではなかった。また、人脈という点では幣原喜重郎《しではらきじゅうろう》や斎藤隆夫《さいとうたかお》、松村謙三など旧知の政治家が在籍する改進党や進歩党がふさわしいとも言えた。

また、鳩山一郎は安藤正純《あんどうまさずみ》や芦田均《あしだひとし》らと政党政治の再建を目指して新党結成を計画し、石橋ら各方面の有志に参加を呼び掛けていたものの、[6]新党の幹部となる三木武吉《みきぶきち》と以前から交流があったことを除けば、日本自由党結成の中心人物の一人であった北昤吉《きたれいきち》とは面識はなく、鳩山のことも以前からある程度知っているにとどまっていた。[7]

だが、石橋は日本社会党には社会主義という殻があり、「窮屈で、なにもかも制限してしまう」と考え、進歩党も同様の問題があると見なす一方で、日本自由党は党の主義主張が「なんだか、非常に漠然たるもの」で、こうした政党であれば自らの主張を通すことができると考え、日本自由党を入党先として選んだのである。[8]

このような、石橋は日本社会党に入るのが当然で、日本自由党から出馬するのは不思議だという疑問が当時からあったことは、一九四六年三月に執筆された選挙演説からも窺われる。[9]

　私は日本自由党の石橋湛山であります。私は今回自由党の公認候補として東京都第二区から立ちましたが、同時に亦《また》私は山川均《やまかわひとし》君の提唱に成る民主人民戦線に加入し、其の世話人の一人に選ばれてをります。そこで友人の一部等からどうして君は実際政治に携るならば社会党に入らなかつたか、自由党とは不思議だと問はれることがございます。私は従来政党政派には何等の関係もありませんから、勿論私としては特に自由党に属さなければならぬ因縁はありません。にも拘

らず何故私は自由党を選んだか。それは一言にして唯《た》だ思想の自由を確保致したいからでありま
す。それ以外に何の理由も御座いません。

一人の言論人、経済評論家として社会主義や共産主義についても知見を持つものの、社会党であれ共産党であれ、いずれもマルクス主義や社会主義という「既成思想の殻」にとらわれており、そのような束縛がないのが日本自由党であるから同党に入ったという主張は、石橋の現実的な考えを示すものであったと言えるだろう。

町会議員の経験

こうして、石橋湛山は日本自由党の候補者として、一九四六年四月十日の第二二回衆議院総選挙に臨むことになる。

ところで、国政か否かを問わなければ、石橋が選挙に立候補し、実際の政治に関与したのは今回が初めてではなかった。一九二四（大正十三）年九月から一九二八（昭和三）年八月までの一期四年間、神奈川県鎌倉町の町会議員を務めたのである。

当時の鎌倉町の町議は四〇票を獲得すれば当選したものの、立候補者は多かった。そのため、一九二一年に鎌倉町雪ノ下に家を建てたことから町との関係が始まった新顔の石橋が当選するかは、予断を許さなかった。それでも、「選挙というものを、私は、これで初めて経験した」選挙で七八票を得て第三位で当選し[(10)]、鎌倉町の都市計画や水道問題の解決に取り組んでいる[(11)]。

ただ、このときは一九二八年の改選の際に立候補せず、四年の任期が満了するとともに町会議員を退任している。その理由は、地方自治に携わるには時間に十分余裕のある者でなければならないというもので[12]、当時の石橋が言論活動を切り上げて政界に本格的に進出する意欲を持っていなかったことを示している。

しかし、一九四六年の総選挙に際しては、石橋は東洋経済新報社の社員に向けて立候補の経緯を述べ、今後は活動の中心を『東洋経済新報』を拠点とする言論活動から政治に移し、従来の所論を実際の政策として実現すること、社会主義や共産主義といった思想が時代の趨勢《すうせい》に合致していないこと、さらに警戒すべきは世上取り沙汰されているインフレではなくむしろデフレであることを強調し、何らかの政治的野心があっての出馬ではなく、日本をより良い方向に導くための手段であると述べている[13]。

難航した選挙区選び

日本の再建に寄与するため国政への出馬を決意した石橋ではあったものの、どの選挙区から立候補するかという選挙の出発点で調整が難航する。

石橋が最初に選挙区として考えたのは、山梨県だった。

山梨県は、石橋が一歳だった一八八五(明治十八)年に父の杉田湛誓《すぎたたんせい》が山梨県増穂《ますほ》村(現在の山梨県富士川町)の昌福寺に住職として赴任したことで、一家が甲府市に転居した土地だった。それ以来、一九〇三年九月に早稲田大学高等予科に編入するまで約一八年にわたって過ごしたことを考えれば、初めての国政選挙に臨む石橋にとって選挙区として最適な場所と思われた。

しかし、一九四六（昭和二十一）年三月二日に田邊七六邸《たなべしちろく》を訪れ、小林一三《こばやしいちぞう》（阪急電鉄創業者。当時、戦災復興院総裁）、いずれも小林の異母弟である田邊七六（前衆議院議員）、田邊加多丸《かたまる》（第一勧業銀行理事）、田邊宗英《むねひで》（後楽園スタジアム社長）と会食した石橋は、「七六氏の談」として、全県一区で定数五人の山梨県ではすでに候補者の調整が済んでおり、立候補が難しいことを告げられる。[14][15] 田邊七六は一九二四（大正十三）年に立憲政友会から出馬して衆議院に当選して以来、当時の山梨第二区を地盤としていた。[16] その田邊の発言だけに、石橋は山梨県からの出馬を断念せざるを得なかった。

次に石橋が立候補先として検討したのは、鎌倉に自宅がある関係から、神奈川県であった。しかし、三月四日に鶴岡八幡宮の氏子総代の一人であった松岡松之助《まつおかまつのすけ》と面会した石橋は、神奈川県（全県一区、定数一二）[17] の状況について、山梨県と同様、すでに「既成勢力の分轄成れる」という報告を受け、[18] 新たな立候補地の検討を余儀なくされることになる。[19]

総選挙を四月十日に執行する旨の詔書が三月九日に下され、[20] 公示日が近づく中で、石橋は立候補届出書を作成するための資料を収集、検討しつつ、当時は東洋経済新報社の常務で、石橋の選挙資金を管理していた宮川三郎《みやがわさぶろう》らと協議を行い、最終的に東京都第二区から出馬することを決める。

東京都第二区には、一九一六年から一九年まで石橋の自宅があった戸塚町が含まれている。当時、戸塚町は豊多摩郡に属し、その後一九三二年に淀橋区となり一九四七年の新宿区の発足を受けて現在に至る。石橋の自宅は早稲田大学の裏側に位置し、家のすぐ下に大学のグラウンドがあり、近所には旧陸奥中村藩主の相馬子爵家の屋敷や早稲田大学教授から衆議院議員となった永井《ながい》柳太郎《りゅうたろう》の邸宅などが所在していた。石橋にとって次男の和彦が生まれたり、一九一七年に早稲田大学学長の天野《あまの》為之《ためゆき》の後継者をめぐる早稲田騒動が起きたりしたのが戸塚町時代であったため、思い出深い家となっている。[21]

しかし、石橋は一九一九年九月十四日に神奈川県鎌倉町に転居して以降、鎌倉から都内に通勤する生活を送っていたため、戸塚町や淀橋区との関わりはかつて住んでいた土地、あるいは母校のある町以上のものではなかった。

その意味で石橋は地縁や血縁といった選挙に欠かせない要素に乏しい地域から立候補したのであった。

義歯の作製

こうして石橋の選挙区は決まった。しかし、『東洋経済新報』の読者や財界、産業界では広く知られていても選挙区との関わりが薄く、一人ひとりの有権者の間ではほとんど無名というのが、石橋の置かれた状況だった。

しかも、立候補者を紹介する新聞記事の中で「石橋湛山老[22]」と表記されたことが示すように、六十一歳という石橋は戦後の新しい日本の針路を決める総選挙の立候補者としては高齢と考えられた。

それでも、二月十五日に東京歯科医学専門学校（現在の東京歯科大学）で前歯を抜歯したままであったものを、三月十四日に急遽義歯の作製を依頼するなど、選挙対策として容貌を若返らせようとする努力も怠らなかった[23]。

結局、義歯の作製は人手不足のためか学生が担当した。そのため実用に堪えるものができず、選挙期間中に義歯をはめることはできなかった[24]。「午前中費したるも学生の仕事にてはかゞしからず」「義歯出来せるも学生の仕事にて不良殆ど用に不堪《たえず》」といった日記の記述[25]からは、せっかくの義歯が期待通りの仕上がりにならなかったことへの石橋の苛立ちや失望の様子が窺われる。それとともに、初めて取り組む総選挙に対する石橋の意気込みがどれほど高いものであったかが分かるだろう。

各地での演説と動員の不振

その後の石橋は、選挙運動のために都内各所だけでなく隣県でも演説を行っている。三月十七日から投票日前日の四月九日にかけて石橋が行った演説の状況は次のようなものだった(表1-1)[26]。一連の演説の様子から明らかになるのは、石橋湛山の動員力の低さと石橋陣営の選挙活動の拙さである。

例えば、石橋にとって初の単独演説会となった三月三十一日の二件の演説会の来場者は、東京都立工業専門学校が約六〇名、早稲田大学大隈小講堂が約二〇名だった。来場者数が石橋の予想を下回ったことは、「宣伝不良なり」[27]という日記の記述からも明らかである。しかも、状況は選挙戦が進んでも改善されず、四月四日の立正高等女学校での演説会の参加者は五〇名足らずだった[28]。

特に、母校である早稲田大学や、日蓮宗の僧侶の家系の出身という背景からも関わりの深い日蓮

表1－1　第22回総選挙での石橋湛山の演説の状況

月　日	訪問先	備　考
3月17日（日）	八王子（小学校）	自由、進歩、社会、共産4党の立会演説会。
3月20日（水）	自由学園	羽仁吉一・もと子が応援演説。
3月22日（金）	日比谷音楽堂	政経春秋社主催各党立会演説会。
3月23日（土）	青梅（青梅キネマ）	途中でビラ貼りを行う。
3月24日（日）	田無小学校、久留米小学校	各党立会演説会。
3月27日（水）	原町田（国民学校）、青梅（国民学校）	青梅は国民学校教員が主な対象。
3月29日（金）	入新井第四国民学校	婦人の集会での立会演説。
3月30日（土）	入新井第四国民学校、日本鋼管川崎工場	入新井第四国民学校は花村四郎と合同、鳩山一郎が出席。日本鋼管川崎工場は五党立会演説会。
3月31日（日）	東京都立工業専門学校、早稲田大学大隈小講堂	初の単独演説会。
4月1日（月）	東横第一劇場、渋谷駅前、新宿駅前、高円寺駅前、阿佐ヶ谷駅前、西荻窪駅前	各駅前はトラック演説。他にトラック隊一隊が他方面に出動。
4月2日（火）	日本放送協会従業員組合、カマ田電業社	立会演説会。
4月3日（水）	吉祥寺駅前、立川（東京都立第二中学校）、八王子駅前	八王子駅前での演説の後、八王子市の有志者古川氏（名前は不詳）の自宅で夕食の饗応を受ける。
4月4日（木）	三鷹（横河電機）、荏原旗岡（立正高等女学校）、五反田駅前	横河電機は時間の都合で早めに切り上げる。
4月5日（金）	目黒駅前、太子堂国民学校、荻窪（若杉国民学校）	目黒駅前では打ち合わせの行き違いによりトラック隊と合流できず。太子堂国民学校は久布白落実の演説会、花村四郎、鳩山一郎も出席。中央電信局の立会演説会は時間が合わず欠席。
4月6日（土）	日野（東洋時計）、厚生省、経堂国民学校	経堂国民学校は久布白落実との連合演説会。
4月7日（日）	八王子劇場、身延山別院（東急玉川線沿線）、駒沢大学、日比谷、大森（善慶寺）	日比谷は民主人民戦線演説会。
4月8日（月）	有楽町駅前、大森駅前、立川駅前、吉祥寺	吉祥寺は友の会の集会。夜に杉並第八国民学校で演説会を計画したものの手違いのため実施できず。大森では中島病院、雨宮製パン所などを訪問。
4月9日（火）	有楽町日本劇場前、渋谷駅前、中野駅前、神田駅前、東京駅前、新宿駅前、戸塚（松月）	松月には鳩山一郎が出席。

石橋湛一・伊藤隆編『石橋湛山日記』上巻、みすず書房、2001年、100-105頁より作成。

宗系の立正高等女学校で開催した演説会での参加者数が振るわなかったことは、石橋を大いに落胆させたことであったろう。

帰る聴衆、横取りされた演説会場

このような状況が生まれた背景には、石橋陣営の動員力の欠如や、関係者の選挙に関する経験不足が影響している。

例えば、石橋陣営に国政選挙について十分な経験を持った人材がいないことは、ポスターを貼付した枚数が他の候補に劣っていたことや選挙はがきに誤植があるだけでなく印刷が間に合わず、石橋が「全く話にならず」と憤慨していることなど[29]からも明らかである。

また、調整が不十分であったため選挙用のトラック隊と合流できなかったり、演説会場に到着したところ準備不足のために聴衆が帰宅してしまっていたり（いずれも四月五日）、あるいは演説の準備をしようと思ったところ手違いのために共産党の候補者に会場を使用されてしまったこと（四月八日）なども[30]、石橋陣営の手際の悪さを示している。

それとともに、石橋の存在が有権者にとってなじみのないものであったことも、動員力不足の大きな要因だった。

準備不足のために聴衆が帰宅してしまった四月五日の若杉国民学校での演説会は、安藤正純が前座として演説を始めたところ徐々に聴衆が集まり、最終的に三〇名程度が参加した。また、四月九日の松月での演説会は鳩山一郎が出席したこともあり、「超盛況」「超満員」[31]となった。

戦前から衆議院議員として活躍し、戦後は一九四五年十一月九日に日本自由党を結成して大衆的な人気を誇ったのが鳩山であり、鳩山の側近として一九二〇年以来国政に携わってきたのが安藤である。二人はいずれも一九四二年に東條英機《とうじょうひでき》内閣下で行われた第二一回総選挙、いわゆる翼賛選挙でも、非推薦候補ながら当選している。翼賛選挙は、政府の戦争遂行政策を支持せず、翼賛政治体制協議会の推薦を受けない者を非推薦候補とし、当局は選挙干渉を行っている。そうした逆境の中でも当選しているのだから、鳩山や安藤への支持がどれほど厚いかが分かる。また、太平洋戦争が終わると、鳩山は戦争末期に隠棲していた軽井沢の石橋正二郎《いしばししょうじろう》（ブリヂストン創業者）の別荘から上京するとともに、「従来の政党の弊を除き、清新にして且つ立派な政党[32]」として日本自由党を結成して全国を遊説し、党勢の拡大を図って戦後最初の総選挙に備えている。

こうした人物が出席する演説会は満員となり、石橋が単独で開催する会は来場者の数が減少するのは、有権者の移り気な様子を示すだけでなく、新人候補である石橋の知名度が選挙区内で浸透していないことを反映した結果でもあった。

「三ばん」なしの結果

選挙に当選するために必要とされる三つの条件として挙げられるのが「三ばん」、すなわち、勢力や組織の「地盤」、知名度を意味する「看板」、そして資金力の隠語としての「鞄」である。

これまで確認した通り、第二二回総選挙での石橋は、地縁や支持基盤のない東京都第二区から立候補し、有権者にその名が浸透していなかった。また、石橋家も東洋経済新報社も資金力が潤沢と

表1－2　第22回総選挙における石橋湛山の得票数及び得票率

市区郡町村	有権者数（人）	有効投票数（人）	得票数（票）	得票率（%）
品川区	54,917	37,543	955	2.54
目黒区	75,097	44,876	2,051	4.57
荏原区	33,146	21,118	497	2.35
大森区	98,910	60,922	3,098	5.09
蒲田区	31,226	17,236	316	1.83
世田谷区	166,128	108,001	6,991	6.47
渋谷区	55,412	31,972	1,609	5.03
淀橋区	29,649	19,240	1,702	8.85
中野区	78,440	48,299	2,043	4.23
杉並区	129,495	80,513	4,358	5.41
八王子市	33,650	24,007	903	3.76
立川市	18,053	13,085	213	1.63
西多摩郡	73,951	54,872	344	0.63
南多摩郡	70,937	46,904	754	1.61
北多摩郡	158,833	105,725	2,151	2.03
島しょ部	17,381	9,459	59	0.62
合　計	1,125,225	723,772	28,044	3.87

衆議院事務局編『第二十二回衆議院議員総選挙一覧』衆議院事務局、1950年、569-572頁より作成。

は言えなかった。「三ばん」なしで臨んだ石橋の初の国政選挙が惨憺《さんたん》たるものであったことは、開票結果を見れば一目瞭然である（表1－2）。

　有権者数の多い世田谷区や杉並区での得票数が他の地域よりも多く、かつて居を構え、母校の本拠地でもある淀橋区の得票率が最も高いのは、初めて国政選挙に臨んだ石橋としては大いに健闘したと言えるだろう。しかし、他の区部での得票が伸び悩み、市部や郡部も支持が広がらなかったことは、立会演説会での動員力不足や選挙ポスターの掲示の様子などが示すように、石橋の知名度不足が最後まで克服されなかったことを物語る。

　東京都第二区には調布村の村長や東京府会と都議会議員を歴任し、西多摩郡を地盤としていた岩浪光二郎《いわなみみつじろう》(33)がいた。岩浪は市部

表1－3　第22回総選挙における東京都第２区の当選者の平均得票数及び得票率と石橋湛山の得票数及び得票率の差

市区郡町村	有効投票数	当選者平均得票数（票）	当選者平均得票率（%）	石橋湛山得票数（票）	石橋湛山得票率（%）	当選者の平均に対する石橋湛山の得票数の差（票）	当選者に対する石橋湛山の得票率の差（ポイント）
品川区	37,543	4,293	11.44	955	2.54	-3,338	-8.89
目黒区	44,876	5,663	12.62	2,051	4.57	-3,612	-8.05
荏原区	21,118	2,518	11.93	497	2.35	-2,021	-9.57
大森区	60,922	6,823	11.20	3,098	5.09	-3,725	-6.11
蒲田区	17,236	1,827	10.60	316	1.83	-1,511	-8.77
世田谷区	108,001	11,825	10.95	6,991	6.47	-4,834	-4.48
渋谷区	31,972	3,555	11.12	1,609	5.03	-1,946	-6.09
淀橋区	19,240	2,470	12.84	1,702	8.85	-768	-3.99
中野区	48,299	6,021	12.47	2,043	4.23	-3,978	-8.24
杉並区	80,513	9,665	12.00	4,358	5.41	-5,307	-6.59
八王子市	24,007	2,095	8.73	903	3.76	-1,192	-4.96
立川市	13,085	1,609	12.30	213	1.63	-1,396	-10.67
西多摩郡	54,872	3,771	6.87	344	0.63	-3,427	-6.25
南多摩郡	46,904	5,645	12.04	754	1.61	-4,891	-10.43
北多摩郡	105,725	13,813	13.07	2,151	2.03	-11,662	-11.03
島しょ部	9,459	197	2.08	59	0.62	-138	-1.46
合計	723,772	81,790	11.30	**28,044**	**3.87**	-53,746	-7.43

衆議院事務局編『第二十二回衆議院議員総選挙一覧』衆議院事務局、1950年、556-557、569-572頁より作成。

や郡部で他の候補者に勝る集票力を発揮したものの、区部での支持の広がりを欠いたために落選している。一部の地域で他を圧倒してもまんべんなく票を集めることができなければ当選できない中で、他の候補に優越する決定力を持たない石橋に競争を勝ち抜く力はなかったのである（表1－3）。

当選者の平均の得票数に比べて五万三七四六票少なく、得票率でも七・四三ポイント下回ったということが、石橋の置かれた状況と苦闘ぶりを示す。

当落確定前に委嘱された政府委員

最初の国政選挙に落選した石橋湛山ではあったものの、当落が確定する前日の四月十二日に終戦連絡中央事務局参与に任命されている。[34]

終戦連絡中央事務局は、一九四五（昭和二十）年八月二十六日に外務省の外局として外務大臣の管理下に設置された終戦連絡事務局の中央機関である。連合国軍の日本進駐に伴い、連合国最高司令官総司令部と日本政府の連絡業務を主たる任務とするのが終戦連絡中央事務局であり、進駐軍が配された地域には地方事務局が設けられ、連合国地方司令部との事務連絡を担当した。[35] 発足当初は長官と四つの部からなり、各部は総務、軍事・政治その他連合国軍に対する通信便宜供与、賠償・経済的調整、俘虜抑留者等の事項を取り扱った。同年十月一日の勅令五五〇号による官制改正を経て組織の構成が変更されると、その後も組織改正がなされ、一九四八年一月三十一日に廃止されている。[36]

終戦連絡中央事務局の幹部である参与に任命されたのは、戦後の石橋の経歴からすれば不思議なことではなかった。すなわち、前年八月二十八日に大蔵省から戦後通貨対策委員会の委員に指名されたのを嚆矢《こうし》とし、その後も商工省参与（一九四五年十一月十七日）、大蔵省金融制度調査会委員（同年十二月一日）、総理府中央経済再建整備委員会委員（一九四六年二月五日）などの委嘱を受けている。[37]

これらはいずれも戦後の日本の復興を財政、金融、産業の面から検討するものである。石橋は、一九四四年七月に小磯國昭《こいそくにあき》内閣が成立すると旧知の大蔵大臣石渡荘太郎《いしわたそうたろう》に働きかけて大蔵省内に戦時経済特別調査室を設置させ、戦後の日本再建策を検討した。[38] こうした経緯からも、石橋は戦後の復興を理論的側面から支える役割を期待されてきたことが分かるし、実際に戦争が終結すると長年の知見を当局に提言する機会を得たのであった。

しかし、これらの委員への就任は、あくまで民間出身者として起用された結果である。そのため、もし今回の選挙に当選していれば日本の復興に関する構想を実践する機会を得るはずであった。それにもかかわらず、投票結果が確定する前に終戦連絡中央事務局参与に任命されたという事実は、苦戦が予想された選挙が不首尾に終わることを示唆していたのである。

組閣当日に公職追放となった鳩山一郎

四月十三日に落選が確定すると、石橋は支持者に対して選挙の結果を報告し、協力に感謝しつつ再起を期す礼状の原稿を執筆したり、所属する日本自由党のために政策綱領「新内閣の緊縮財政経済政策」を執筆して提出する一方、招きに応じて党の代議士会に出席するものの雑然とした内容に失望するなど、落選後も次の選挙を見据えた活動を行っていた(39)。

ところが、政界だけでなく日本社会を大きく揺るがす出来事が起きる。日本自由党総裁であり、総選挙後には比較第一党の党首として政権を担当すると考えられていた鳩山一郎が公職追放処分を受けるのである。

今回の総選挙では、日本自由党が一四一議席を獲得して比較第一党となったものの、その勢力は衆議院の定員四六六議席の三割にとどまっていた。当時は大日本帝国憲法が有効で、内閣総理大臣が総辞職を天皇に奏上し、後任の内閣の首班を奏請しなければ内閣の更迭はできなかった。そのため、首相の幣原喜重郎は日本自由党が単独では衆議院の過半数に及ばなかったことを好機と捉える。

そして、幣原は辞任を表明せず、自らは比較第二党の日本進歩党の総裁となり、同党に日本協同党を加え、無所属議員や諸派を「抱込」む「居据り工作」によって勢力を拡大して衆議院の過半数を制し、政権を維持しようとしたのである。(40) これに対し、日本自由党は日本社会党などの革新陣営と連携して幣原内閣の態度を批判する。(41)

こうした状況もあって各勢力の取り込みに失敗し、さらに世論の反発も高まったため、四月二十二日に幣原は辞任を表明する。そして、五月三日に宮中に参内した幣原は鳩山を首班とする日本自由党内閣を奏請する一方、外務大臣の吉田茂を通してGHQに鳩山内閣の成立の了承を求める公文書を提出することとした。(42)

鳩山は日本社会党と当面の重要な課題である食糧問題について政策協定を締結し、五月四日の大命降下を待つばかりであった。だが、入閣を要請するために美濃部達吉《みのべたつきち》と会談した後に組閣本部となっていた石橋正二郎邸へと向かった鳩山を待っていたのは、GHQによる公職追放指令であった。鳩山の追放は、日本自由党による保守政権の誕生を阻止するためにGHQ民政局が行った、「追放令を政治的手段として自己に有利に用い(43)」た結果であった。

今回の追放がどれほど急であったかは、外務省が英文で書かれた公職追放令の書類を翻訳する時間がなく、原文を持参したことが示している。(44) 鳩山の追放についてはかねてから風聞として政界の内外で広まっており、石橋湛山も四月十六日に日本社会党の松岡駒吉と東洋経済新報社の社屋で面会した際、一両日前に連合国の新聞記者団体の会合に参加したときの様子から「どうも政権は、鳩山氏に来ないように直感された」という話を聞かされている。(45) このとき、石橋は松岡の発言を意に介さず、むしろ「いささか不愉快にさえ思った」[46]のであった。

石橋と松岡の判断のどちらが正しかったかは鳩山の追放という事実が示す通りである。しかし、石橋が松岡の言葉に注意を払わなかったのは、鳩山が追放の可能性を気づきつつも、選挙によって第一党になったのだから政局の収集には第一党の党首である自分が当たらなければならないと最後まで強気の姿勢を通したことの影響を受けたためでもあった。[47]そして、こうした態度によって、鳩山は「組閣の機会を逸す」[48]状況を自ら招いたのだった。

大蔵大臣・当選・追放

落選者から蔵相に

新内閣発足の当日の朝に肝心の首班予定者の公職追放によって組閣が不可能になるという事態は、当然ながら日本自由党に混乱をもたらした。そして、最終的に「金作りはしない」「閣僚の選定には口出ししない」「嫌になったらいつでもやめる」の三つの条件について鳩山との合意が成立したことで、吉田茂が日本自由党の新たな総裁となり、党を代表して組閣の大命を受けた。[49]

一九四六（昭和二十一）年五月二十二日に発足した吉田内閣は日本自由党と日本進歩党の連立政権で、後者からは総裁の幣原ら合計四名が入閣した。そして、戦後最初の総選挙を経て成立した新内閣に民間人として初入閣を果たしたのが、石橋湛山だった。

石橋の入閣については、鳩山が組閣に向けて構想した人事を吉田がほぼ受け継いだこと、[50]党側、すなわち鳩山から吉田に対して推薦があったこと、[51] さらに内閣発足の六日前となる五月十六日に鳩山邸を訪問した石橋が鳩山から蔵相就任の要請を受けたとされることから、[52] 一般には総選挙後に決定した人選であると考えられている。

しかし、石橋が後に回想する中で、鳩山が追放されたにもかかわらず、総選挙前から計画されていた新内閣の蔵相に就任するという予定が「不思議にまったく変更がなかった」[53] と指摘していることを考えると、一連の経緯は異なった様相を呈してくる。石橋は日本自由党に入党もしくは総選挙に出馬する際に、鳩山との間で新内閣発足時には蔵相として迎えるという趣旨の約束を交わしており、選挙後に石橋は落選し、鳩山も公職追放となったが、吉田が首班となった後も両者の取り決めが有効であり、予定通り石橋が蔵相に就任したと考えられるのである。

確かに、石橋は総選挙に立候補した際、東洋経済新報社の社員に対して日本自由党に入党した経緯を説明する中で、「仮りに私が大蔵大臣になったとして」[54] と述べており、「大臣になったとして」といった漠然とした表現ではなく、具体的な職名を挙げている。また、「大臣をやるんだったら、大蔵大臣ということは考えていました」[55] という発言を参照するなら、総選挙に当選し、日本自由党が総選挙に勝利して鳩山内閣が成立するという二つの条件を乗り越えなければ実現しない話ではあるものの、遅くとも立候補の時点で、石橋の念頭に大蔵大臣としての入閣要請があったことを示唆すると言えるだろう。

また、五月十六日の鳩山との会談については、石橋が日記の中で「鳩山氏の招に依り仝〔同〕氏邸訪。蔵相就任の件[56]」と記しており、このとき初めて蔵相就任の要請があったのか、以前からの約束の履行を確認したのかは明示されていない。

一方、四月十八日に石橋が党政務調査会のインフレ対策委員長に推薦された際には、事前に打診がなかったのか、「政務調査会のインフレ対策委員長かに予を推薦せることを知る[57]」と人選が意外であったと受け止めた様子が分かる。

右のような点を踏まえれば、石橋が鳩山との会談の内容を「蔵相就任の件」と簡潔に記したのは、この話題が以前から両者の間で取り上げられており、改めて詳述する必要を認めなかったのだろう。

こうして石橋は、総選挙に落選しながら主要閣僚である大蔵大臣に任命されるという、日本の憲政史上でも珍しい経験をし、吉田内閣の一員となったのである。

なぜ蔵相になれたのか

ところで、石橋はなぜ蔵相になれたのだろうか。

われわれは石橋が直前の総選挙に落選した点に注目しがちである。しかし、吉田内閣発足以前の一〇年間を振り返れば、結城豊太郎《ゆうきとよたろう》（林銑十郎内閣）、池田成彬《いけだしげあき》（第一次近衛文麿内閣）、小倉正恒《おぐらまさつね》（第三次近衛文麿内閣）、そして渋沢敬三《しぶさわけいぞう》（幣原喜重郎内閣）と、四人の財界関係者が民間出身者として蔵相を務めている。戦前は経済界の統制を目的として池田や小倉といった財閥の有力者を起用し、終戦直後は経済の立て直しと物価騰貴の抑制のために日本銀行総裁であった渋沢が登用されたように、民間出身の蔵相に期待された役割は時代によって異なる。

大蔵大臣となり、初登庁する（一般財団法人石橋湛山記念財団提供）

このように、選挙の結果ではなく議員か否かという側面から見るなら、民間出身者が蔵相になることは決して珍しくなく、当時の日本の財政や金融の状況からしても日本自由党にとって最適と考えられた蔵相候補が石橋であったため、吉田内閣に入閣したのであろう。

また、経済や財政については鳩山も吉田も十分な知見を持っていなかった。特に吉田は一九〇六（明治三十九）年に東京帝国大学を卒業して外務省に入省して以来外務官僚として経験を重ね、一九四五（昭和二十）年九月十七日に東久邇宮稔彦《ひがしくにのみやなるひこ》内閣に外務大臣として入閣するなど、職業外交官、外交の専門家として十分な実績を備えていたとはいえ、財政や金融についての知識は不足していた[58]。一方、吉田にとって石橋は「もともと財政経済については一家言を持ったエキスパート[59]」であった。

組閣以前の段階で石橋と吉田との間に頻繁な往来はなかった。石橋の日記に初めて吉田の名前が登場するのは一九四五年十一月三十日のことで、このときは外務省に新設された経済委員の招待ということで吉田の招きにより外相官邸を訪問し、夕食をともにしつつ歓談した様子が書き留められている[60]。その後も吉田の要望により財産税問題の意見を聴取されたり[61]、再度外相官邸を訪問して歓談している[62]ものの、いずれも実務的なやり取りであり、親交を深めるといった類のものではなかった。

しかし、石橋が「〝街の経済学者〟として相当な識見の持主であることは、いつとはなしに聞き知っていた[63]」吉田にとって、折に触れて話を聞く石橋は経済金融問題に関して十分な見識を持ち、自らの内閣の大蔵大臣にふさわしい人物と思われた。なぜなら、吉田は組閣に際し、理想とする大蔵大臣像を次のように描くからだ。

まず第一に、大蔵大臣という役柄は、余程しっかりした識見を持って、主義主張を堅持し、少々のことには動かされずに、頑固だ強情だといわれてもいいから、頑張り通す人物でなくてはならぬ。

第二に、食糧も不足なら生産も不足という欠乏時代だから、先《ま》ず生産の復興が大事であることはもちろんだが、これと当時一方で喧しくいわれていたインフレーション激化の危険を喰いとめることをうまく按配してもらわねばならぬ。

第三に、何でも勝手気儘《きまま》に自由放任というわけにはいかないが、敗戦後の人心では、権力的な統制を万遍なく行渡ってやることは仲々難しいし、また国民も企業も補助金だの救済だのということばかりでは、いつまでたっても自力を発揮して立直るという考えにならないから、出来るだけ統制は外すようにしてゆかねばならぬ[64]。

後年の回想だけに、実際の人選から遡って基準を説明したり、実際に当時抱いていた理想像を誇張したり、潤色している可能性も否定できない。それでも、石橋が「あのときは時期的に大蔵大臣は相当むずかしかったので、やはり理論的な筋が通っていなければできないという考え方があったですね(65)」と指摘し、吉田が「とにかく大変な時だった(66)」と振り返る時期に、民間出身者として大蔵大臣石橋湛山が誕生したのであった。

GHQとの溝

石橋が大蔵大臣となった一九四六年五月は、大蔵省にとっては「第二の戦後財政処理のテーマ(67)」に直面した時期だった。すなわち、預金封鎖や新円切り替えといった第一の戦後処理策を行ったのが幣原喜重郎内閣で蔵相を務めた渋沢敬三で、戦時補償打ち切りと財産税の施行という第二の戦後財政策を石橋が手がけることになったのである。

日本において、ほぼ最初期にケインズの経済学を受容したのが石橋である(68)。その石橋が蔵相となって推進したのはケインズ理論に基づく積極財政政策であり、完全就業の実現を目標とし、国民に仕事を与え、産業を復興させる生産第一主義による日本の再建が目指された。

後に「実践的エコノミストの直観を、ケインズの『貨幣論』に刺激を受けながら、それを彼自身の古典派やマルクスの研究と結びつけて理論化しようとしたもの(69)」と評された石橋の財政政策は、一九四六年七月二十五日の衆議院における財政演説の中に明瞭に示されている。石橋は政府の財政方針として次の五点を掲げたのである(70)。

（1）枢軸産業に対する特殊の促進策
（2）復興金融の強力なる推進
（3）産業の合理化
（4）失業者受入体制の強力なる推進
（5）経済の民主化

しかし、こうした基本方針の下に進められた政策は必ずしも期待した成功を収めたとは言えず、生産を目的として発行した貨幣の増発が貨幣価値の下落と物価の騰貴をもたらし、国民の生活を脅かすことになったのも事実であった[71]。そのため、石橋の積極財政政策は日本社会党や共産党などの野党、報道機関、学界、さらにはGHQからも「インフレ財政」として批判され、石橋も「インフレーショニストとの汚名」を着せられることになる[72]。

財政学もしくは経済学の観点からは、石橋が主導した政策は手放しのインフレ政策ではなく、生産再開を狙った意識的ないし計画的なインフレ政策であり、資金、資材、労働力を石炭及び鉱業に重点的に投入することで日本経済の復興を図る傾斜生産方式[73]とあいまって、ある程度生産再開を軌道に乗せることとなった[74]。

それにもかかわらず石橋への批判が起きたことは、「ただ反対し、批判するだけで、いざ具体案を出してくれというとだめ」な学者や「対立的な反対論は出さない」で反対することそのものが目的となっている野党のあり方がもたらした結果であった[75]。

それ以上に、ＧＨＱにとっては、石橋は許しがたい存在だった。なぜなら、対日管理政策を厳しく行い、日本政府に対して内面指導を加えようとする欲望を強く持ち、さらには「一種の統制経済の信奉者」であり、一国の経済のあり方や動きを操作できると考え、日頃から立案していた計画を日本で実験しようとしたＧＨＱ内の「ニュー・ディーラー達[76]」にとって、石橋は閣議を主導して、[77]ＧＨＱの意向に背くかのように独自の政策を立案していると考えられたからであった。そして、このような両者の意見の違いが、一九四七年五月十六日付での石橋の公職追放へと繋がるのである。

静岡県からの出馬

一九四六（昭和二十一）年の総選挙で落選し、民間人として第一次吉田茂内閣で大蔵大臣を務めた石橋湛山に再び国政選挙に挑む機会が訪れた。一九四七年五月三日の日本国憲法施行を前に、大日本帝国憲法の規定に基づく天皇の大命降下により組閣した吉田が、自らの内閣の正当性を保証するために衆議院を解散し、四月二十五日に第二三回総選挙が執行されたのである。

前回の総選挙での石橋は、出馬までの準備が不足し、知名度が浸透しなかったことも影響して落選した。それでは、静岡県第二区から立候補した二度目の国政選挙はどうだったろうか。

石橋が静岡県から出馬したのは、ほとんど偶然といってよかった。

一九四六年の総選挙において、全県一区であった静岡県選挙区では、当選者一四名のうち森《もり》田《た》豊《とよ》寿《ひさ》、鈴《すず》木《き》平《へい》一《いち》郎《ろう》、大《おお》塚《つか》甚《じん》之《の》助《すけ》、神《かん》田《だ》博《ひろし》、加《か》藤《とう》一《かず》雄《お》、佐《さ》藤《とう》虎《とら》次《じ》郎《ろう》、小《こ》池《いけ》政《せい》恩《おん》の七名が日本自由党の公認候補だった[78]。しかし、佐藤は公職追放となる。後に「アドミニストレイティブ・エラー」であり、追放処分としたことは間違いであったとして、佐藤に対する公職追放は解除されている[79]。
しかし、追放とともに衆議院議員を失職した佐藤は、解除されるまでの間、被選挙権を失った。そこで、解散の観測が強まった一九四七年一月に佐藤は静岡県沼津市の名取栄一《なとりえいいち》を訪問し、石橋の出馬の可能性を相談する。

名取栄一は山梨県中巨摩《なかこま》郡豊村の出身で、繭《まゆ》仲買の父の招きにより十四歳のときに静岡県に転住した。その後、名取商会を設立し、一九一六（大正五）年に沼津駅前に沼津繭市場を開設して全国の相場を左右する市場に成長させたほか、一九四〇（昭和十五）年二月から一九四一年十一月まで沼津市長を務めている[80]。また、戦災復興のために中小企業を再起させる金融機関が不可欠と考え、一九五〇年に市内の有力者と沼津信用組合を創設して理事長に就任し、経営者の手腕や人柄に重点を置いた独自の融資基準によって貸し出しを行うなど、「商都沼津」の復活に大きく貢献している[81]。

戦前に沼津市議を務め、沼津市を地盤とした佐藤が、「駿東地区に名取栄一あり[82]」と称された、沼津を代表する存在である名取を訪ねたのは当然のことだった。佐藤から相談を受けた名取は、ともに山梨県出身である石橋の出馬を了解し、沼津市の政財界を挙げて石橋を支援することを決める。そして、佐藤の相談を受けた翌日、沼津、御殿場、下田などの政財界を取り仕切る「名取門下」の人々を集め、「石橋さんを担ぎ、静岡県から総理を出そう」と石橋擁立のための活動を始めたのだった[83]。

地盤、看板、鞄の「三ばん」を持たずに挑んだ第二二回総選挙で落選した石橋は、今度の選挙では名取を頂点とする駿東地域の政財界の強い後押しを受け、静岡県第二区で最多となる五万四九〇八票を獲得して念願の初当選を果たした[84]。名取自身は選挙直前に公職追放となったものの、選挙事務長に沼津信用組合専務理事の寺尾利平を当て、選挙母体となる湛山会を組織して静岡県東部の保守支持派を結束させ、石橋を支援した結果であった[85]。

初当選の恩人、名取栄一と佐藤虎次郎

「静岡県から総理を出そう」と石橋の静岡県第二区からの立候補に同意した名取は、一九五八（昭和三十三）年に没するまで石橋を支え続ける。次々と自身の土地を売却してまで石橋を支援するだけでなく、後援会である湛山会の会長として静岡県東部における支持層の拡大を図った名取[86]は、石橋陣営の「選挙事務長[87]」や「総元締め[88]」にとどまらず、石橋が政界で活動するための最大の恩人であった。石橋と名取の関わりの深さは、一九五二年十月一日に執行された第二五回総選挙の際に、住所を沼津市大手町の名取邸に移して立候補を届け出たこと[89]や、名取が死去した際に石橋が葬儀委員長を務めたこと[90]からも明らかである。

それでは、なぜ佐藤虎次郎は公職追放後に自らの地盤の継承者として石橋を選んだのだろうか。それは、石橋が民間人とはいえ党員であり、党総裁の吉田茂の率いる内閣の大蔵大臣で、しかも次回の総選挙に出馬の意向を持っていたからである。

『石橋湛山日記』に佐藤の名前が初めて登場するのは一九四六年十月二十九日である。石橋は十月二十五日から二十九日まで吉田茂と国務相の植原悦二郎とともに愛知県と静岡県を訪問している。その際、日程最終日の十月二十九日に父の杉田湛誓がかつて住職を務めた静岡市の大覚寺に赴いて

おり、幹事長の大野伴睦《おおのばんぼく》や大野の側近で静岡県選挙区を地盤とする神田博とともに石橋に同行した代議士の中に、佐藤の名前が認められる。(91)

それ以降、東芝社長の津守豊治《つもりとよじ》が主催した宴会に同席したり、(92)山梨県の身延山を訪問する際、途中の富士駅まで同行するなど、(93)佐藤が石橋と行動をともにする機会は少なくなかった。こうした体験を通して、佐藤は石橋の人となりをよりよく知ることができただろう。

一方、佐藤の気性と体験も重要な役割を果たしたことが考えられる。佐藤は、同時代の人たちから「男純情」(94)「淡白なあっさりした人物」(95)「遊侠の祖」(96)と形容される人物だった。そのため、佐藤は石橋の経済財政策に共鳴したというよりは、GHQの占領政策をそのまま受け入れるのではなく、日本の実情に即した現実的な手法で経済の復興を目指した石橋の政治上の姿勢に共感したと言えるだろう。

崇高な理念を説いて歩く選挙戦

万端の支援体制を整える佐藤虎次郎と名取栄一という二人を得た石橋湛山は、どのような選挙戦を行ったのだろうか。

のちに衆議院副議長となる渡部恒三《わたなべこうぞう》は、一九五五（昭和三十）年二月二十七日に執行された第二七回総選挙で石橋湛山の選挙運動を手伝った経験を持つ。当時早稲田大学の学生であった渡部は、石橋の選挙演説を次のように回顧する。

いま僕は自分の選挙はもちろん、よく若い人たちの応援演説に歩くが、普通、三分か五分で街頭演説はやめてしまう。それでただただ、「投票してくれ、よろしくお願いします」と。またパッと雰囲気や集まった人々を見て、ここで政策など語っても意味ないなとか、ここは「頼む頼む」と言えばいいとか、ここは握手の方がいいとかと判断するわけでしょう。

ところが石橋先生の場合は、私が「ただいまより通産大臣・石橋湛山先生をご紹介します」と言って、マイクを渡す。それから時間がある。ケインズから語って、三五分ぐらい街頭演説をやるのです。僕の長い政治生活でもあんな経験はないな。きちっと話す。そして最後に「よろしくお願いします」とか「投票してくれ」と、一言も言わない（笑）。ケインズ――あのころでいえば積極財政ですね――でなければ国は救われないと。政策をじゅんじゅんと街頭演説で説くのです。われわれはすぐ橋をかけるとかの話になるのに、そういう地元の問題など一切語らない。ここは「頼む頼む」と言えばいいとか、握手の方がいいとか、そういうことがないんです。紹介されると、ケインズから始まって、日本の経済をこれからどう建て直すかという話をきちっとするのです。[97]

有権者に自分の名前と顔を覚えてもらい、投票所での一票を得るため、握手や「頼む」と声をかけたり、あるいは選挙区への公共事業の誘致などを約束する多くの候補者に対し、所信を説き地元の話題ではなく国のあり方を示し、日本の進むべき道をケインズ経済学などに基づいて話すのが石橋湛山だった。

このような石橋の姿は、「いまだに我々は、隣の大国・ソ連と戦争状態にある。他の国とは戦争状態にない。残った大国・ソ連との戦争状態を終結するために、私は外交に努力を傾けたい」と街頭演説では一貫して日ソ国交回復のみを説き続けた鳩山一郎や、「本当のインフレは卸売物価が上がったときに言うんです。卸売物価が上がらないで、小売物価が上がっていることは国民を豊かにしているんです。悪いことじゃない」と経済政策や所得倍増論を唱え、物価騰貴の持つ意味を説明した池田勇人《いけだはやと》(98)にも通じる、真摯なものであったと言えよう。

しかし、静岡県第二区の支持者にとってみれば、石橋のこうした演説は得票には直接結びつかないように思われた。実際、「あんな演説では票にならない」「せっかく人を集めてきたのだから、最後にちゃんと『よろしくお願いします』と言わせなきゃダメだ」と批判が起きている。そのため、選挙区の利益を重視する「地元の面倒見派」である佐藤虎次郎が応援演説に来ると、「地元の仕事は佐藤虎次郎が代わって全部やりますから、石橋先生と書いて下さい」と石橋の代わりに選挙区への公共事業の誘致などを約束していた(99)。

一九四七年の総選挙では公職追放中の佐藤が表立って選挙活動を行うことはできなかったとはいえ、渡部が回想する石橋の姿には、選挙中の様子や国政に臨む態度の一端がよく示されている。

「反占領政策の大物」

こうして、石橋湛山は国会議員となった。しかし、一九四七年四月二十五日の総選挙で当選を果たしてから二二日後の五月十七日、政府が前日付の公職追放指令を発表し、石橋はＧＨＱが前年一月四日に発した「好ましくない人物の公職よりの除去に関する覚書」[100]のG案に該当するとされ、衆議院議員と大蔵大臣の地位を失うことになる。

石橋に適用された覚書のG案は「其ノ他ノ軍国主義者及極端ナル国家主義者」を対象としており、次のような者が該当すると例示された。[101]

一、軍国主義的政権反対者ヲ攻撃シ又ハ其ノ逮捕ニ寄与シタル一切ノ者

二、軍国主義的政権反対者ニ対シ暴行ヲ使嗾《しそう》シ又ハ敢行シタル一切ノ者

三、日本ノ侵略計画ニ関シ政府ニ於テ活発且重要ナル役割ヲ演ジタルカ又ハ言論、著作若《もし》ハ行動ニ依リ好戦的国家主義及侵略ノ活発ナル主唱者タルコトヲ明ニシタル一切ノ者

軍国主義的政権に反対する者を攻撃したり、その逮捕に寄与した者、軍国主義的政権の反対者への暴力を振るうよう人をそそのかしたり実際に暴行に及んだ者、あるいは日本の他国への侵略計画に関して政府の中で活発で重要な役割を果たしたり、言論や著作、さらには実際の行動を通して好戦的国家主義と侵略を活発に主唱したことを明らかにした者、という規定の内容は、一見すると明快なように思われる。しかし、どのような状態や言動が該当するかが示されず、「使嗾」「重要ナル役割」「活発ナル主唱者」といった抽象的な表現が用いられているのがG案の特徴であった。そして、「広範囲にわたる規定」[102]を効果的に活用した結果が、石橋の公職追放となったのである。

石橋は、戦前から戦中にかけて日本の海外への領土拡張や軍部による政治への介入、あるいは大

政翼賛会に象徴される一国一党制や大東亜共栄圏などに反対し続けていた人物である。そのような石橋が公職追放の対象となった経緯については、増田弘の一連の研究が詳細な検討を加えている。

増田の研究によれば、戦後の日本に支配者として臨んだGHQの当局者の意向と、自らの権力基盤を強化したい吉田茂の思惑とが合致した結果が石橋の公職追放になったことが分かる(103)。

前者については、石橋が蔵相として進めた積極財政をインフレ促進策として捉え、石橋をインフレ論者と見なすとともに、GHQの政策に従わない姿勢を反米的国家主義者と考えたことが背景となっていた。戦時補償打ち切り問題で抵抗し、終戦処理費削減を要求するなど米国の円滑な占領政策を妨害する守旧派の政治指導者であるばかりでなく、意図的に物価騰貴を進める、日本に害悪をもたらす「反占領政策の大物(104)」というのが、GHQの描く石橋湛山の像だった。

「狂犬にかまれたと思ってくれ」

一方、後者については、当時の吉田の政治的な立場が大きく影響していた。現在では「ワンマン」と呼ばれて長期政権を維持し、政界に君臨したとされる吉田であるが、絶大な権力を手にするのは一九四九年二月に発足した第三次内閣以降のことであった。鳩山一郎が公職追放となって政界を去ったことを受けて組閣したという経緯もあり、一九四七年の頃の吉田は鳩山が復帰するまで暫定的に日本自由党を預かる存在と考えられていた。そのため、党内の基盤は脆弱《ぜいじゃく》であった。また、第二三回総選挙では選挙前の比較第一党から日本社会党に次ぐ第二党へと後退したこともあり、党総裁の座も安泰ではなかった。

これに対し、大蔵大臣としてGHQと対等に渡り合うだけでなく、一九四七年二月一日に予定されていたいわゆる2・1ゼネストでも政府を代表して労働者側と交渉するなど、閣内で存在感を増していた石橋は、鳩山一郎との関係からも日本自由党の正統的な立場に近かった。これに加えて、吉田と石橋は石炭増産問題や一九四六年末から四七年春にかけての日本自由党と日本社会党の間での連立問題と閣僚人事をめぐっても対立していた。吉田にとって石橋は、鳩山の公職追放中に預かっている日本自由党を自らの手から奪いかねない、潜在的な敵対者だったのである。

GHQにとって反抗的な姿勢を崩さず、吉田にとっても将来の対抗勢力となる石橋を公職追放とすることは、前者にとって占領政策の遂行をより容易にすると考えられたし、後者にとっては自らの権力を安定させる措置と思われた。

ただし、吉田は自ら積極的に石橋の追放をGHQに働きかけたのではない。石橋の公職追放の撤回をGHQに交渉しなかったという点で、消極的に関わったのである。吉田は自らの内閣の閣僚が公職追放に処されるにもかかわらず、GHQに撤回を求めず、かえって石橋に処分の受け入れを認めるよう説得した。

「アジアにおける日本の軍事的、経済的帝国主義を支持し、日本の枢軸国への追従を提唱し、西欧諸国との戦争の不可避を信じ、労働組合の抑圧を正当化し、日本国民への全体主義的支配を課すよう説いた」という趣旨の理由から追放指令が発せられたことを知った石橋が「議員の資格も失うし、東洋経済にも帰れない。僕のいままでやってきたことは全部なくなってしまうから、僕にとっては重要なことですよ」「追放されるのはよろしいが、こういう事実に違ったことがらで追放されるのは、僕の良心がゆるさない。内閣にとっても不名誉なことだと思う」と主張すると、吉田は「狂犬にかまれたと思ってくれ」と応じたのである。(105)

当時の吉田は、佐藤尚武《さとうなおたけ》（元外務大臣）や松野鶴平《まつのつるへい》（元鉄道大臣）の公職追放の撤回をGHQに要請していた。佐藤は吉田の外務省時代の先輩にあたり、松野は吉田に日本自由党総裁への就任を強く勧めた、吉田政権発足の立役者の一人であった。こうした個人的な繋がりから嘆願の書簡をGHQに送付しても、自らの内閣で大蔵大臣を務める石橋の支援を行わなかったのだから、石橋が「総理の言奇々怪々(106)」と強い不満を表明するのも当然のことであった。

六年にわたる追放生活

後に石橋は一部で噂されていた吉田やその側近の白洲次郎《しらすじろう》が石橋の公職追放を行ったという説を否定し、「やってもダメだと初めからあきらめたのかもしれない(107)」と当時の状況を推測している。また、GHQの意向に沿わない独自の政策を行おうとしたことやGHQ内部の権力争いの影響で追放されたという見方については真偽のほどが分からないと判断を避け、「『謀殺』された」と指摘するにとどめている。(108)

この時期の石橋は、他の公職追放者と同様、活動を著しく制約された。

例えば、一九四七年十一月十一日に設立された自由思想協会をめぐる逸話は、石橋の置かれた状況の厳しさを示している。

神田駿河台の目黒書店を事務所とする自由思想協会は、外部から講師を招いて時事問題や経済政策などの研究を重ねていた。しかし、法務府がその活動を問題視して事務官が調査に訪れるなど、「神経過敏に個人の行動に注意する」という「戦争中の東条時代にも無き風景」[109]に直面する。自由思想協会の事務所に来訪した法務府の事務官は、後に東京高等検察庁検事となる池田保之《いけだやすゆき》であった。

こうした状況に対して石橋は「民主主義も笑ふべし」[110]と応じ、臆する様子は示さなかった。だが、自由思想協会による雑誌『自由思想』の刊行の計画が追放令違反に抵触するとして頓挫する[111]など、最終的に一九四九年十月十九日に協会事務所の閉鎖を余儀なくされる。[112]

占領当局の意向を踏まえたかのような日本政府の干渉もあり、追放中の石橋は政治活動だけでなく、戦前から戦中にかけてのような旺盛な言論活動を行うこともできなかった。かろうじて電元工業や国際電気といった民間企業の取締役会長となったり、全日本警備犬協会と全日本畜犬登録協会の会長のような名誉職を務めたりするかたわらで『東洋経済新報』に回想録や評論を寄稿し[113]、観劇や旅行を行う日々を過ごしていた。[114]「若干の回想」として一三回にわたって『東洋経済新報』に掲載された回想録は、後に断続的に続編が書かれ、最終的に『湛山回想』として一九五一年に毎日新聞社から出版されることになる。

この間、八九ページに及ぶ弁駁書《べんばくしょ》を自ら執筆し「私の公職追放の資料に供されたと信ずる覚書に対する弁駁」[115]と題して中央公職適否審査委員会と公職資格訴願委員会に提出し、一九四七年六月には連合国軍最高司令官ダグラス・マッカーサーに対して「マッカーサー元帥に呈する書」[116]を送るなど、石橋は早期の追放解除を目指している。しかし、いずれも効果はなかった。

石橋の処分が解除されるのは一九五一年六月二十日であったから、石橋は四年にわたり「格子なき牢獄の追放生活[117]」を送ったのであった。

言論活動と公職追放

ところで、弁駁書を関係各所に提出し、国内外の報道関係者にも自らの公職追放が不当であることを訴えるなど[118]、石橋はGHQによる措置に対して「じつにでたらめ」「僕が追放されるならば、日本のジャーナリズムで一人として助かるものはないはず」「やれるならやってみろ」と憤然とした反応を示している[119]。

現在、石橋湛山の戦前の言論活動については、国民主権と人権の尊重、空理空論を排した現実的な態度、民衆の政治的市民的自由の擁護と拡大、そして日本政府への植民地放棄の要求という点に特徴があると考えられている[120]。

確かに、戦前の中国について論じる際にしばしば家族の比喩を用い、ときに「駄々ッ子」と表現したように、石橋は中国と日本の関係を子どもと親という間柄で捉えていた。特に、「自分に何の力も無いが、駄々さえこねれば、両親や近親が一時ちやほやして呉《く》れることに図に乗って、益々やくざな駄々ッ子に成り行くが如きである[121]」という記述については、石橋の「日本にとっての利害得失のリアルな計算[122]」に基づく従来の議論の崩壊と評されたり、国民党政府による不平等条約の一方的な破棄という「予期せぬ進展」に石橋が「苛立ちを露わにしたものであることに間違いはない[123]」と捉えられることがある。

あるいは、現在石橋湛山の代表的な主張として知られる「小日本主義」についても、ときに戦前と戦中で議論の断絶があるか否かが問題となる[124]。

しかし、戦前の言論活動の理解と同様、戦中も軍部の独裁を批判し、政府に迎合せず、それでいて婉曲ないし屈折した表現を用いることで東洋経済新報社と『東洋経済新報』を合法的な存在として保つことを可能にした、抵抗の一種としての「「芸」とねばり」を示したとするのが、標準的な石橋像となっている[125]。

このような考えに基づけば、石橋の追放は占領当局による政治的、恣意的な措置であり、妥当性を欠くということになる。

これに対し、GHQの占領政策の実務を遂行した民政局次長のチャールズ・ケーディスが石橋を追放処分とするための「策謀」を積極的に進めていながら[126]、石橋が戦前に軍部の行動を批判した人物とは知らなかったとされることにも注意が必要となる[127]。

なぜなら、現在の石橋湛山の事績に対する理解から遡って公職追放を考えれば不当で恣意的な判断となるとはいえ、東條英機内閣の退陣後に大命降下を受けた小磯國昭に総力戦の遂行に必要な事項を提起したり、読者に長期戦の覚悟を求めるような戦中の論考は、石橋が行間に込めた真意にまで踏み込まなければ、文字通り戦争を支持する内容と捉えられるからである。

また、大日本言論報国会賛助会員となったり、大政翼賛会関係の座談会や講演会に出席したり[128]、軍部の要望に応じる形で朝鮮の京城で『大陸東洋経済』を、日本が新たに占領した香港で『香港東洋経済新報』を発行するなど、石橋湛山も東洋経済新報社も「軍部にお手伝いをしなかったわけではない[129]」という事実があった。

占領当局内部の対立や占領政策の遂行といった側面から見れば、石橋はある種の見せしめとして不当に追放されたことになる。だが、右のような経緯を踏まえれば、石橋の公職追放に先立ち、総司令部から『東洋経済新報』が追放に相当するか照会された公職資格審査委員会や公職審査委員会が「該当事項なし」「非該当」と回答したにもかかわらず、民政局が強硬に追放を主張したこと[130]にも一理あったことになる。

日米側の対応の違いは戦前から戦中にかけての石橋湛山の言論活動をどの程度まで理解していたかによるものであろうし、公職追放は不当であったという現在の通説は、石橋が「小日本主義」や国際協調主義を提唱し軍部の政治への関与を様々な形で批判したという一般的な理解に基づいている。しかし、たとえ東洋経済新報社の閉鎖を免れ、言論活動を継続するための方便であったとしても、石橋が戦中の軍部や大政翼賛会に協力したことも事実である。そのため、石橋の持つ様々な側面を慎重に検討しなければ公職追放が適切であったか否かを判断することはできない。石橋の一面のみを取り上げて適否を論じるとすれば、そのような態度は「湛山びいき[131]」となり、事柄の真相に迫ることを難しくする。この点には十分な注意が必要であることを、改めて確認したい。

政界復帰

鳩山内閣の成立

一九五一（昭和二十六）年六月二十日、四年にわたる石橋湛山の公職追放が解除された。石橋が自由党に復党したのに続き、第二次追放解除により鳩山一郎、三木武吉、河野一郎らも政界に復帰する。その結果、鳩山が公職追放中に一時的に党を預かり、政権を担当するとされた吉田茂が、果たして鳩山に自らの座を譲るか否かが切実な問題として浮上した。一九四八年十月十五日から再度政権を担当していた吉田は、GHQとの密接な関係を背景として自由党内での勢力を強固にし、一九五一年当時は首相としても「ワンマン」と称されるほどの権勢を誇っていた。

こうした状況の中で、追放解除を受けて自由党に戻ったのが鳩山たちであった。そのため、これ以降の自由党内では、総裁の吉田茂を頂点とする官僚出身の政治家による吉田派と、党人主体の鳩山派の対立が激しさを増すことになる。最終的に鳩山が吉田から政権を引き継ぎ、一九五五年十一月十五日の自由党と日本民主党による保守合同へと繋がった経緯については、第二章で確認する。

一連の対立の過程で鳩山派の幹部として反吉田の姿勢を先鋭に示したのが石橋であった。そして、一九五四年十二月十日に鳩山内閣が成立すると、石橋は鳩山に対して「鳩山内閣ができれば、石橋財政と世間できめておる、それをまげるということはどうしても承知できぬ」(132)と主張して、大蔵大臣への起用を求める。だが、閣僚名簿の中に記された大蔵大臣は石橋ではなく、一九四六年から五四年まで日本銀行総裁を務めた民間人の一万田《いちまた》尚登《ひさと》であった。石橋は入閣を果たしたものの、与えられたのは通商産業大臣の座であった。

なぜ蔵相になれなかったのか

これまで、石橋の蔵相就任が見送られた根拠として、日銀総裁として「法王」の異名を取り、財界を支配してきた一万田を蔵相とすることで鳩山内閣が財界との関係をより緊密にし、政党資金の集金を期待したという見方が挙げられてきた[133]。石橋自身も鳩山や三木武吉、河野一郎たちが「一万田にすれば金ができる」と考えていたことを指摘しており[134]、こうした見方が当時から存在していたことを示唆している。

また、第二の根拠となるのが、蔵相時代に積極財政という名のインフレ財政を推進すると考えられてGHQから疎まれ、野党や報道機関からも批判されたことである。一九四六年から翌年にかけての批判は、その後も石橋の財政政策に対する印象を規定していた。一九五二年四月二十八日のサンフランシスコ講和条約の発効によって主権を回復して以降も日本にとって最も大きな影響力を行使していた米国が、鳩山の優柔不断な性格、外相就任が予想された重光葵による意識的な反吉田外交とともに石橋の反米的な財政政策を懸念したこと[135]は、対米関係という点からも石橋を蔵相とすることを難しくしていた。

石橋が積極財政を主張したのは敗戦国である日本を救う道はそれ以外にないと考えていたからである。鳩山も自らの考えに全面的に同調していたというのが石橋の理解であったから、「消極政策」を主張する一万田を蔵相とすることは「日本のためにならない」と考え、自分を大蔵大臣にするよう強く主張したのである[136]。

第三に挙げられるのが、一九五三年に分党派自由党が自由党に復帰する際の経緯である。

鳩山の率いる分党派自由党が行き詰まりを見せた際、三木と河野は石橋を総裁とすることで局面の打開を狙い、石橋も了承したと思われた。しかし、実際には石橋は分党派自由党には留まらず、自由党に復党する。こうした態度により、三木や河野ら鳩山側近は石橋に対する反感を抱くことになった[137]。自由党復帰をめぐっては、鳩山も、三木と河野に対して復党を否定しながら自分には自由党に戻る意思を伝えるなど、石橋が鳩山と側近とに対して異なる態度を示し、食言があったと回想している[138]。このような過去の言動から、三木や河野だけでなく鳩山自身も石橋に対して不信感を持ち、閣僚人事に影響を与えたというのが通説である。

吉田内閣との連続性

鳩山一郎の首相秘書官を務めた若宮小太郎《わかみやこたろう》が残した「閣僚銓衡《せんこう》メモ」を調査した小宮京《こみやひとし》は、「鳩山内閣が出来れば自分が蔵相となるのは当然」という石橋湛山の考えとは異なり、鳩山と側近たちが当初から石橋を蔵相とする意思がなく、財界人の起用を考えていたこと、さらに石橋の「積極財政イメージ」が鳩山内閣の政策と異なっていたことを明らかにしている[139]。

財界人を蔵相とするという案については、一万田のほか、三井銀行社長の佐藤喜一郎《さとうきいちろう》や東京銀行頭取を経て愛知用水公団総裁を務めていた濱口雄彦《はまぐちたけひこ》の名前も挙がっていた。後には三井財閥出身の向井忠晴《むかいただはる》が第四次佐藤栄作《さとうえいさく》内閣で蔵相を務めており、佐藤栄作が吉田茂の指示により佐藤喜一郎に入閣を要請していたこと、さらに後に岸信介内閣の内閣改造時に佐藤喜一郎に蔵相を打診していたことなどから、佐藤の起用は現実的な人事であった。

濱口は、第一次鳩山内閣の蔵相候補に最後まで残ったことや国鉄総裁、駐米大使として名前が挙がり、「民主党某首脳がカゲで強く推していた」とされる人物である[140]。東京帝国大学を卒業後日銀に入行し、広島支店長を最後に民間に転出して三和銀行監査役や東京銀行頭取、全国銀行協会連合会会長などを歴任した金融の専門家であり、第三次吉田第一次改造内閣で法務総裁を務めた大橋武《おおはしたけ》夫《お》の義兄という政界との関わりの深さも、濱口蔵相説を後押ししたと言えよう。また、石橋湛山にとっては、いわゆる「金解禁論争」で対立する立場にあり、一九三〇年十一月十四日に東京駅頭で遭難した濱口雄幸の長男である雄彦は、因縁の浅からぬ人物であった。

そして、一万田については「財界の大立者」「対外路争《ママ》の急転がないことを示したこと」「党資金」の三点が理由として挙げられている。

石橋は吉田内閣で蔵相を務めたとはいえ、一九四七年の第二三回総選挙以降、選挙資金の多くを名取栄一に頼ったように、石橋自身の集金能力は十分ではなかったし、東洋経済新報社の資金力にも限界があった。一方、財界に対する日本銀行の影響力が現在以上に大きかった当時の状況を考えれば、前日銀総裁という一万田の経歴は魅力的である。また、一九五二年に改進党総裁であった重光葵が野党党首として首班指名選挙に臨んだ際、重光陣営を資金面で支えたのが一万田だった[141]。このとき、重光は自由党総裁であった吉田茂に敗れている。しかし、当時は日銀総裁であった一万田が資金集めを行ったという実績を考えれば、蔵相に起用して往時のように財界への影響力を行使することを鳩山ら日本民主党幹部が期待したのは当然であろう。

これに加えて、「対外路争の急転がないことを示したこと」というように、一万田を蔵相とすることは、鳩山内閣が吉田内閣の財政政策の方針を継承することを示すものでもあった。すでに見たように、石橋は第一次吉田内閣で蔵相を務めた際に積極財政を推進したものの、インフレ論者と見なされ、政界や言論界だけでなくＧＨＱからも批判されている。それとともに、鳩山一郎が吉田茂を批判し、憲法改正、自主外交、再軍備を主張したことも周知の通りである。そのため、鳩山が吉田政権との違いを強調するためにも、石橋を蔵相とすることは現実的な選択肢と思われた。

だが、鳩山自身は、組閣直後に優先課題として日ソ交渉と憲法改正を挙げており、その他の問題についてては「なんでも両君のいう通り、両君のカジの取りように従ってついて行ってもいい」(142)と三木武吉と河野一郎に全幅の信頼を寄せていた。そのため、鳩山内閣としては、財政政策については詳しくなかった。そのため、鳩山内閣としては、財政政策については吉田内閣からの転換を意図していなかった。何より、過去の経緯を踏まえれば、石橋を蔵相とすることは世論に「石橋積極財政の再来」や「新内閣はこれまでの財政政策を全面的に方針転換する」という印象を与えかねず、財政政策に関しては前政権との連続性を維持するという鳩山内閣の基本的なあり方に一致しないものであった。

その一方で、吉田政権下で日銀総裁を務めた一万田を蔵相とすることは、集金能力への期待とともに、金融と財政の違いはあっても前政権との一貫した政策の堅持を強調するには格好の人事であった。その意味で、かつて蔵相を務め、鳩山の側近の中で唯一財政問題に通じている石橋が、どれほど「鳩山内閣ができれば、石橋財政と世間できめておる」と強調しても、構想の段階から、鳩山にも三木や河野にも、石橋を大蔵大臣に据えるという選択肢はなかったのである。この点に、石橋の財政政策の専門家としての自負心や状況に対する楽観的な見通しと、吉田内閣打倒の際には連携しつつも、新内閣成立後は集金能力と財政政策の一貫性を重視して石橋を遠ざけた三木と河野の実利を優先する姿勢、そしてそのような二人の判断に従った鳩山の隔たりの大きさが示されている。

気の進まぬ通産大臣就任

新たに発足した鳩山一郎内閣において、石橋湛山は希望の大蔵大臣ではなく、通商産業大臣を務めることになった。石橋が通産相を引き受けるまでには、文部大臣としての入閣が勧められたり、三木武吉が石橋夫人のうめ（梅子）に石橋の説得を依頼したりするといった紆余曲折があった(143)。しかし、結果的に、石橋にとって通産相を務めたことが、一九五六年十二月の自民党総裁選での勝利と首相の座をもたらしたのである。

第二章で見る通り、石橋が総裁選で勝利するために大きく貢献したのは、吉田派の池田勇人だった。池田は鳩山の後継者問題が起きてから、一貫して石井光次郎の支持を公言していた。また、池田が第四次吉田内閣の通産相であった一九五二年十一月二十八日に池田への不信任決議案が提出された際、鳩山らとともに自由党民主化同盟を結成して党運営の主導権を握ろうとしていた石橋は、反吉田政権の陣営にいた。こうした背景から石橋は池田の不信任議決案に賛成票を投じており、両者の間には感情的なわだかまりがあった。

それでも、石橋が第一次吉田内閣の蔵相在任時に池田を大蔵次官に起用したという過去の経緯と、自民党吉田派の中における主導権争いとが重なったことで、池田は最終的に石橋の支持に回り、選挙資金の調達などで手腕を発揮する。そして、石橋と池田の間を仲介したのが、池田に対して大きな影響力を持っていた実業家・松永安左エ門《まつながやすざえもん》だった。

石橋と松永は戦前から旧知の間柄であった。そして、石橋の通産相時代に起きた電源開発の総裁人事をめぐる問題を通して、両者はより密接な関係を築くようになる。松永は石橋と池田の和解を斡旋するだけでなく、石橋派のために選挙資金として五〇〇万円を献金し、資金力の点で岸信介に劣る石橋を支援している。

日銀総裁時代に財界を統制した実績と影響力による集金力を期待され、鳩山内閣の蔵相となった一万田を、石橋は後々まで許すことはなかった。それは、「一万田にすれば金ができるという……じつは金もあまりできなかったようだが」[144]という述懐からも明らかである。それほどまでに大蔵大臣の座にこだわりを見せた石橋ではあったとはいえ、もし念願がかなって蔵相となっていれば通産相として電源開発を所管することはなく、総裁人事問題を通して松永との交流が深まることはなかった。そして、一九五六年の総裁選の際に松永を通して池田を自陣に引き入れることはできず、岸信介が第一回目の投票で当選するか、決選投票が行われるとしても岸と石井の対決になっていたであろう。

かつて、石橋は日本の政府当局者に対し、一切の小欲を捨てることがより大きな欲望の実現とさらなる利益の獲得をもたらすと指摘し、台湾や朝鮮、満洲といった海外の領土や権益の放棄を説いている[145]。「小欲を捨てて大欲につけ」と主張した石橋は、まさに蔵相の座という小欲を捨てることで、首相として国政を担うという大欲を実現したのである。

注

（1）長幸男『昭和恐慌——日本ファシズム前夜』岩波同時代ライブラリー、一九九四年、一一九頁。
（2）石橋湛山『湛山座談』岩波同時代ライブラリー、一九九四年、五〇頁。
（3）石橋湛山「私の履歴書」長谷川如是閑、石橋湛山、小汀利得、小林勇『私の履歴書　反骨の言論人』日経ビジネス人文庫、二〇〇七年、一五八〜一五九頁。
（4）前掲『湛山座談』、六一頁。
（5）前掲「私の履歴書」『私の履歴書　反骨の言論人』、一五九頁。
（6）上田美和「鳩山薫夫人」増田弘・中島政希監修『鳩山一郎とその時代』平凡社、二〇二一年、三〇六頁。
（7）前掲『湛山座談』、六一〜六二頁。
（8）同右。
（9）「選挙演説原稿」『石橋湛山関係文書』四一六—一、国立国会図書館、一九四六年三月作成、https://www.ndl.go.jp/modern/img_t/103/103-001tx.html（二〇二二年十一月十四日閲覧）。
（10）石橋湛山「湛山回想」『石橋湛山全集』第一五巻、東洋経済新報社、二〇一一年、一八三頁。
（11）前掲「私の履歴書」『私の履歴書　反骨の言論人』、一五二頁。
（12）同右、一五二〜一五三頁。
（13）石橋湛山「衆議院議員立候補に際して」『石橋湛山全集』第一三巻、東洋経済新報社、二〇一一年、一七三〜一八五頁。
（14）衆議院事務局編『第二十二回衆議院議員総選挙一覧』衆議院事務局、一九五〇年、七四七頁。
（15）石橋湛一・伊藤隆編『石橋湛山日記』上巻、みすず書房、二〇〇一年、九六頁。
（16）田辺七六翁頌徳碑建設委員会編『田辺七六』田辺七六翁頌徳碑建設委員会、一九五四年、一二六頁。
（17）鶴岡八幡宮社務所編『鶴岡八幡宮年表』鶴岡八幡宮社務所、一九九六年、五六二頁。

(18) 前掲『第二十二回衆議院議員総選挙一覧』、五九九頁。
(19) 前掲『石橋湛山日記』上巻、九六頁。
(20) 『官報』第五七四五号、一九四六年三月十一日一面。
(21) 前掲「湛山回想」『石橋湛山全集』第一五巻、一六七頁。
(22) 「二百廿九名」『読売報知新聞』一九四六年三月二十五日朝刊二面。
(23) 前掲『石橋湛山日記』上巻、九二、九九頁。
(24) 同右、一〇〇頁。
(25) 同右。
(26) 同右、一〇〇～一〇五頁。
(27) 同右、一〇三頁。
(28) 同右、一〇四頁。
(29) 同右、一〇二頁。
(30) 同右、一〇四～一〇五頁。
(31) 同右、一〇五頁。
(32) 鳩山一郎『私の自叙伝』改造社、一九五一年、三二九頁。
(33) 岩浪光二郎の事績については次の文献を参照せよ。『郷土開発の父 岩浪光二郎翁』岩浪光二郎翁寿像建設協賛会、一九六三年。
(34) 前掲「石橋湛山年譜」『石橋湛山全集』第一五巻、二七三頁。
(35) 外務省百年史編纂員会編『外務省の百年』下巻、原書房、一九六九年、七六一頁。
(36) 百瀬孝『事典 昭和戦後期の日本』吉川弘文館、一九九五年、六五～六六頁。
(37) 前掲「石橋湛山年譜」『石橋湛山全集』第一五巻、二七〇～二七二頁。

(38) 増田弘『石橋湛山——思想は人間活動の根本・動力なり』ミネルヴァ書房、二〇一七年、一七八〜一七九頁。
(39) 前掲『石橋湛山日記』上巻、一〇六〜一〇七頁。
(40) 「進歩党遂に身売り」『朝日新聞』一九四六年四月十八日二面。
(41) 「民主政治に背く取引」『朝日新聞』一九四六年四月十八日二面。
(42) 「自由党の単独内閣 首相、奏薦を決意す」『朝日新聞』一九四六年五月四日一面。
(43) 増田弘「鳩山一郎公職追放の経緯」前掲『鳩山一郎とその時代』、一五九頁。
(44) 同右、一五八頁。
(45) 前掲「湛山回想」『石橋湛山全集』第一五巻、二〇四頁。
(46) 同右。
(47) 前掲「鳩山一郎公職追放の経緯」、一五六〜一五七頁。
(48) 伊藤隆・季武嘉也編『鳩山一郎・薫日記』上巻、中央公論新社、一九九九年、四四〇頁。
(49) 吉田茂『回想十年』上巻、中公文庫、二〇一四年、一六五〜一六六頁。
(50) 前掲「湛山回想」『石橋湛山全集』第一五巻、二〇五頁。
(51) 前掲『石橋湛山——思想は人間活動の根本・動力なり』、二〇一頁。
(52) 前掲「石橋湛山年譜」『石橋湛山全集』第一五巻、二七三頁。
(53) 前掲『湛山座談』、六二頁。
(54) 前掲「衆議院議員立候補に際して」『石橋湛山全集』第一三巻、一八〇頁。
(55) 前掲『湛山座談』、六三頁。
(56) 前掲『石橋湛山日記』上巻、一一四頁。
(57) 同右、一〇七頁。

(58) 吉田茂『回想十年』中巻、中公文庫、二〇一四年、四一四頁。
(59) 前掲『回想十年』上巻、四二六頁。
(60) 前掲『石橋湛山日記』上巻、六九頁。
(61) 同右、八七頁。
(62) 同右、九七頁。
(63) 前掲『回想十年』中巻、四一五頁。
(64) 同右、四一四頁。
(65) 前掲『湛山座談』、六二一―六三頁。
(66) 前掲『回想十年』中巻、四一六頁。
(67) 福田赳夫「石橋蔵相――福田官房長として戦後処理策に腐心」『自由思想』第一五〇号記念別冊特集、石橋湛山記念財団、二〇一八年、三八頁。
(68) 神尾昭男「湛山思想の系譜とその今日性」『自由思想』第七八号、一九九七年、二四～三四頁。
(69) 八木紀一郎『近代日本の社会経済学』筑摩書房、一九九九年、一一三頁。
(70) 石橋湛山「昭和二十一年度衆議院財政演説」『石橋湛山全集』第一三巻、一八六～二〇二頁。
(71) 姜克實「石橋湛山の経済思想の形成」『土地制度史学』第一七一号、二〇〇一年、四六頁。
(72) 前掲『石橋湛山――思想は人間活動の根本・動力なり』、二〇八～二〇九頁。
(73) 原田泰・和田みき子『石橋湛山の経済政策思想――経済分析の帰結としての自由主義、民主主義、平和主義』日本評論社、二〇二一年、一三一～一七〇頁を参照。
(74) 星野泉「戦後日本の財政政策（上）」『自治総研』第五〇五号、二〇二〇年、三頁。
(75) 前掲『湛山座談』、七三頁。
(76) 前掲『回想十年』中巻、四一三頁。

(77)前掲『湛山座談』、七一頁。
(78)静岡県選挙管理委員会編『静岡県の選挙記録』静岡県選挙管理委員会、一九六八年、四七一頁。
(79)内政史研究会『福島慎太郎氏談話速記録』内政史研究会、一九八四年、二三三頁。
(80)海野俊也「沼津に築いた製糸産業」『静岡新聞』二〇〇八年十一月二十一日二五面。
(81)海野俊也「沼津信用金庫を創設」『静岡新聞』二〇〇八年十一月二十二日二七面。
(82)後藤臣彦『政治の品格——石橋湛山と遠山正瑛に学ぶ』原書房、二〇〇六年、八三頁。
(83)海野俊也「石橋湛山会」『静岡新聞』二〇〇八年十一月二十七日二九面。
(84)衆議院事務局篇『第二十三回衆議院議員総選挙一覧』衆議院事務局、一九四八年、二九三頁。
(85)川手正一郎監修『名取栄一翁伝記』二〇〇九年、私家版、九一頁。
(86)前掲「石橋湛山会」。
(87)浅川保『偉大な言論人 石橋湛山』山梨日日新聞社(山日ライブラリー)、二〇〇八年、八七頁。
(88)前掲『石橋湛山——思想は人間活動の根本・動力なり』、二六〇頁。
(89)前掲『静岡県の選挙記録』、五〇一頁。
(90)海野俊也「統制下、沼津市長に」『静岡新聞』二〇〇八年十一月二十八日二九面。
(91)前掲『石橋湛山日記』上巻、一五二〜一五三頁。
(92)同右、一五四頁。
(93)同右、一六〇頁。
(94)「ゴシップ」『国会』第七巻第五号、一九五四年、四五頁。
(95)森本靖『逓信人物論』上巻、野村書店、一九六六年、三三頁。
(96)宮崎吉政「新聞記者が接した政治家石橋湛山の実像」『石橋湛山研究』第三号、二〇二〇年、一八四頁。
(97)渡部恒三「不世出の哲学政治家との出会い」『自由思想』第一五〇号記念別冊特集、四六〜四七頁。

(98) 御厨貴監修・聞き手、伊藤隆・飯尾潤・聞き手『渡邉恒雄回顧録』中公文庫、二〇〇七年、一五一、二二五頁。
(99) 前掲「不世出の哲学政治家との出会い」『自由思想』第一五〇号記念別冊特集、四七頁。
(100) 国史大辞典編集委員会編『国史大辞典』第五巻、吉川弘文館、一九八五年、三九四頁。
(101) 竹前栄治・中村隆英監修『GHQ日本占領史』第六巻、日本図書センター、一九九六年、一四一頁。
(102) 同右、一五頁。
(103) 増田弘『石橋湛山――リベラリストの真髄』中公新書、一九九五年、一四七〜一七二頁、前掲『石橋湛山――思想は人間活動の根本・動力なり』、二〇三〜二四二頁。
(104) 前掲『石橋湛山――思想は人間活動の根本・動力なり』、二二〇頁。
(105) 住本利男『占領秘録』中公文庫、二〇一四年、四三七〜四三八頁。
(106) 前掲『石橋湛山日記』上巻、一九一頁。
(107) 前掲『占領秘録』、四四一〜四四二頁。
(108) 前掲「私の履歴書」『私の履歴書　反骨の言論人』、一七一〜一七二頁。
(109) 前掲『石橋湛山日記』上巻、二七八頁。
(110) 同右。
(111) 前掲「新聞記者が接した政治家石橋湛山の実像」『石橋湛山研究』第三号、一七六〜一七七頁。
(112) 前掲「石橋湛山年譜」『石橋湛山全集』第一五巻、二八一頁。
(113) 「論文目録」『石橋湛山全集』第一五巻、一五七〜一五九頁。
(114) 前掲「石橋湛山年譜」『石橋湛山全集』第一五巻、二八一〜二八四頁。
(115) 石橋湛山「私の公職追放の資料に供されたと信ずる覚書に対する弁駁」『石橋湛山全集』第一三巻、二五二〜三三二頁。

(116) 石橋湛山「マッカーサー元帥に呈する書」『石橋湛山全集』第一三巻、二三三～二四五頁。
(117) 前掲「私の履歴書」『私の履歴書　反骨の言論人』、一七二頁。
(118) 前掲「石橋湛山年譜」『石橋湛山全集』第一五巻、二七九頁。
(119) 前掲『湛山座談』、一一九～一二〇頁。
(120) 長幸男『石橋湛山の経済思想――日本経済思想史研究の視角』東洋経済新報社、二〇〇九年、九～一〇頁。
(121) 石橋湛山「駄々ッ子支那」『石橋湛山全集』第六巻、東洋経済新報社、二〇一〇年、二二八頁。
(122) 江口圭一「山東出兵・満州事変をめぐって」井上清・渡部徹編『大正期の急進的自由主義』東洋経済新報社、一九七二年、三八九～三九〇頁。
(123) 及川英二郎「石橋湛山の秩序観と家族のアナロジー」『東京学芸大学紀要』（人文社会科学系Ⅱ）第57号、二〇〇六年、一六三頁。
(124) 上田美和『石橋湛山論――言論と行動』吉川弘文館、二〇一二年、一一～一二頁。
(125) 松尾尊兊「解説」松尾尊兊編『石橋湛山評論集』岩波文庫、一九八四年、二九八～三〇九頁。
(126) 前掲『石橋湛山――思想は人間活動の根本・動力なり』、二三〇頁。
(127) 前掲『石橋湛山――リベラリストの真髄』、一七二頁。
(128) 前掲「石橋湛山年譜」『石橋湛山全集』第一五巻、二六六～二六七頁。
(129) 前掲『湛山座談』、四七頁。
(130) 前掲『占領秘録』、四三〇～四三四頁。
(131) 米山忠寛「昭和戦時政治史における石橋湛山――湛山研究の危機と意義」『石橋湛山研究』第二号、二〇一九年、一一四頁。
(132) 前掲『湛山座談』、一二九頁。
(133) 保阪正康『石橋湛山の65日』東洋経済新報社、二〇二一年、一九三頁。

(134) 前掲『湛山座談』、一二九頁。
(135) 「対共産圏接近を懸念」『朝日新聞』一九五四年十二月八日夕刊一面。
(136) 「『湛山回想』補遺」『石橋湛山全集』第一五巻、二七八頁。
(137) 筒井清忠『石橋湛山——自由主義政治家の軌跡』中公叢書、一九八六年、二七五頁。
(138) 小宮京「公職追放解除後の鳩山一郎」前掲『鳩山一郎とその時代』、二三六頁。
(139) 同右、二二六〜二二八頁。
(140) 「浜口雄彦　人・寸描」『朝日新聞』一九五五年八月一日朝刊三面。
(141) 武田知己『重光葵と戦後政治』吉川弘文館、二〇〇二年、一九三頁。
(142) 河野一郎『今だから話そう』春陽堂書店、一九五八年、五頁。
(143) 前掲『湛山座談』、一三〇〜一三一頁。
(144) 同右、一二九〜一三〇頁。
(145) 石橋湛山「大日本主義の幻想」『石橋湛山全集』第四巻、二〇一〇年、一四〜二九頁。

第二章　運命の七票

――一九五六年の自民党総裁選

石橋湛山首相、誕生の瞬間（『自民党史』昭和三十六年刊所収）

保守合同から初代総裁選出まで

サンケイホールに響く万歳三唱の声をもって、自由民主党の第三回臨時党大会は幕を下ろした。一九五六（昭和三十一）年十二月十四日、午後一時三〇分のことであった。

発声したのは幹事長の岸信介であり、参加者は新たに総裁となった石橋湛山を祝福していた。わずか一時間前まで自らの当選を確信していた岸が敗れ、勝利の可能性が薄いと思われていた石橋が当選したのである。

それでは、なぜ岸は総裁の座を逃したのであろうか。あるいは、石橋はどのようにして劣勢を挽《ばん》回《かい》したのだろうか。

石橋、岸、そして石井光次郎が争った総裁選挙が自民党のみならず日本の政党の歴史の中でも屈指の激戦となった理由は、自民党の誕生時にまで遡るものだった。

緒方構想

一年前の一九五五年十一月十五日、緒方竹虎の率いる自由党と鳩山一郎が総裁を務めた日本民主党が合流して保守合同が実現し、自由民主党が誕生する。

党首の人選が難航したため、発足当初は総裁を空席とし、その代わりに鳩山、緒方、さらに三木武吉と大野伴睦が代行委員を務める集団指導体制がとられた。

日本民主党からは総裁の鳩山と総務会長の三木が、自由党からは総裁の緒方と総務会長の大野が委員となったことは、妥協の産物であった。鳩山が政権を担当する代わりに緒方が党の運営の中心となることで、新党結成時の最大の問題であった総裁選出の問題を先送りにしたのである。(1) 一九三七年に立憲政友会総裁の鈴木喜三郎《すずききさぶろう》が退任した後に四人の総裁代行委員による集団指導体制に移行した「戦前の知恵」(2)が活用されたと言えよう。

新党の総裁人事が問題化する発端は、一九五四年三月二十八日に吉田茂内閣の副総理であった緒方が公表した、いわゆる「緒方構想」であった。「緒方構想」の主な内容は、自由党と改進党が解党して新しい保守政党を作る、新党の総裁は選挙により決定する、新党結成後は内閣の総辞職はせずに吉田が留任する、というものだった。(3)

当時は鳩山の率いる日本民主党は結成されておらず、保守合同の対象は自由党と改進党であり、内閣も吉田茂が率いていた。そのため、「緒方構想」の提案と実際の保守合同とは合同の相手が異なる。しかし、内閣が総辞職する代わりに大幅な改造により新党から閣僚を選任するという方法は、保守合同後の鳩山政権で実現することになる。

これに対し、総裁問題そのものについては、自由党側が鳩山の引退による総裁の公選を主張したのに対し、日本民主党は合議により鳩山を総裁とすべきであると唱え、双方が自説を譲らなかった。(4)

鳩山自身は一九五五年十二月三日の参議院本会議で、自身の早期の引退を否定する。日本社会党の岡田宗司《おかだそうじ》が、自民党内には緒方を筆頭に「有力な分子」が一九五六年四月に総裁公選を行い、鳩山を引退させて緒方内閣を実現させようという含みで保守合同に参加していると指摘し、「一体あなたは四月に引退されるつもりであるのか」と問い質《ただ》すと、鳩山は「ただいまのところ引退の意思はございません」と答えるとともに、「これは神様きりしか知りません」と質問者をはぐらかす余裕を見せている(5)。

「神様」を持ち出した答弁は敬虔なキリスト教徒として知られる鳩山ならではのものであった。それとともに、「いつまでやるんだ」という不規則発言は鳩山の引退を目指す緒方派議員から起きたものと考えられ、総裁人事をめぐる対立の根深さは深刻なものであった。

引退を否定した鳩山の強気な姿勢にもかかわらず、総裁選挙が予定通り一九五六年四月に行われるとすれば、首相と総裁の座を手にして権力基盤を確立しようとする鳩山と、総裁に当選して政権を担うことを目指す緒方の争いにならざるを得ない。

こうして、新たに生まれた自民党では、初代総裁をめぐる激しい争いが繰り広げられることになると予想されたのである。

保守合同と勢力図の変化

鳩山が引退を否定し、総裁選への出馬を明言したことで、対立候補となる緒方は総裁選に向けた取り組みを加速させる。

緒方は新党の成立を受けて発足した全国各地の支部の発会式に出席するなど(6)、地方の党員の間での勢力の拡大を行い、支持基盤を作ることに余念がなかった。

こうした緒方の動きの背景には、保守合同による勢力関係の変化が影響していた。

前後五次にわたり内閣を率い、占領下の日本でGHQの意向を背景に「ワンマン」として君臨したのが、自由党総裁の吉田茂だった。しかし、野党による内閣不信任案の可決が確実となったことで、吉田は一九五四年十二月に退陣し、自由党総裁も辞職した。

後任の自由党総裁となった緒方は「たんたんたる態度」[7]で首班選挙に臨むとしたものの、衆議院では二五七対一九一、参議院では一一六対八五と、衆参両院のいずれにおいても日本民主党の鳩山に敗れ、政権の獲得に失敗する。

その一方で、吉田茂の後継者の座をめぐる争いの過程で競争相手が次々と脱落したため、自由党における緒方の地位そのものは安定していた。

例えば、緒方の好敵手であった広川弘禅《ひろかわこうぜん》は、一九四九年から五三年まで自由党の幹事長や総務会長、農林大臣などを務め、広川派の領袖として党の内外で吉田を支える柱であった。しかし、吉田が緒方を後継者として迎えたことに反発し、広川は吉田の後に内閣を率いるという計画を実現するため、次第に反吉田色を強めてゆく[8]。

さらに、一九五三年二月二十八日の衆議院予算委員会における吉田首相の「バカヤロー」発言を受けて吉田の懲罰動議が提出されると、広川は吉田内閣の閣僚ながら採決を欠席したため、農相を罷免される[9]。そして、四月に行われた第二六回総選挙で広川が落選すると広川派が雲散霧消し[10]、広川の政治力は低下を余儀なくされる。

あるいは、吉田の側近として第四次、第五次内閣で官房長官を務めていた福永健司《ふくながけんじ》も吉田の辞職によって党内での影響力を低下させており、吉田自身も総裁退任後は党への関与の度合いが薄れていた。

何より緒方には、吉田が政界に進出する第一歩となった東久邇宮稔彦内閣での外務大臣就任を後押ししたのは自分であるという考えがあったため、吉田に仕えるという意識に乏しく、むしろ吉田と対等の立場にあると自認していた。しかも、日本民主党などの野党による内閣不信任案が提出された際には、当時左右両派に分かれていた社会党のうち、左派社会党の協力を得られれば首班指名選挙に勝利できると予測していた緒方は、内閣総辞職を主張し、衆議院の解散によって対抗しようとしていた吉田を驚かせている(11)。

最終的に自由党内で内閣総辞職を求める声が大勢を占め、閣内でも解散総選挙の断行を唱える閣僚が少数派となった。かねてから保守合同を推進する緒方を警戒し、吉田の追い落としを画策しているのではないかと不信感を抱いていた池田勇人や佐藤栄作ら側近も、情勢の挽回が難しいと判断し総辞職を進言するに至る。そして、吉田は解散総選挙の意見を撤回して総辞職し、緒方は有力な対立者のいない自由党の総裁に就任したのである。

しかし、自民党の誕生により従来の党内派閥の色分けが変わり、「旧自由党系」「旧日本民主党系」という新しい構図が生まれたことで、緒方はこれまで築いてきた勢力の減少に直面せざるを得なくなる。代行委員の一人である三木武吉が遊説先で「次期総裁は緒方君が最適任であろう」と発言した以外に、自民党内で緒方を積極的に推す声が聞かれなかったことは、総裁選での緒方の勝利が困難になることを予想させるものだった。[12]

ただ、緒方は鳩山総裁の下で副総裁を務め、鳩山の引退後に総裁と首相の座を引き継ぐのが適切であるという助言を拒み、決選投票となってもあくまで鳩山と総裁の座を争う姿勢を示し続けた。[13]従って、緒方にとって総裁選の勝利のために不可欠なのは、旧自由党系を取りこぼさず、旧日本民主党系に支持を浸透させることであった。

緒方の急死

総理を務める鳩山と自民党の党務の中心である緒方の間で党を二分する対立になると考えられた自民党の初代総裁問題は、緒方の死という意外な形で終わりを迎える。

緒方は、地方への勢力拡大や保守合同に参加しなかった吉田が残した旧自由党系の吉田派の囲い込みのために精力的に活動していた。しかし、一九五六（昭和三十一）年一月二十八日、冠状動脈障害による急性心臓衰弱症のために、東京都品川区五反田の私邸で六七年の生涯を閉じた。前年の自民党結成以降、全国各地を積極的に訪問した際の日程の過密さが一因であった。[14]

緒方の死が突然の出来事であったのは、後に総裁選挙で鳩山の後継の座を争うことになる岸信介、石井光次郎、石橋湛山の回想や日記からも明らかである。

一月五日ないし六日に熱海の別荘から年賀に訪れた岸に対し、緒方は「昨日心電図をとったが、非常に結果がよろしい、安心した」と健康状態に自信を示し、むしろ一九五一年に脳溢血を発症した鳩山の健康状態を懸念し、万が一の場合に備えて「自分も心構えをしていなければいかん」と、後継首班の最有力候補としての決意を披露している。[15] このような様子からは、緒方は自らの体調が良好であり、突然の最期が訪れることを予期していなかったことが推察される。

また、石井は、一月二十八日の朝の様子を振り返り、死の直前の緒方との会話を回顧する。石井は、緒方、松野鶴平とともに三、四尾の鰻《うなぎ》を筏《いかだ》のように並べた「筏の蒲焼」を食べた際、自分が一尾を残したのに対し、緒方は完食し、松野はお代わりをしたため、雪辱を期すために再度鰻の会食を行おうと計画する。そして、予定日である一月二十八日の朝に緒方から電話を受ける。「ちょっと体の具合が悪いから、箱根に静養に行こうと思う。会食に出なくてもいいか」という緒方に「友達仲間で、食いに行こうというだけだ。体が大事だから、こなくていいよ」と答えた石井は、松野とともに会食した。そして、帰宅後に入浴していると緒方の秘書から訃報が届けられる。互いの住まいが近くであったこともあり、石井は和服に袴を穿《は》き、何も持たずに緒方の家に駆けつけ、死に目に会えなかった無念な気持ちを抑えつつ一晩中弔問客を応接したのである。[16]

石橋も、日記の中で緒方の死を取り上げている。一月二十九日には、欄外に「昨夜緒方竹虎氏突然死去」と書かれるとともに、最側近である石田博英《いしだひろひで》からの一報を受けての、次のような記述がある。[17]

> 午前三時ごろ石田博英より緒方氏死去の報あり、六時ごろラジオを聞くまでは信じがたし。
> 七時ごろ車を呼びて緒方邸訪、死体に面接す。平常のごとし。

「六時ごろラジオを聞くまでは信じがたし」という表現は、緒方の死が突然の出来事と受け止められたことを示している。

緒方の死は自民党内外に「ポッカリ穴があいた感じ[18]」を与えたものの、保守合同時の最大の懸案事項であった総裁問題の解決を促す。二月六日に代行委員である三木と大野、さらに幹事長の岸と総務会長の石井が会談し、党大会を四月五日に開催して総裁選挙を実施することが決められたのである[19]。

そして、第二回臨時党大会では衆議院議員二九九名、参議院議員一二二名、各都道府県支部から二名ずつ選出された地方代議員九四名の五一五名[20]を有権者として総裁選挙が行われ、鳩山一郎が投票総数四八九票中三九四票を獲得して自民党初代総裁に選出されたのであった。

「第二代総裁」と「反鳩山派」という新たな課題

こうして、自民党の初代総裁に鳩山が就任したことで、当面の難問は解決された。だが、緒方の死によって収束した総裁人事は、誰が第二代総裁になるかという新たな課題をもたらすことになる。緒方は鳩山の有力な対抗者であり、鳩山の退任後に自民党を率いることが確実視されていた。その緒方が死去したことで、自民党内で次期総裁の候補となりうる人物を探さなくてはならなくなったのである。

また、実質的な信任投票となった総裁選で、鳩山の得票が投票総数の八〇・六％にとどまり、七六票の無効票が生じたことは、自民党内の反鳩山派の存在を改めて浮き彫りにした（表2－1）。

無効投票の半数は鳩山と対立関係にあった旧自由党系吉田派が投じた白票だった。

吉田茂自身は保守合同に参加せず、自民党の発足後は無所属であった。だが、自由党時代から吉田の側近であった益谷秀次《ますたにしゅうじ》や林譲治《はやしじょうじ》などが指導した吉田派は、総裁選前日の四月四日に会合を開く。そして、吉田派として良識に従って行動することを申し合わせ、特定の候補者を擁立せずに各人の自由投票とすることを決めた。

この「良識に従った行動」とは「「鳩山氏には投票しない」という暗黙の了解」を守ることに他ならず、約五〇人とされる吉田派の大多数と、吉田派に同調する他の議員などを含め、鳩山に反対するのは六〇名から七〇名程度であると予想されていた[21]。

表2－1　第2回臨時党大会における総裁選挙の得票数の内訳

氏 名	得票数（票）	得票率（%）
鳩山一郎	394	80.6
岸　信介	4	0.8
林　譲治	3	0.6
石橋湛山	2	0.4
石井光次郎	2	0.4
益谷秀次	2	0.4
大野伴睦	2	0.4
河野一郎	1	0.2
重光　葵	1	0.2
松野鶴平	1	0.2
池田勇人	1	0.2
無効票	76	15.5
合 計	489	100.0

結果として七六名が白票によって反鳩山の態度を示しただけでなく、鳩山以外の一〇名の議員に合計一九票が投じられた。しかも、吉田派の林が三票、益谷が二票、池田勇人が一票を得るなど、自民党内には鳩山の総裁就任に反対する勢力は予想以上に多かったのである。

こうして、「だれ一人将来に期待をもつ安定党首と見るものはない」[22]、暫定総裁とも言うべき、自民党の初代総裁が誕生したのである。

始まった二代目総裁争い

高まる石橋の評価

鳩山一郎と緒方竹虎とが総裁の座を争う中で、石橋湛山は鳩山支持の姿勢を示していた。三木武吉、岸信介、さらに農林大臣の河野一郎ら鳩山政権主流派の有力者は、一九五六年一月に「三月中旬に総裁公選、初代総裁には鳩山、副総裁には緒方」と発言し、鳩山総裁の下で副総裁の座を受け入れることが緒方竹虎にとって「鳩山引退、緒方総裁」を実現させるための早道であるとした[23]。また、鳩山政権の通商産業大臣であった石橋も「初代鳩山、二代目緒方」を公言し[24]、三木や岸などの政権主流派と歩調を合わせていた。

しかし、緒方の死によって「初代総裁問題」が解決する代わりに「第二代総裁問題」が浮上すると、石橋は鳩山の後継者を争う一団の中に加えられることになる。

石橋が一党の党首の候補者に擬せられたのは、今回が初めてではなかった。実際には、第一次吉田茂内閣で蔵相となった一九四六年以降、石橋は将来の総裁候補の一人と見なされていたのである。

そのような動きが初めて見られたのは、鳩山が公職追放を受けた一九四六年のことだった。鳩山が日本自由党総裁を退き、吉田が後任の総裁となって政権を担当した際、鳩山の「身代わり」として石橋を副総裁に擁立する声があったのである[25]。

第一章で見たように、当時の石橋は一九四六年の第二二回総選挙に出馬して落選している。吉田内閣には民間人として入閣したため、当時の石橋は「政治家としては未完成品」と評されている。そのような石橋を鳩山追放後の日本自由党副総裁に据えることを構想したのは三木武吉と考えられており、「政界では大先輩の仕事師」の案だけに「石橋湛山株の急騰」をもたらすことになる。[26]

また、党の黒幕と称された辻嘉六《つじかろく》も、[27] 一九四六年頃に石橋を日本自由党副総裁にする、[28] あるいは総裁に推す[29]という意向を示していたとされる。辻は鳩山による日本自由党結成時の資金源であった。[30] これは、公職追放によって鳩山を失った日本自由党にあって、出資者としての辻の目には石橋は党を任せられる人物として映っていたことを物語っている。

さらに、一九四七年のいわゆる2・1ゼネストでも、石橋の評価が高まった。戦後を代表する労働争議の一つであった2・1ゼネストでは、閣僚の間で官公庁労働組合を中心とする組合側との交渉を忌避したり、組合側の襲撃などを心配する声があった。しかし、石橋は吉田内閣の蔵相として労働組合側との交渉を担当し、「話せばわかるですからね。何もむちゃなことをしやしないですよ[31]」と、最後まで政府代表として折衝を続けた。こうした石橋の姿勢に対し、日本自由党幹事長であった大野伴睦が「次の総裁は石橋だ」と公言している。[32]

もちろん、大野の発言は、閣僚たちが弱腰になる中で交渉役を全うした石橋に対する賛辞であって、一九四七年の時点で大野が実際に「石橋総裁」を構想していたとは考えにくい。しかし、大野が石橋の行動力を総裁にふさわしいと評価していたことは、一九五六年十二月の総裁選での大野の行動を考える際に見逃せない点である。

日本社会党との浅からぬ関係

保守合同問題が佳境を迎えつつあった一九五五年六月一日には、石橋が日本社会党の前田栄之助《まえだえいのすけ》の招きで港区赤坂の料亭京稲に行くと、出席者から超党派で石橋を総理に推すことに賛成の旨を伝えられている。(33) 前田はサンフランシスコ講和条約への対応をめぐって一九五一年に日本社会党が左右両派に分裂した後、右派社会党に所属した。そして、当時は衆議院の貿易振興に関する調査特別委員長を務めていた。当時の石橋は保守政党である日本民主党に属しており、革新政党である日本社会党の一員ではない。それにもかかわらず、前田が超党派的に石橋を総理とするという腹案を提示したのは、石橋と日本社会党の浅からぬ関係が背景にあった。

一九四七年の第二三回総選挙では、日本社会党が一四三議席で第一党となり、与党の日本自由党は一三一議席、日本自由党から分離した芦田均の率いる日本民主党は一二四議席であった。(34) 各党とも衆議院の過半数を制することはなく、日本社会党も比較第一党に留まっていた。そのため、大野伴睦ら日本自由党の主流派は、議席の差は今日にも埋めてみせるから日本社会党に政権を渡してはならないと主張する。しかし、石橋は「選挙の結果、とにかく第一党になった党に主導権をゆずるという先例をつくらず、総選挙が終るとすぐ党の間で代議士の争奪戦を行なうごとき習慣をつくったらたいへんだ。禍《わざわい》を後々まで残すことになる」(35) と、日本社会党主導の政権の発足を支持している。

このとき石橋は第一次吉田茂内閣の蔵相であった。そのため、日本自由党幹事長であった大野と同じく、石橋が日本社会党に政権が渡ることを阻止し、吉田政権の維持を主張しても不思議ではない。だが、石橋は、たとえわずかな議席数の差であるとしても比較第一党が組閣の主導権を握るという先例を作ることを優先し、自党の下野を認める態度を取ったのである。

結果的に日本自由党と日本社会党の連立は実現せず、片山哲《かたやまてつ》を首班とする日本社会党や日本民主党などによる連立内閣が発足する。それでも、日本社会党と連携して片山内閣を助け、同党を実際的な国民政党に育てる工夫をすべきだと考えていた石橋であったからこそ、自民党と日本社会党という党派を超えた支持が可能であったと言えよう。[36]

新聞記事「自民党二代目争い」

このように、石橋は政界に進出してから、何らかの形で絶えず所属政党の「総裁候補」として取り沙汰されてきた。そして、自民党の第二代総裁問題でも、石橋湛山の名前が挙げられることになる。

まず注目すべきは、緒方の死の翌日、石橋が佐藤栄作と会食し、当面の政局や国事を談じ合っていることである。[37]

保守合同の際、佐藤は吉田茂に従って自民党に入党せず、無所属となった。しかし、旧自由党系吉田派に対して一定の影響力を有していたことは、一九五六年四月の自民党総裁選の前日に吉田派が派の結束を確認した会合に、佐藤が参加していたことからも明らかである。[38]しかも、自民党幹事長の岸信介は佐藤の実兄である。

鳩山政権を支える石橋と、党外にありながらも自民党と関わりの深い佐藤が、緒方の死が公表された当日に会食するのである。会話の話題が総裁問題の行方となったことは想像に難くない。そして、佐藤は石橋を通して鳩山派の意向を探り、石橋も佐藤から吉田派の動向を知ろうとしたと考えられる。また、政治家が敵対する者と会うことはまれであり、同志的関係の者とは頻繁に会うこと[39]を念頭に置けば、緒方が逝去した時点で石橋と佐藤との関係は必ずしも悪いものではなかったことが分かる。

ところで、自民党の第二代総裁候補としての石橋の力量を分析した最初の事例は、一九五六年二月六日の『毎日新聞』の記事「自民党二代目争い」であろう[40]。

この記事は、「鳩山総裁の跡目を一体だれが継ぐか」をめぐる自民党内の活発な動きの中で、自民党全体を見渡して「二代目の声が出ている」人物を紹介し、その特長と欠点を検討する。記事の中で取り上げられているのは、岸信介、石橋、重光葵、正力松太郎《しょうりきまつたろう》、芦田均、大野伴睦、石井光次郎、林譲治、三木武吉である。九人の内訳をみると、旧日本民主党系は岸、石橋、重光、正力、芦田、三木、旧自由党系は大野、石井、林であった。

幹事長として党務の要であり、緒方亡き後の第二代総裁候補として最も有力と考えられていた岸から、当人は次期総裁に強い意欲を示していたものの周囲からは一九五五年の総選挙で当選したばかりの「政治家としてはまだ一年生」と見られていた正力まで、一つの総裁の座をめぐり九人の候補の名前が挙げられているのは、自民党内に「第二代総裁問題」が突然生じたこと、さらに旧自由党系の各派の中に緒方の後継者にふさわしい人物が見当たらないことが影響している。

記事の中で、石橋は「岸氏の有力な対抗馬になりそうだ」とされる。そして、「腹心の石田博英氏が担ぎ出しに秘策を練り大野系にも働きかけている」と、総裁選に向けて石橋陣営が動き始めていることが紹介されている。

これに対し、一九五六年十二月の総裁選に出馬することになる石井については、「旧自由党で強いて捜せば大野代行委員と石井総務会長ぐらいである」と紹介の仕方は消極的である。

一九五六年四月の総裁選後に鳩山から防衛庁長官としての入閣を勧められた際、石井は「実は、私は、あなたのあと総裁候補に立つつもりなんです[41]」と応じている。石井が鳩山の誘いを断ったのは、総務会長として党務に専念し、総裁候補として実績を積むことを優先したためであった。また、岸や石橋など旧日本民主党系の面々に比べ、「強いて捜せば」という程度の評価にとどまっていたことも、石井に自民党内での勢力拡大の必要性を痛感させたであろう。

このような記事の内容が自民党の議員たちに与えた影響は決して小さいものではなかった。石橋の場合も、記事が掲載された翌日の二月七日には第二代総裁問題について「種々の相談やら忠告やら持ち込まる[42]」ことになったのである。

岸のように有力な候補者はいても衆目の一致する次期総裁がいないのだから、総裁選への立候補を勧める者もいれば、自重を促す者もいたであろう。さらには石橋が自民党総裁としての実力を備えているか確認しようとする者もいたと推察される。

石橋が鳩山の後継総裁の問題について初めて書き留めたのが二月七日のことであったことを考えれば、石橋が総裁選への出馬を意識し始めたのは少なくとも緒方の死後であることが窺われる[43]。

腹心・石田博英の三木武夫への接近

しかし、石橋の擁立に向けて側近の石田博英が奔走する様子が取り上げられているように、総裁選に向けた当面の課題は、石橋に対する支持を拡大させることであった。こうした状況を受けて、石田は自民党内で旧改進党系の五グループの一つを率いる三木武夫《みきたけお》[44]に接触し、一九五六年三月に石橋湛山の擁立を提案している[45]。

石田が三木と知り合ったのは、三木が一九三七年の第二〇回衆議院総選挙に立候補したときのことであった[46]。当時、石田は早稲田大学政治経済学部の学生であり、行政学の講義を担当していた助教授の吉村正《よしむらただし》に誘われ、三木の選挙を応援したことで交流が始まった[47]。一方で、三木と石橋との関係は比較的新しいものであった。三木の回想によれば、初めて石橋と関わりを持ったのは戦後の国会であり[48]、一九四六年九月二十四日に第一次吉田茂内閣の大蔵大臣であった石橋が各党の代表者を首相官邸に招き、戦時補償特別措置法案について説明したときであると考えられる[49]。

当時、石橋は吉田政権の主要閣僚であり三木は野党の協同民主党に所属していた。しかも、協同民主党は日本社会党、国民党とともに石橋財政に反対していたため[50]、両者の関係は敵対的なものであった。

このような石橋と三木を引き合わせたのは、東京大学経済学部教授の脇村義太郎《わきむらよしたろう》であった[51]。脇村は戦前から『東洋経済新報』に論考を寄稿したり座談会に参加したりし、戦中も石橋の誘いにより東洋経済新報社の評議員会に出席している[52]。戦後も脇村と東洋経済新報社との関わりは続いており、論考の寄稿のほか、石橋が逝去した一九七三年に全社員が参加して本社九階ホールで開催された

「石橋先生を偲ぶ会」に出席し、石橋との交流の思い出などを語っている。(53)

これに対し、「経済音痴だ」と言われたこともある三木と脇村との関係も、石橋ほど古いものではないにせよ、浅からぬものがあった。三木は有沢広巳《ありさわひろみ》、稲葉秀三《いなばひでぞう》、土屋清《つちやきよし》、川野重任《かわのしげとう》、岸道三《きしみちぞう》などの経済専門家と定期的に勉強会を開いており、脇村も講師の一人として参加していた。(54)

脇村を通して直接の接触を持つようになった石橋と三木は、その後も関係を深めていく。

これに加えて、石橋と、三木の義兄で衆議院議員を二期務めた森暁《もりさとる》が一九五二年にそれぞれ立正大学の学長と理事長に就任し、大学の再建に取り組んだことも、二人の間柄を近づける一助となった。(55)

その後、三木は日本民主党の結成に参加し、一九五四年十二月に発足した第一次鳩山一郎内閣で運輸大臣となる。石橋は通商産業大臣として入閣していた。かつて与野党に分かれて対峙した両者は、今やともに鳩山内閣を支える仲となり、保守合同後も関係は緊密さを増すことになる。

例えば、一九五五年十二月二十五日から三木が鳩山の個人的な特使として東南アジア諸国を歴訪した際、(56)石橋は出発直前の十二月二十日に行われた送別会に通産省新聞記者倶楽部の忘年会を中座して参加する。また、翌年二月十五日の三木の帰朝歓迎会にも出席している。(57)記者クラブの忘年会が単なる慰労の集まりではなく、大臣と報道陣との良好な関係を維持するための重要な機会であることを考えれば、石橋が三木に対して相当の配慮を行っていることが分かるだろう。

こうした関係からも、第二代総裁について沈黙を守り、態度がはっきりしないとされていた三木(58)に石橋の擁立への協力を打診した石田の判断は、適切であった。

いずれ行われることが分かっていたものの、鳩山一郎の後継者を決める第二代総裁の公選がいつ実施されるかは未定である。一九五六年三月はいわば総裁選の準備期間に旧知の三木から石橋の支持を取り付けることで、石田は勢力の扶植《ふしょく》に努めたのである。

三木武夫、石橋支持を決める

このような石田の働きかけがあったものの、三木が直ちに石橋の擁立を決断したわけではなかった。三木が属した自民党旧改進党系の議員の間では、旧改進党系の松村謙三を擁立する気運も高かったのである。(59)

一九五六年八月初旬頃に軽井沢で河野一郎と会談した際、三木は「後継総裁には石橋湛山氏か松村謙三氏がよい」(60)と、石橋とともに松村の名前も挙げている。このことから、少なくとも、一九五六年八月頃の時点では、三木は松村の擁立を望む旧改進党系議員の意見を無視できなかったことが分かる。しかし、鳩山の後継総裁に石橋や松村を擁立するという案に河野は難色を示し、両者の会談は物別れに終わっている。

その後、三木は「改進系は筋を通して松村を支持すべきだ」という松村支持派の議員を説得し、最終的に大麻《おおあさ》派と芦田派の一部を除く改進党系議員の大部分を石橋支持とすることに成功する。(61)

また、八月八日には参議院議員の鶴見祐輔《つるみゆうすけ》の別荘で、三木と石橋が会談している。(62)会談では鳩山の後継総裁問題が話し合われ、鳩山の後継者としては岸信介と石橋が有力であるという認識で一致し、三木は石橋を支持することを伝える。(63)石橋は九月二十日に再び三木と会談し、三木と松村が鳩山の後継総裁として一致して石橋を推す旨を伝えられている[64]。

それでは、なぜ三木は石橋の支持を決めたのだろうか。

もちろん、周囲から石橋を支持するよう助言する声もあった。「総裁選を三木氏と石橋さんが各々別々にやってみたって、とても対抗できないと考えて、それから共同作戦を提案したのです」という脇村の回想[65]などは、三木に石橋との連携の理由を説明する、代表的な意見である。

また、石橋との交流の深まりも、三木に石橋を支持させる理由の一つとなった。すなわち、三木は石橋の政治観や道徳観を高く評価するとともに、大正時代から『東洋経済新報』を中心に自由主義や民主政治、国際協調主義を提唱し続けてきた石橋の言論活動や人柄を通して、周囲を説得してでも石橋を支持しようと考えるに至ったのである[66]。

これに加えて、鳩山の後継者として有力視されていた岸に対して、三木が厳しい評価を下していたことも、総裁選で誰を支持するかという判断に影響を与えていた。

三木は次のように述べている[67]。

僕の責任は、石橋の後継者に岸を選んだことだ。朝日新聞がパールハーバーの攻撃にサインした政治家は総理大臣になるべきでないと書いてくれれば岸内閣は出来なかったのに、新聞は何も書かないんだもの。

こうした回想からは、三木が極東国際軍事裁判でA級戦犯容疑となった岸の過去を問題視し、自民党の総裁として不適格であると考えていたことが分かる。

三木と岸との感情的な対立

これに対し、岸も三木のことを「大体私は、三木とは思想が違うんだ。彼は日本民主党をつくるときからずっと私に反対しているんです」と、一九五四年に日本自由党と改進党、さらに鳩山、石橋、岸らの分党派自由党が合流して日本民主党を結成する際から三木と対立していたと述べる。(68)

岸の三木に対する嫌悪感の強さは、「三木君などは同じ自民党ではあるけれども、傍流であり保守本流とは違う」「私は、世の中で一番嫌いな奴は、三木だよ。陰険だよ」「あの顔つきをみてごらんなさい、あの顔を」といった評価からも明らかである。(69)

政策や理念ではなく、感情的な対立を背景として三木と岸は反目していた。そして、感情というより人間的な要因のために、双方の歩み寄りはほとんど不可能だったのである。

また、感情という点に即せば、三木が石橋に好意を超えた、肉親に向けるかのような親近感を覚えていたことも重要である。三木は、石橋の姿に実父の久吉《ひさきち》を重ね合わせていたのである。

三木は一九〇七（明治四十）年に生まれ、石橋は一八八四（明治十七）年生まれであった。二人の年齢差は二十三歳で、石橋は三木久吉より十歳若かった。(70) しかし、二十三歳といえば当時は親子ほどの年の違いであり、三木自身も石橋を「自分の父に似ていると思わないか」と周囲に漏らしていた。(71)

三木が岸ではなく石橋を支持するに至った要因の一つに感情的な側面があったことは、日本の戦後の政治史においては、イデオロギーや外交戦略といった政策の対立が絶対的なものではなく、人間の権力闘争における憎悪や嫉妬、コンプレックスなどがより大きく作用してきたという見立て(72)を支持する重要な事例と言えよう。

池田勇人への接近

石田博英は「石橋総裁」の誕生を実現させるために、三木の他にも第二代総裁の公選を左右することになる人物と接触している。旧自由党吉田派の池田勇人である。

石橋湛山と池田が直接の関係を持つようになったのは、一九四六（昭和二十一）年に石橋が第一次吉田茂内閣の蔵相に就任したときで、主税局長であった池田を大蔵次官に起用したのが始まりだった。その後、石橋は公職追放を経て政界に復帰した後は鳩山と行動をともにし、自由党から分党派自由党、日本民主党、そして自民党に至る。一方の池田は一九四九年に政界入りして吉田茂に重用され、吉田内閣で通産相や蔵相を歴任する。

吉田は石橋の追放の際、ＧＨＱに交渉して追放の対象から除外することが可能であったにもかかわらず、自らの内閣の一員であった石橋の擁護をせず、むしろ後任の蔵相の検討を進めていた。そのような吉田の態度を、石橋は「何か釈然としない」と考えていた(73)。

こうした感情的なもつれもあり、追放が解除された後の石橋は自由党に復帰すると、反吉田派の中心的な人物となる。そして、一九五二年と五四年の二度にわたって自由党から除名されると石橋と吉田の対立は深まり、最終的に鳩山一郎を総裁とし、石橋も最高委員となった日本民主党の結成と吉田茂内閣の退陣、そして鳩山政権の誕生へと繋がっていく。

その一方で、吉田の直系である池田と反吉田派の石橋ではあったものの、当人同士の関係は決して険悪ではなかった。

一九四七年二月に蔵相の石橋が池田を大蔵次官に起用したことは、大蔵省内では主計局長の野田《のだ》卯一《ういち》が最有力と考えられていただけに「官僚世界の常識」を覆す人事であった(74)。もちろん、ある種の抜擢人事が行われた理由の一つは、池田自身の能力が優れているということもあるだろう。また、政策面でも、積極財政の推進という点で両者の意見は一致していた。それとともに、池田が郷里の広島県から選挙に出馬しようと計画していたことを耳にした石橋が、選挙を有利に戦えるようにと配慮したことも、慣習的に主計局長経験者が就任していた大蔵次官に主税局長の池田が起用された一因とされる(75)。

これに対し、池田が第四次吉田内閣の通産相であった一九五二年十一月二十八日、改進党、左派社会党及び右派社会党、労働者農民党、そして無所属議員四名の共同提案により池田に対する不信任決議案が提出された際(76)、与党自由党から除名中の石橋は賛成票を投じている(77)。

池田に対する不信任決議案が提出されたのは、衆議院本会議において、池田がインフレ経済の安定によって闇市などの非正規の経済活動を行っている者が倒産し、場合によっては自殺するようなことがあっても「お気の毒でございますが、やむを得ない(78)」と発言したためであった。たとえかつての蔵相と大蔵次官であり、自由党の同僚であったとしても、「政府の経済政策の遂行のためには自殺者が出てもやむを得ない」とも受け取られかねない池田の発言を看過できないというのが石橋の態度であった。

それでも、石橋は、不信任決議案の採決日に衆議院の玄関で偶然池田に会い、「やあ——、今日は大変だな——」と声をかけると、池田は微笑みながら会釈をしている。[79]短いやり取りではあったものの、不信任決議案が衆議院に上程されるという状況の中でも、池田と石橋の間に比較的良好な関係が維持されていたことが窺われる。

さらに、池田も待望の大蔵次官に起用した石橋への恩義を忘れていなかったことは、一九五六年春に日本工業倶楽部でパーティーが行われた際、池田が石田に近づいて握手し、「僕は石橋さんに大蔵次官にしてもらったんだよ」と話しかけたことが示す通りであった。[80]このとき、石田は池田自身、さらに池田が属していた石井光次郎派との連携が可能であると確信している。[81]

池田勇人、石橋支持を決める

こうした経緯から、不信任決議案への賛成や自由党からの除名問題といった過去の出来事を清算し、石橋と池田の関係を修復するために、石田は松永安左ェ門を介して池田との会合を重ねるようになる。[82]

総裁選に向けた石橋と池田の会合は、一九五六年三月七日が最初であった。このとき石橋は池田を「なか〳〵の智恵者なり。少々思い上りたるふしもあるやに思えど用ゆべし」と評している。[83]政界に進出してからは蔵相や通産相を経験し、旧自由党でも政調会長を務めるなど、一九四九年に衆議院に初当選してから七年の間に池田は行政面でも党務の面でも十分な経験を積んでいた。そのような実績が池田の言動を自負心に満ちたものとし、石橋の眼にはいささか思い上がった態度と映ったのであろう。

しかし、「なか〱の智恵者」という一言からは石橋が政治家としての池田の能力を高く評価していることが分かる。また、石橋は、日記に鑑賞した舞台やスポーツの試合の感想を書いたり、体調の良否を記録したりすることはあっても、会談した相手の評価や印象を書き記すことが少ない。それだけに、このときの池田との会合は石橋にとっても重要な機会であったことを示している。

「電力の鬼」「電力王」と呼ばれ、戦前、戦後を通じて日本の電力業界を指導した松永と石橋は二〇年来の交流があり、松永は石橋が一九三一年に創設した経済倶楽部の会員でもあった(84)。松永は自らが経営する企業の広告を『東洋経済新報』に出稿することで、東洋経済新報社を支援していた。

松永は一九四九年十一月に吉田政権が設置した電気事業再編成審議会の会長に就任する。審議会は、電力会社を九つのブロック会社と電力融通会社に再編する答申をまとめる。そして、日本発送電の発電施設を電力需要に応じて分割し、九つの発送電一貫会社に再編する「松永案」を参考意見として政府に提出している。このとき審議会を所管した通産大臣は池田で、最終的に審議未了廃案となったものの、池田らは「松永案」を軸として電気事業を監督する公益事業委員会を総理府の外局として設ける政府案を作っている(85)。

このような背景もあり、松永は池田に対して大きな影響力を持っていた。石田は石橋と松永、そして松永と池田の関係を踏まえた上で池田への工作を行ったのである。

ただし、石橋との関係とは別に、池田は第二代総裁問題が起きてから、一貫して石井光次郎の支持を公言していた。池田が石井を支持した理由は、自らも属する旧自由党吉田派の中の勢力争いを背景としていた。

保守合同時に自民党に参加しなかった佐藤栄作は無所属であったものの、一九五六年四月の総裁選に先立って鳩山の不支持を決定した吉田派の会合に出席するなど[86]、依然として吉田派に一定の影響力を行使していた。そして、吉田派のうち佐藤栄作が実兄で旧日本民主党系の岸信介を支持したため、佐藤と対立関係にある池田は、旧自由党系であり緒方派を継承した石井を支援する必要があったのである。

石井の支持は佐藤に対抗するための戦略的な措置であると考えるなら、池田の本心は石橋の支持にあったと言えるだろう[87]。

三月七日の最初の会合以降も石橋と池田は面会する。そして石橋は池田と松永に十一月十七日と十一月二十日の二回にわたって会見し、最終的に関係の回復と総裁選への協力が実現することとなる[88]。

石田博英の戦略

自民党の第二代総裁をめぐる争いの中で、石田博英は石橋湛山の擁立と当選に向けて精力的に活動した。こうした行動が可能であったのは、石田が石橋の最側近であっただけでなく、石橋が石田に総裁選の戦略の立案と遂行を全面的に任せ、一切口を出さなかったからでもある[89]。石田は、衆議院においては石橋を岸に反対する各派の統一候補とし、参議院からはその支持を取り付ける戦略に

図２－１　自由民主党の結成時から鳩山一郎内閣の辞意表明までの派閥の構成と推移

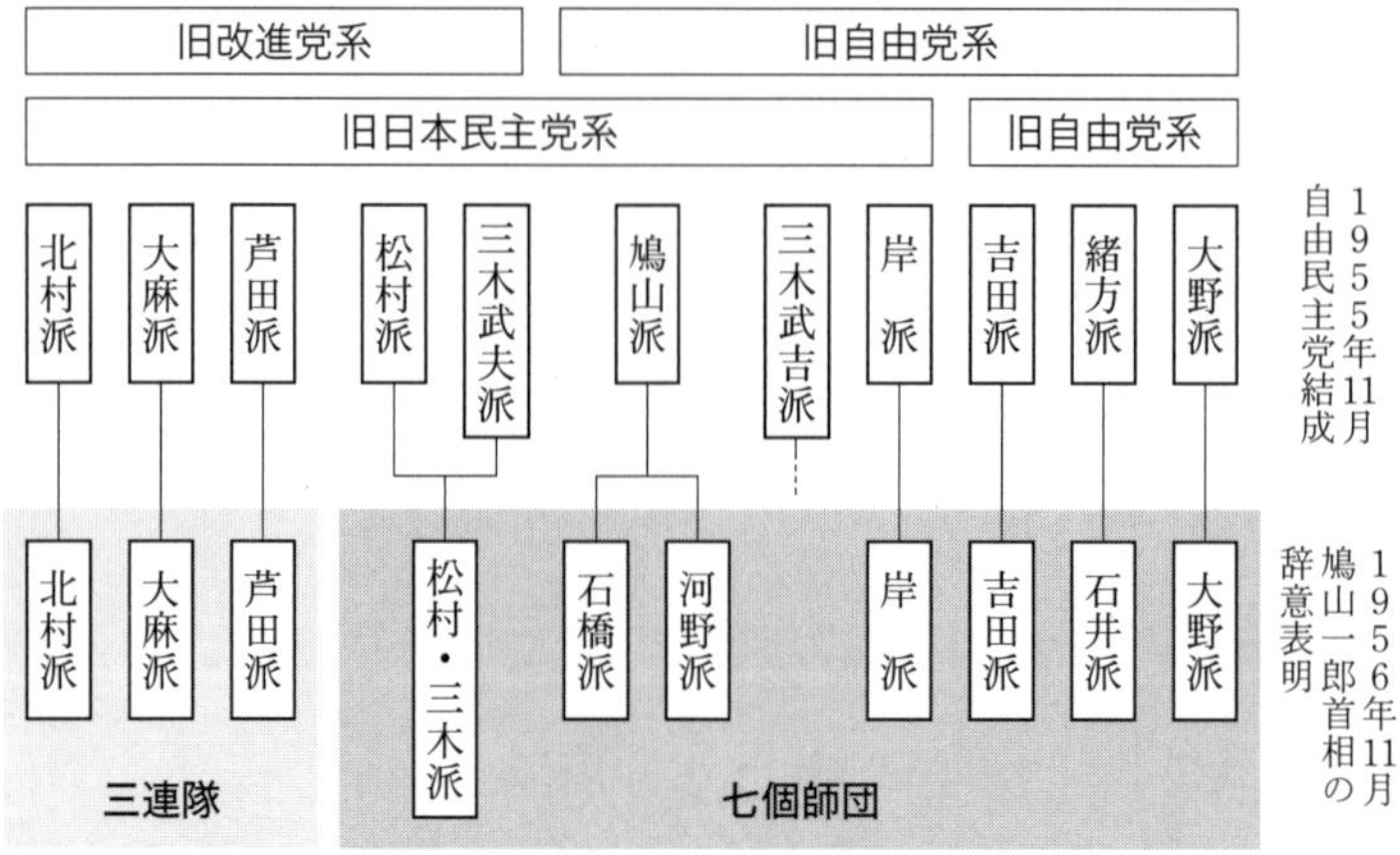

基づいて行動する。

自民党の結成当初、一一のグループがあるとされた。すなわち、旧自由党系が吉田茂、緒方竹虎、大野伴睦に連なる三グループ、旧日本民主党系が鳩山一郎、三木武吉、岸信介、三木武夫、松村謙三、大《おお》麻唯男《あさただお》、芦田均、北村徳太郎《きたむらとくたろう》の率いる八グループがあった(90)。旧日本民主党系のうち、三木、松村、大麻、芦田、北村は旧改進党の出身であった。また、どのグループにも属さない議員もいたし、二つ以上のグループから自派に所属していると見なされる者もいた(91)。

これに対し、一九五六年十一月に鳩山一郎が退陣を表明した際、自民党のグループは一〇の派閥に再編されていた。

旧自由党系については、緒方の死を受けて石井光次郎が派を継承して石井派となり、旧日本民主党系では一九五六年七月に三木武吉が死去したことで八つのグループの一角が消滅し、鳩山系の議員が河野派と石橋派に分裂する。そして、旧改進党系では松村と三木武夫が合流して松村・三木派となった。

この頃の自民党の派閥の状況は、当時「七個師団三連隊」と呼ばれていた。[92]「師団」は二〇名以上の国会議員を擁する派閥であり、一〇名前後の勢力が「連隊」である。この区分に従うと、「七個師団」は岸、河野、石橋、松村・三木、吉田、石井、大野の各派であり、「三連隊」は、旧改進系の芦田、北村、大麻の三派であった[93]（図2－1）。

石田の見通しでは、四個師団を連合させること、さらに参議院議員からの支持を取り付けることができれば、石橋の勝利は不可能ではなかった。なぜなら、衆議院と異なり、当時の参議院では派閥の色合いが薄かったからである。[94]

中選挙区制が採用され、自民党の候補者同士も同じ選挙区内で議席を争う衆議院では特定の派閥に所属することは、金銭的にも政治活動の点でも有利であった。それに比べ、当時の参議院では選挙が全国区制と地方区制で行われ、自民党員同士の争いは少なく、派閥間の対立が意味を持つ余地が限定的であったこと、さらに解散のある衆議院と異なり選挙の時期が明らかであるという特徴から、参議院議員の間では派閥色を強く打ち出すことは得策ではなかった。

こうした参議院に特有の事情を考慮した戦術の一つが、石橋による松野鶴平への接近であった。

松野鶴平、石橋支持を決める

松野は一九二〇（大正九）年に立憲政友会から立候補して初当選して以降、衆議院議員を七期務め、戦後は日本自由党の結成に尽力し、保守合同後は参議院自民党議員会長や代行委員を歴任した実力者である[95]。

公職追放によって一時的に政界を離れたものの、松野は追放解除後の一九五二（昭和二十七）年に参議院に転じ、一九五六年四月には参議院議長に就任している。この間、松野は一九五二年八月に第三次吉田茂内閣が衆議院を解散した際、自由党の反吉田派が選挙の態勢を整えないうちに総選挙を行うことを勧めるなど[96]、戦前からの議員の中では吉田茂が例外的に意見に耳を傾ける人物でもあった[97]。

何より、公職追放を受けた日本自由党総裁の鳩山一郎の後継者を選考する際、一旦は松平恒雄《まつだいらつねお》を新総裁とすることが決まったものの、深夜に吉田茂を訪問して「松平がなるならお前の方がいいじゃないか」と吉田に総裁就任を迫った逸話が示すように、松野は「寝技の大家」でもあった[98]。従って、自民党内の実力者であり議長として参議院を代表する松野から石橋への支持を得ることは、参議院対策に力を入れていた石田[99]にとって重要なことだった。

石橋は一九五六年七月十六日に東京大学医学部付属病院を訪れ、松野と面会する。このとき松野は医学部教授で内科医の田坂定孝《たさかさだたか》の下で人間ドックの検診を受けており、石橋は松野の「極めて元気」な姿を目にしている[100]。

本来、人間ドックの受診のために入院している健康な者の許を訪ねるのは、儀礼的な行為でしかない。しかし、石田は、松野の秘書であった木村武雄《きむらたけお》に対し、石橋に総裁選への出馬を促すよう依頼した。そして、石田の要望を受けた木村は、松野の助言を得るために東大病院に行くよう、石橋に助言する。

その結果、石橋の見舞いを受けた松野は「石橋もいい奴だなあ」と述べ、石橋も松野に種々の相談を持ち掛けるようになり、両者の関係は密接さを増す。さらに、木村は松野に石橋を総裁とするよう進言する一方で、松野派に対して「松野さんの本心は石橋だぞ」と触れ回ることで、松野の石橋支持を既成事実化してゆくことになる[101]。

木村の回想は、総裁選挙における自らの役割をより強調するため、誇張や潤色があると推察される。だが、根回しを得意としなかった石橋[102]が入院中の松野を見舞うという政治的な意味の大きな動きを自らの判断で行ったと考えることは難しい。また、石橋は実際に定期的に松野を訪問し、当時懸案事項となっていた電源開発総裁人事などについて相談しているし、松野の退院後も両者の往来は続いている[103]。こうしたことから、木村による仲介の経緯とその後の展開に関する回想は、全てが真実ではないとしても、当時の状況を反映していると考えられる。

そして、最終的に松野は「石橋支援たること明白[104]」な態度を示すのであるから、石田の目論見そのものも奏功したのである。

鳩山の辞意表明

ところで、自民党の初代総裁となったとはいえ、就任とともに「暫定総裁」とまで評された鳩山一郎は、一九五六（昭和三十一）年八月十日に軽井沢の別荘に政府と自民党幹部を集め、現在進められている日ソ国交回復交渉の妥結と国交樹立が実現した後に辞任する意向を表明する。

鳩山の別荘に集められたのは、党からは岸信介、石井光次郎、大野伴睦、三木武夫、内閣からは石橋湛山、河野一郎、根本龍太郎《ねもとりゅうたろう》であった。[105] 岸は幹事長、石井は総務会長であり、無役ながら自民党内の有力派閥である大野派を率いる大野と旧改進党系を代表する三木が参加し、閣内で鳩山と繋がりの深い通産相の石橋と農相の河野、さらに官房長官の根本が出席したことになる。

席上、鳩山が「なるべく早く後継者を決めて退陣したい」と発言すると、河野が総裁候補として岸、石井、石橋、大野の名を挙げ、大野が「オレはそんな柄ではない」と辞退する意向を示す一方で、三木が「重光、松村両氏がいることを忘れては困る」と牽制している。[106]

後継者問題をめぐる対立は、鳩山が退任の時期を明示したことで本格化する。そして、九月三日には当時の状況が次のように説明されている。[107]

次期総裁の候補として名前が取り沙汰されているのは、軽井沢での会談で示された岸、石井、石橋、松村、重光のほか、高碕達之助《たかさきたつのすけ》、正力松太郎、野村吉三郎《のむらきちさぶろう》らである。そして、これらの中でも特に有力な候補となるのが、岸、石井、石橋となる。しかし、各勢力はいずれも独力で多数を制することが難しかっただけに、党内工作が不可欠となる。

当時の勢力分布に従えば、旧改進党系は松村謙三か重光葵のいずれかが立候補しなければ石橋を支持し、吉田派は岸と河野が連携する限りは石井を推し、鳩山直系は石橋支持、河野派は河野自身が岸を擁する一方で全体としては岸反対の雰囲気が強く、大野派は当面事態を静観する構えで、参議院では石井への支持が優勢とされた。

このように、候補者の数は多かったとはいえ、すでに九月の時点で岸、石井、石橋の三人を軸として総裁選挙が争われる構図が出来上がっていたのである。

河野一郎の存在

ここで注目されるのが、河野一郎の存在である。

河野は、朝日新聞の記者時代に農林省詰めであったことから、犬養毅内閣の農相を務めた山本悌《やまもとてい》二郎《じろう》の秘書官となり、一九三二（昭和七）年の総選挙で衆議院に当選すると、立憲政友会に入党して山本系の代議士として活動した。山本が一九三七年に死去したため、立憲政友会総裁の鈴木喜三郎が同年の総選挙で落選したことに端を発する党内の派閥抗争では、党内の有力者であった鳩山の陣営に加わった(108)。これ以降、河野は大野伴睦、藤生安太郎《ふじおやすたろう》らとともに党人派として鳩山の側近となる(109)。

戦後も河野は鳩山を支え続ける。さらに、鳩山の公職追放が解除された後に大野が三木武吉や河野と対立して鳩山派から吉田派に転じると、鳩山の側近としての河野の存在感はさらに高まることになる。また、国際情勢について鳩山に正しい情報を伝えるとともに、スターリン死後のソ連において、内部の権力構造に変化が起こりつつあることを見抜いて進言するなど(110)、鳩山が実現に向けて尽力した日ソ国交回復交渉でも重要な役割を果たしている。

一方で、権力欲の強さを隠すことがなかった河野を忌避し、あるいは嫌悪する声は根強かった。吉田は河野を容共派と指摘する(111)。また、一般論として前置きした上での、「何等《なんら》主義主張なく、ただ金力をもって人を集め、集めてもって勢力とし、また金を集めるそのボス的な存在は、市井浮浪の輩の類であって、政界に共に処すべからざるものである(112)」という批判の対象の一人に河野が含まれているのは明らかであった。

なぜなら、一九六三年七月に右翼団体の憂国道志会会長の野村秋介《のむらしゅうすけ》と同会会員の松野卓夫《まつのたくお》が河野の自宅に放火した際(113)、吉田は三木武夫に次のように語っているからである(114)。

吉田茂 (三木に) 今日は大変うれしい、こんな愉快なことはない。
〔三木〕 どうしてですか。
吉田 河野の家が全焼したからだ。
吉田 乞食や詐欺のような人間は、総理を出来ない。
新井明〔日本経済新聞社政治部長〕 毛虫やウジ虫 (河野のこと) はふみつぶせ。
(〔 〕は筆者による補足)

日本自由党時代以来、反吉田派として吉田と対立した河野とはいえ、自宅が襲撃され、全焼するという事件の一報を聞いて「今日は大変うれしい、こんな愉快なことはない」と喜色を浮かべ、被害者を「乞食や詐欺のような人間」と呼んだことは、吉田が河野に抱いた嫌悪の念の深さを物語る。

こうした吉田の感情は鳩山の後継総裁の選出の際にも吉田派の動きに影響を与え、反河野、ひいては河野の推す岸への不支持という結果をもたらす。

吉田直系の池田が当初は石井光次郎を支援しながら、最終的に石橋湛山を支持したのは、池田と石橋の関係の深さだけが理由ではなかった。池田自身と吉田が反河野であり、河野が擁する岸の当選を阻止する必要があったのである。そして、岸の実弟で、吉田に従って自民党に入党しなかった佐藤栄作は無所属ながら岸を支持したため、最終的に吉田派は池田系と佐藤系に分裂することになる。

岸信介の台頭

毀誉褒貶《きよほうへん》のある河野が奔走して総裁選の勝利を目指した岸は、一九五三（昭和二十八）年に自由党から出馬して衆議院議員に当選した後、日本民主党幹事長、自民党幹事長を歴任し、早くから将来の自民党総裁候補の一人と見なされていた。

岸が台頭する契機となったのは、鳩山が自民党の総裁に就任し、臨時的な措置であった代行委員制が廃止されたことである。

総裁選出に先立つ一九五六年四月三日、緒方竹虎の後任として代行委員となった松野は、河井弥八《かわいや はち》の辞職を受けて参議院議長となる。これに対し、三木武吉と大野は代行委員制の廃止に伴い、一旦は無役となっている(115)。当初は「最高顧問」などの別格の待遇が検討されたものの、両人からの辞退があったため、三木と大野を「最高の礼をもって遇する(116)」ことになった。保守合同に尽力し、旧自由党と旧日本民主党以来の実力者であった大野と三木が党運営の中枢を離れて無役になったことで、幹事長として党務を統べた岸は党内での存在感を高めることになる。

また、鳩山政権下の一九五五年二月に行われた総選挙を幹事長として差配し、日本民主党の勝利を導いたことは、岸の政治的な手腕の確かさを示すものだった。

これに加えて、資金力の面でも岸は他に勝ると考えられていた。岸は、戦前は商工官僚として産業行政を取り仕切り、東條英機内閣で商工大臣を務めていたこともあり、戦後も産業界に大きな恩恵をもたらす存在として、大野や河野、あるいは三木武夫、灘尾弘吉《なだおひろきち》などの政治家に比べて、財界からより多くの献金を得ていた[117]。

「政治と金は切っても切れない」とは、岸が抱いた政治に対する根本的な考えであった[118]。こうした政治観に基づいて岸はより多くの資金を調達するとともに、集めた資金を活用することで支持者を増やしたのである。

三木武吉の死がもたらした転機

このように、岸は自民党内で勢力を拡大したものの、保守合同の直後は、鳩山の次は緒方が政権を担当すると考えていた。そして、緒方の急逝を受けて鳩山の後継者となることを意識し始めたものの、鳩山自身は岸を含め後継者を指名しなかった。このとき、最も熱心に岸を支援したのが河野一郎であり[119]、三木武吉だった。

戦前は公職兼務が可能で、尾崎行雄《おざきゆきお》が東京市長と、鳩山一郎や浅沼稲次郎《あさぬまいねじろう》らが東京市会議員と衆議院議員をそれぞれ兼務していた時期があった。そして、鳩山らと同様、三木武吉も一時期東京市会議員と衆議院議員を兼務していた。東京市会において憲政会系であった三木は、立憲政友会系の鳩山と激しく対立する[120]。しかし、両者は東條内閣で行われた一九四二年のいわゆる翼賛選挙において大政翼賛会の推薦を受けない非推薦候補として衆議院選に立候補して当選したことで接近し、一九四四年には三木は鳩山を首相とすることを目標に据え、終生の盟友として鳩山政権の実現に邁進《まいしん》することになる[121]。

三木の願いは一九五四年に達成され、鳩山を首班とする日本民主党政権が成立する。その後、総務会長として鳩山を支えた三木は自民党で代行委員を務め、緒方の死後は岸を鳩山の後継者とすることを計画する。

一方、石橋と三木の最初の出会いは、学長の座をめぐって一九一七（大正六）年に起きた、現任者の天野為之を擁護する一派と前任者の高田早苗《たかださなえ》を推す派との間の紛争である早稲田大学騒動であった。このとき、石橋は高田派を率い、三木は高田派の一人であった。

三木は、政治的な粘りや権謀術数、俊敏な行動力などがあったものの、政治的な理念を提示することはなく、政策に通暁しているというわけでもなかった。その意味で、自らが正しいと考える政策や方針を示し、あるいは理念を掲げる石橋[122]と三木は政治家として対照的であった。それにもかかわらず、三木は石橋に一目置き、相互に補完し合う間柄でもあった[123]。

しかし、自民党の結成については、三木が自由党の大野伴睦とともに保守合同を進めたのに対し、石橋は日本民主党と日本社会党による二大政党制を構想していた。そのため、石橋は保守合同の中心軸から大きく逸れることになる[124]。

これに加えて、三木は、一九五四年の日本民主党の成立に際して一四名の議員を率いて参加した岸の手腕と将来性を高く評価していた[125]。また、一九五五年八月に国務長官ジョン・フォスター・ダレスとの会談のために外相の重光葵が訪米すると、随行した河野と岸の間で、岸を自民党総裁にする盟約が交わされる。三木は帰国後の河野にこの旨を告げられ、一切を了承する。この結果、三木、岸、河野の協力体制が形成されることになった[126]。

一九五六年四月二十三日に三木の訪問を受けた石橋は、三木から鳩山政権を可能な限り長く継続させ、岸に首相の座を譲るという計画を告げられる[127]。すでに次期総裁候補の一人と目されていた石橋に「鳩山の次は岸」と伝えることは、たとえ総裁選挙が行われるとしても勝機に乏しいことを石橋に教えるものであり、出馬を断念させようとする三木の策謀であった。

それだけに、石橋に岸総裁案を伝えて三か月と経たない七月四日に三木が死去したことは、鳩山の後継者選びに新たな局面をもたらすことになった。なぜなら、三木、岸、河野の三者連合が崩れ、岸を支える主力が河野のみになったからである。石橋に「鳩山の後は岸」と明言した三木の死は、岸から最大の支援者を奪うだけでなく、河野の動きが前面に現れることで、自民党内の河野に対する根強い反感や不信感が増幅され、岸への支持のさらなる拡大を阻むことになる。

「二位・三位連合」の謎

苛烈な総裁選の始まり

鳩山一郎が全力を挙げて取り組んだ日ソ国交回復は、一九五六（昭和三十一）年十月十九日、モスクワにおいて日ソ共同宣言が署名されたことで実現する。

この間、石田博英が石橋湛山への支持を広めるために活動したのに対し、石橋自身は「石橋総裁

〔構想〕より、保守政治の将来、権謀、金力政治の一掃など論ず」という態度であり、「僕は別段総裁にならなくてもいい。しかしやれというならやる」と、積極的に出馬する姿勢は示さないままであった。[128]それでも、石橋は「僕が一番適任だ」と自負心を示している。[129]

そして、十一月九日の午前一〇時から加藤鐐五郎《かとうりょうごろう》と懇談した鳩山が、臨時国会直後の引退と後継総裁は指名しない旨を明らかにしたことを受け、[130]関西経済倶楽部の創立二〇周年記念祝賀会に出席するために大阪を訪問中の石橋[131]は、総裁選挙への立候補を表明する。[132]

さらに、岸と、前日の十一月八日に一九五六年の参院選で初当選した議員の集まりである三一会の会合に出席して立候補の意向を表明していた石井光次郎[133]も、十一月十日にそれぞれ総裁選への出馬を宣言した。[134]

「善良な紳士」「ジェントルマン」[135]と見なされてはいたものの政治家として物足りなさがあると考えられていた石井[136]が総裁選に立候補したのは、鳩山の次は緒方竹虎と衆目が一致していたのだから、緒方の後継者である自分が緒方に代わって次期総裁になるのが当然であるという自負心に基づいていた。[137]

こうして、四月の時点で有力と考えられていた者たちが順当に立候補したことになり、自民党の第二代総裁の座は、岸、石橋、石井の三人で争われることになったのである。

四月の総裁選挙が事実上鳩山一郎の信任投票であったため、三人が出馬した今回は、自民党にとって初めての本格的な総裁選挙となった。

しかし、緒方竹虎が急逝し、保守合同の前後の政界で重きをなした三木武吉も死去したことは、衆目の一致する候補者も利害の調整役も不在のまま選挙戦が行われることを意味した。また、鳩山が自らの後継者を指名できなかったことは、党首としての統治能力を欠いたまま自民党総裁の座を退くことに他ならなかった[138]。

何より、三人の候補者の中で最も有力と考えられていた岸が、「政治は力であり、金だ。力ある者のみが党内競争者をけ落し、その主導権を確立することが出来る[139]」という政治観を持ち、資金力を背景に支持の拡大を図ったのだから、今回の総裁選が「金権選挙、権力選挙、派閥選挙」となり、「〝汚れた総裁選〟のルーツとなった」としても、不思議なことではなかった[140]。

「カネはかかっていない総裁選」か「汚れた総裁選」か

一九五六年十二月十四日と決まった投開票日に向けて各候補の陣営は、選挙戦を本格化させる。すでに十月の時点で「岸、石井両氏と相争う体勢となり、金銭まで散布するに至っては心外至極なり。あえて立候補したるわけにはなけれど、候補に推され〔た〕ことをむしろ辞退すべきにあらずやとも考えさせられる[141]」と選挙戦が金銭で票を買うかのような様相を呈していたことで、石橋は総裁選の動向を憂慮する様子を見せている。

物事を楽天的に考える石橋でさえ当惑の念を隠せなかった総裁選は、岸派が一億五〇〇〇万円から二億円、石橋派の中心であった石田博英が七〇〇〇万円から八〇〇〇万円を、石井派は石橋派よりもかなり少ない金額を投じたとも[142]、岸派が三億円、石橋派が一億五〇〇〇万円、石井派が八〇〇〇万円を使ったともされる[143]。

経済界に大きな影響力をもっていた商工官僚としての経歴を最大限に活用した岸は、植村甲午郎《うえむらこうごろう》ら財界人の金銭的な支援を受けて選挙資金を集めていたと考えられる。また、石橋の場合は東洋経済新報社代表取締役会長の宮川三郎が財政面を所管したとされるものの[144]、大口の資金調達は「頼まれてやったのではない。従って、一切の費用は手弁当だった[145]」三木武夫が大きな役割を果たし、石井陣営の池田勇人から三木に資金の提供があったことが示唆されている[146]。宮川は東洋経済新報社が全国に設けた経済倶楽部の会員を対象とする小口の献金を募り[147]、大蔵官僚として財界との関わりが深かった池田が窓口となって資金を集め、石橋派を代表する形で三木が受け取ったものであろう。しかし、石井陣営の中心的な存在であった池田が石橋のために資金集めを行っていたのだから、石井陣営の選挙資金が他に比べて見劣りするのも無理からぬところであった。

一方、当事者の証言は異なる。例えば、岸は「後の総裁選挙のようにはカネはかかっていませんよ[148]」と回想し、石橋も、選挙資金としては堤康次郎《つつみやすじろう》の一〇〇〇万円、松永安左エ門と鮎川義介《あゆかわぎすけ》の五〇〇万円などが大口であり、東洋経済新報社が全国に設立した経済倶楽部の会員からの小口の献金が多かったと振り返る[149]。また、石井も「運動費などは、まるで使わなかった[150]」とする。

これに加えて、関係者も、石橋を支持した井出一太郎《いでいちたろう》が「私の知っている範囲で」と前置きしつつ、「そう大きな黄白《こうはく》が動いたとは思われない。後々の総裁選挙に比べれば、まだこの選挙は、欠陥はそれほど大きなものではなかった[151]」と指摘するように、大きな黄白、すなわち巨額の金銭のやり取りがあったことを否定し、金権的な総裁選ではなかったと述べている。

同じ総裁選挙であるにもかかわらず「汚れた総裁選」と「カネはかかっていない」という違いが

生じるのはなぜか。

岸や井出の発言は、その後の総裁選挙で用いられた金銭の額が一九五六年当時とは異なるため、相対的に少額と感じられたことを示す。

また、岸、石橋、石井たち本人ではなく、自派の議員たちが資金集めの実務を担ったことも、金額の相違の重要な原因となる。候補者たちが知り得たのが集められた資金の一部に留まっていれば、全体像を把握できていないとしても不思議ではない。

あるいは、あらゆる回顧録や自伝が避けられない、自己の行動の正当化という側面も考慮する必要がある。「金銭まで散布するに至っては心外至極なり」という石橋の所感が示すように、金権的な総裁選となったことに対する悔悟が働いたり、多額の金銭を必要としたことが適切であったと主張するために、使われたのは選挙活動に必要な金額のみであったとされているのである。

いずれにせよ、当事者たちの思惑のいかんにかかわらず、正確な金額が不明であるという事実そのものが、多くの金銭が授受され、資金の流れの全体像を把握しにくくしていることを伝えていると言えるだろう。

優勢な岸、追い上げる石橋、取り残される石井

「七個師団三連隊」に分かれていた自民党の各勢力は、選挙戦を通して岸、石橋、石井の支持に分かれ、再編成される。

まず、「七個師団」のうち岸を支持したのは岸派と河野派、石橋に付いたのは石橋派と松村・三

木派、そして石井を支援したのは石井派であり、石井陣営の一員であった池田勇人は、実質的には石橋陣営の一員として石橋湛山のために選挙運動を行っていた。大野派は、大野伴睦が岸からの支持の要請に「白さも白し富士の白雪」と応じて態度を保留していたものの、実際には九月六日の時点で石橋を鳩山の後任に推す決意を示していた[152]。石橋の支持を決めていたにもかかわらず総裁選の終盤まで支持する候補者を明言しなかったのは、自派の四〇名の動向が選挙戦を左右するという状況を作ることで、党内における自らの地位を高めようとする、大野の戦略であった。

「三連隊」については、「議員たるもの大所高所に立って判断すべし」という考えに基づき、芦田、北村、大麻の三派が石橋と岸の支持に分かれた[153]。そして、大麻派は岸の支持に回り、芦田派と北村派は石橋支持に傾いたものの、岸陣営による切り崩しの工作が行われていた[154]。また、無所属ながら、佐藤栄作は自民党旧自由党系に隠然たる勢力を持ち、岸を支持する。

党の主流派の支持を受けたことで、岸は終始優勢に選挙戦を行うことになる。

その一方で、当初は石田博英、島村一郎《しまむらいちろう》、佐々木秀世《ささきひでよ》ら数人の側近のみであった石橋派[155]は、鳩山派から大久保留次郎《おおくぼとめじろう》、加藤常太郎《かとうつねたろう》、世耕弘一《せこうこういち》、山本勝市《やまもとかついち》、北吟吉、花村四郎《はなむらしろう》ら十数名が合流したことで規模を拡大させ、派閥らしい体裁を整えることになった[156]。そして、七月十七日には派閥としての最初の本格的な会合[157]が行われ、これ以降火曜日に定期的に会合を行ったことから石橋派は火曜会を名乗ることになる。

大久保らは鳩山直系でありながら河野と対立したため、鳩山派内では反主流派であった。そして、河野が支持する岸が総裁となれば、大久保らは新体制の下でも反主流派であり続けることが確実であった。そのため、鳩山直系の議員たちは石橋派に参画する。ここにも、河野の存在が総裁選での勢力分布に少なからず影響を与えたことが分かる。

これに対し、旧自由党系の本流であった石井は、本来は旧日本民主党系の主流派である岸に対抗するはずであった。しかしながら、実際には石井陣営の幹部であった池田が石橋を支持していたように、陣営としての意気は上がらなかった(158)。

岸信介の油断

このような勢力分布に加え、財界からの支援を中心とした資金力、一九五五年に日本民主党幹事長として総選挙に勝利した実績、さらに鳩山と石井との関係から、岸は自民党の総裁には当然自分が選ばれると信じていた(159)。

例えば、岸陣営は豊富な資金力を背景に各都道府県支部から二名ずつ投票に参加する地方代議員に対して工作を行っていた。また、鳩山の長男である威一郎《いいちろう》はブリヂストンタイヤ創業者の石橋正二郎の長女の安子《やすこ》と、石井の長男の公一郎《こういちろう》は四女多摩子《たまこ》と結婚しており、鳩山と石井は石橋正二郎を通じて密接に結びついていた。その鳩山の下で幹事長となり、党務全般を担っているのだから、もし総裁選が第一回目の投票で決着がつかず、規定により上位二名による決選投票となれば、石井は鳩山を支える岸に付くと考えていた。さらに、石井の夫人は立憲政友会総裁を務めた久原房之助《くはらふさのすけ》の長女久子《ひさこ》であり、久原は岸と同じ山口県の出身であったことも、岸に、最後は石井が自陣に加わるという期待を抱かせた(160)。

だが、実際には多くの資金を投じたにもかかわらず、岸が獲得した地方代議員の票は伸び悩み、最終的に石井は岸ではなく石橋と提携することになる。

特に地方代議員の間に支持が広がらなかったことは岸が当選を逃した重要な原因の一つと考えられ、総裁選の終了後、岸の側近で担当者であった武知勇記《たけちゆうき》が派内で強い批判を受けることになる。[161]

後に岸の黒幕と言われた矢次一夫《やつぎかずお》が「岸の敗因の一つは、自陣営のある政治家の票の読み違いである。名前はいえないがこの政治家の誤算はかなり決定的であり、その後彼は政治的には浮かばれなかった」[162]と指摘した。「ある政治家」とは、地方代議員への工作を担当した武知であったと考えるのが妥当であろう。

自らの優位さを信じて疑わず、陣営の中でも工作が不首尾に終わったことによる票の読み違えがあったことなどから、岸は当初の優位さを次第に失うことになったのである。

「二位・三位連合」の約束

岸の支持が広がりを見せなかったとはいえ、石井も石橋も単独で過半数を制するだけの力を持ち合わせていなかったのも事実だった。

そのため、石井ないし石橋が総裁選に勝利するためには、第一回目の投票で三人の候補者が誰も過半数を制することがなく、上位二名による決選投票に進む必要があった。しかも相対的ながら岸が優勢であることを考えれば、たとえ第一回目の投票で過半数の票を得る者がいない場合でも一位は岸であり、石井と石橋が二位と三位の座を争うことが予想された。

従って、決選投票では石井派と石橋派が協力して二位となった候補に投票して岸を破るか、三位となった候補の支持者が岸に票を投じるかの二つの方法が現実的な選択肢であった。

そして、石橋を総裁とするために全力を尽くしていた石田は、石井派と石橋派が協力して決選投票に臨む、二位・三位連合の実現を目指すことになる。

二位・三位連合がいつ成立したかについては、現在に至るまで信じるに足る具体的な日時は不明となっている。

例えば、石井は一九七六年の回想の中で、総裁選の少し前に、石橋正二郎の別荘である鳩林荘において行われたパーティーで石橋湛山と二人で話す機会があり、どちらが先に言い出したか覚えていないものの、次のようなやり取りを行ったとする。[163]

「今度の総裁選には、岸君と私らと三人で出ているわけだが、だれも過半数は取れそうもない。そうすると一位と二位の決戦ということになる。決戦になれば、君と僕のうち、最初の投票で上位になった者に、下位のほうが投票しようじゃないか。そうなれば多分勝つ。勝った者が総理になり負けた者が副総理になることにしようじゃないか」「それがよかろう」ということになって、二人で握手した。

石井の回想に基づけば、石橋との二位・三位連合は石橋正二郎の別荘で成立したことになる。石橋湛山の日記にも十一月二十三日に石橋正二郎が開いた「鳩林荘園遊会」に夫人とともに参加したことが記されている。[164]このことから、石井の回想に記されたような石橋湛山との会話が実際に行われたことが推察される。

しかし、総裁選から八か月後の一九五七年七月に行った回想では、石井は次のように振り返っている。[165]

十一月だったと思うが、調布の鳩林荘で石橋正二郎君が園遊会を開いた。そこで石橋君と二人だけで立話をした。そのとき私から第一回の投票でだれも過半数をとらなかった場合は、決戦のときは互いに手を握ろうと言ったら結構という返事だった。


二つの発言を比較すると、一九七六年の時点では二位・三位連合の提案者が誰であったか不明とされていたにもかかわらず、一九五七年の段階では石井が自ら提案したとされていることが分かる。

一九五七年七月といえば石橋が退陣して岸内閣が成立し、石井は無任所相として入閣し、副総理となっている。このときの石井は依然として総裁選挙への出馬を計画しており、実際に岸の退陣を受けて行われた一九六〇年の総裁選に立候補している。そのため、石橋との二位・三位連合については自分から提案したと発言することで、総裁選では三人の候補の最下位であったものの、石橋内閣の成立に大きく貢献したという点を強調し、自らの政治力を誇示しようとする思惑が窺われる。

一方、一九七二年に政界を引退した石井にとって、もはや自民党総裁の座を手にすることは不可能であったから、自分の功績や権力を飾り立てる必然性に乏しかった。そのため、二位・三位連合を先に提唱した者が誰であったかという点に関して、二つの証言の間に表現の変化が生じたのであろう。

これに対し、もう一人の当事者である石橋湛山は、二位・三位連合のことをどのように振り返っているだろうか。一九六四年頃に、石橋は当時の経緯を次のように話している(166)。

あらかじめ石井氏と打ち合わせしておった。大会当日の朝、選挙へ乗り込む前に、どこかへ勢ぞろいした。僕のほうへ初めから投票すると決まっておるもの、それから向こうも……。両方とも勢ぞろいした。それで、もし岸、石橋両方が決選投票となったらば、石井氏は僕に合流するということに決めておったですね。

石橋の回想に従えば、十二月十四日の総裁選当日の朝に石橋派と石井派が会合を開き、岸と石橋との間で決選投票が行われた場合は、石井派が石橋派に合流することを決めたことになる。自民党の正史である『自由民主党五十年史』も石橋の説に従い、十二月十四日の朝に石橋派と石井派が東京会館で合同懇親会を開き、両派陣営を代表して小沢佐重喜《おざわさえき》が二位・三位連合を宣言し、正式な申し合わせが行われたとする(167)。

確かに、各陣営が最終的な票読みを行い、その結果、岸と石橋が優勢であるから、決選投票の際には石井が石橋に合流することで合意したという話は、総裁選当日の光景にふさわしい。また、小沢が二位・三位連合の内容を宣言したことは、吉田茂の側近であっただけでなく、十二月十二日に両派が候補者の一本化に向けて協議した際にも座長を務めていたことと合わせて、興味深い。吉田派の中心であった池田が、河野一郎を嫌い抜いた吉田の意を体する形で二位・三位連合の形成に尽力したことが窺われるからである。[168]

最後まで続く調整

しかし、石橋派の中心であった石田博英と三木武夫の理解は石橋と異なる。

まず、石田は十二月十二日の夜から三木、池田勇人を加えた三人が四谷の料亭福田家に集まり、石田が報道陣の注意を引き付けている間に、三木と池田が二位・三位連合の話し合いを取りまとめたと指摘する。[169]

また、三木は十二月十三日の夜に石橋派と石井派が互いに票読みを行ったものの、どちらも自派が優勢として譲らず、候補者の一本化に失敗したと回想する。そして、室外には新聞記者が待機していたため話し合いが決裂したことが漏洩しては大勢に影響を与えるとして、池田とともに夜が白むのを待っていたというのが、三木の説明であった。[170]

さらに、後に日本経済新聞の政治部長となり、総裁選当時は石橋を担当していた深川《ふかがわ》誠《まこと》は、十二月十二日より前の時点で石田、三木、池田が石田邸に集まり二位・三位連合の基礎的約束を行い、名簿を付け合わせて、十二月十三日夜に皆で確認するという「表立った行事」が行われたと指摘する。[171] この結果、総裁選当日の新聞には両派が二位・三位連合で臨むことが注意すべき事項として報じられることになる。[172]

深川は、三者が会合を開いた石田邸が三田東急アパートの四階であったとする。しかし、三田東急アパートの開業は一九五七年四月一日であり、当日に開業を案内する広告も出されていた[173]。そのため、三者会談が行われた場所については深川の記憶に誤りがあるか、一般の開業に先立って石田が三田東急アパートを利用していたことになる。こうした点を考えると、深川の回想の活用については注意が必要となる。

それでも、石井、石橋、石田、三木、深川の話をまとめると、次のような推移が実相であったと思われる。

（1）十一月二十三日の鳩林荘でのパーティーで石井と石橋が二位・三位連合に合意する。
（2）具体的な情勢の分析は両派の代表者である三木と池田が担当して十二月十二日より前の段階で票読みを行う。
（3）十二月十二日夜から石田、三木、池田が最後の調整を行う。
（4）十二月十三日夜に二位・三位連合が合意されたことを強調するために三木と池田が票読みを行う。
（5）十二月十四日朝に石橋派と石井派が二位・三位連合の申し合わせを遵守することを最終的に確認するため、合同で会合を開いて総裁選に臨む。

二位・三位連合が最後まで調整を必要としたのは、三木が指摘するように石橋派も石井派も、どちらも得票数が相手を下回るとは考えていなかったからである。そのため、十二月十四日の午前一〇時から始まる予定の第三回臨時党大会に先立ち、最後の連携の確認をせざるを得なかった。

このように、危うさを含む申し合わせであったため、岸は「石橋・石井連合」の可能性を事前に考えておらず、後に「少し迂闊《うかつ》だった(174)」と述べることになる。

「感情的シコリを残さぬようにしたい」

十二月十二日と十三日の二日にわたり自民党の有力者による長老会議が開催され、三候補に対して選挙ではなく話し合いによって総裁を選出するよう説得が試みられた(175)。このとき、会議に参加した長老は次の通りだった。

植原悦二郎、河野一郎、大麻唯男、松村謙三、星島二郎《ほしじまじろう》、林譲治、北村徳太郎、水田三喜男《みずたみきお》、加藤鐐五郎、砂田重政《すなだしげまさ》、大野伴睦、松野鶴平

総務会長の砂田重政、政調会長の水田三喜男ら党幹部のほか、党内各派を代表する顔触れが揃った会議ではあったものの、三人はいずれも出馬を取り止めず、候補者の一本化は実現しなかった(176)。

こうして迎えた臨時党大会では、砂田重政が議長となり、副議長として衆議院から相川勝六《あいかわかつろく》、大《おお》森玉木《もりたまき》、笹本一雄《ささもとかずお》、参議院から木内四郎《きうちしろう》、有馬英二《ありまえいじ》、小林武治《こばやしたけじ》の六名が選出された。その後、総裁である鳩山一郎の辞任を承認し、大野伴睦が党を代表して鳩山に謝辞を述べ、総裁選挙が始まる。

最初に、委員長の草葉隆圓《くさばりゅうえん》、委員長代理の井出一太郎を含む一一名の選挙管理委員が選ばれた。次に、投票に先立ち、砂田が議長として参加者に注意を促している[177]。

きょうここで文字通りの総裁公選が行われる。わが憲政史上特記すべき事柄である。選挙にあたつては、もつとも厳粛かつ公正でありたい。また総裁が決定したあとは、あとに感情的シコリを残さぬようにしたい。

砂田の発言は、総裁選の期間中に立候補した三名の陣営の選挙運動が激しいものであったことを伝える。それとともに、従来、保守政党において党首の公選は行われておらず、立候補者が揃った上で有権者が投票するという意味で本格的な選挙が実施されることに対する、自民党関係者の自負心も窺われるものであった。

単記無記名方式による投票は衆議院議員、参議院議員、地方代議員の順で行われた。有権者数は衆議院議員が二九九名、参議院議員が一二六名、各都道府県から選出された代議員は九二名であり、総数は五一七名である[178]。

無記名であるとはいえ、各陣営は事前の工作の通り国会議員や代議員が投票したかを確認する必要があった。そのため、誰が誰に投票したかを明らかにするため、それぞれの陣営は「投票用紙の一部を折る」「記入する候補者名の特定の文字を大きく書く」といった対策を講じていた。また、地方代議員についても「一本釣り」が行われた。例えば西日本の地方代議員の場合には熱海駅で下車させて宿舎に囲い込んで酒類を提供して東京駅に到着する時間を指定すること[179]や、東北地方などの地方代議員については終着駅である上野で出迎え、そのまま旅館に案内して、大会朝まで缶詰にして接待することもあった[180]。

石橋陣営では、第一章で見た、石橋に地盤を譲った静岡県第一区選出の佐藤虎次郎が中心となり、東京駅や上野駅で地方代議員の囲い込みを行ったとされる[181]。なぜなら、石橋陣営の中心であった石田が参議院議員と地方代議員の票を重視しており、総裁公選規程の制定に際して起草委員長という立場を利用して決選投票の仕組みを導入したからである[182]。これは、前述のように、「七個師団三連隊」による議員の色分けが比較的明らかな衆議院に比べ、自民党の参議院と各地の支部では系列化が進んでいない点に注目した石田の判断であり、石橋湛山が参議院の実力者である松野鶴平に接近した理由も、参議院議員たちの支持を取り付けて決選投票に進出するためであった。

勝敗を分けた七票

投票は午後零時一四分に終わり、開票の結果、投票総数は五一一票、各候補者の得票数は岸信介が二二三票、石橋湛山が一五一票、石井光次郎が一三七票だった。最多得票の岸も過半数の二五六票に届かなかったため、規定に従い得票数が上位二名の候補者による決選投票が行われることになる。

第一回目の投票で過半数を制して当選することを予想していた岸は、地方代議員票に取りこぼしが多かった[183]。一方、石橋は当初の見込みより票数が少なかったために陣営は衝撃を受けた[184]ものの、二位となったため、石井派が二位・三位連合の約束を履行することに望みを託し、決選投票に進むことになる。

そして、休憩を挟まず直ちに行われた決選投票では、開票後に両者が二五一票で並び、どのように決着すべきか会場の誰もが固唾《かたず》を飲む中で、未開票の用紙の束が見つかり、確認の結果七枚に「石橋湛山」と書かれていたことが判明するなど、劇的とも言える展開であった。[185] 確定した開票結果は、投票総数五一〇票のうち、石橋が二五八票、岸が二五一票を獲得し、無効票が一票であり、石橋が自由民主党の第二代総裁に当選する。石橋の勝利は、石橋陣営と石井陣営が合意した二位・三位連合が機能したことを示していた。

しかし、石井の獲得した一三七票の全てが石橋に投じられたのではなかったことは、決選投票での石橋の得票が第一回投票の両陣営の合計二八八票を三〇票下回ったことからも明らかだ。

無記名のため詳細な内訳は不明ではあるとはいえ、計算の上では決選投票で石橋陣営と石井陣営から二八人が岸の支持に回ったという事実は、両陣営の統制が万全ではなかったこととともに、岸側も万全ではなかったとはいえ、決選投票を見据えた対策を講じていたことを示す。

それでも、七票差とはいえ石橋が勝利したことは、吉田派を取りまとめ、第一回投票は石井に、決選投票では石橋に投票させた池田の手腕や、吉田派に向けて最終的に石橋を推すべきだという内意を伝えた吉田茂の存在[186]が不可欠であった。また、二位・三位連合と言いながらも紳士協定の域を出なかった約束を石井が守ったことも大きかった。もし自陣の大部分の票を石橋に投じた石井派[187]の協力がなく、石井陣営からさらに四人が岸に投票していれば石橋が総裁の椅子に座ることはなかったのである。

派閥の効用の認識と派閥の再編

岸信介が「八十%ぐらい、いや百%といってもいいくらいだ」と評価したように[188]、総裁選における石田博英の活躍は顕著なものであった。

確かに、「七個師団」の一つであったとはいえ小派閥を率いるのみであった石橋湛山が選挙に勝ち抜いたのは、総裁公選規程における決選投票の規定を巧みに利用し、二位・三位連合を実現させた石田の手腕のなせる業であった。

しかし、たとえ基礎となる勢力が小さくとも派閥単位での協力を獲得できれば総裁選に勝利できるという事実が明らかになったことで、自民党では派閥の拡大と派閥による参議院議員と地方代議員の囲い込みが本格化する。当初は石井を支持していると考えられていた参議院議員が石橋に投票し、石橋陣営が地方代議員の獲得に成功したからである[189]。

さらに、派閥そのものの再編がなされ、吉田派は石橋を支持した池田勇人が率いる池田派と一九五七年二月一日に吉田茂とともに自民党に入党した佐藤栄作の佐藤派に分裂し、旧鳩山派が河野派と石橋派とに分かれたままとなり、旧改進党系の芦田、北村、大麻の三派は北村派が河野派に合流し、芦田派と大麻派は岸派に吸収される。

その結果、「七個師団三連隊」は総裁派閥である石橋派以下、大野派、池田派、佐藤派、石井派、岸派、河野派、松村・三木派の「八個師団」となる（図2－2）。

図2−2　鳩山一郎内閣の辞意表明から第3回臨時党大会での総裁選挙実施後までの派閥の構成と推移

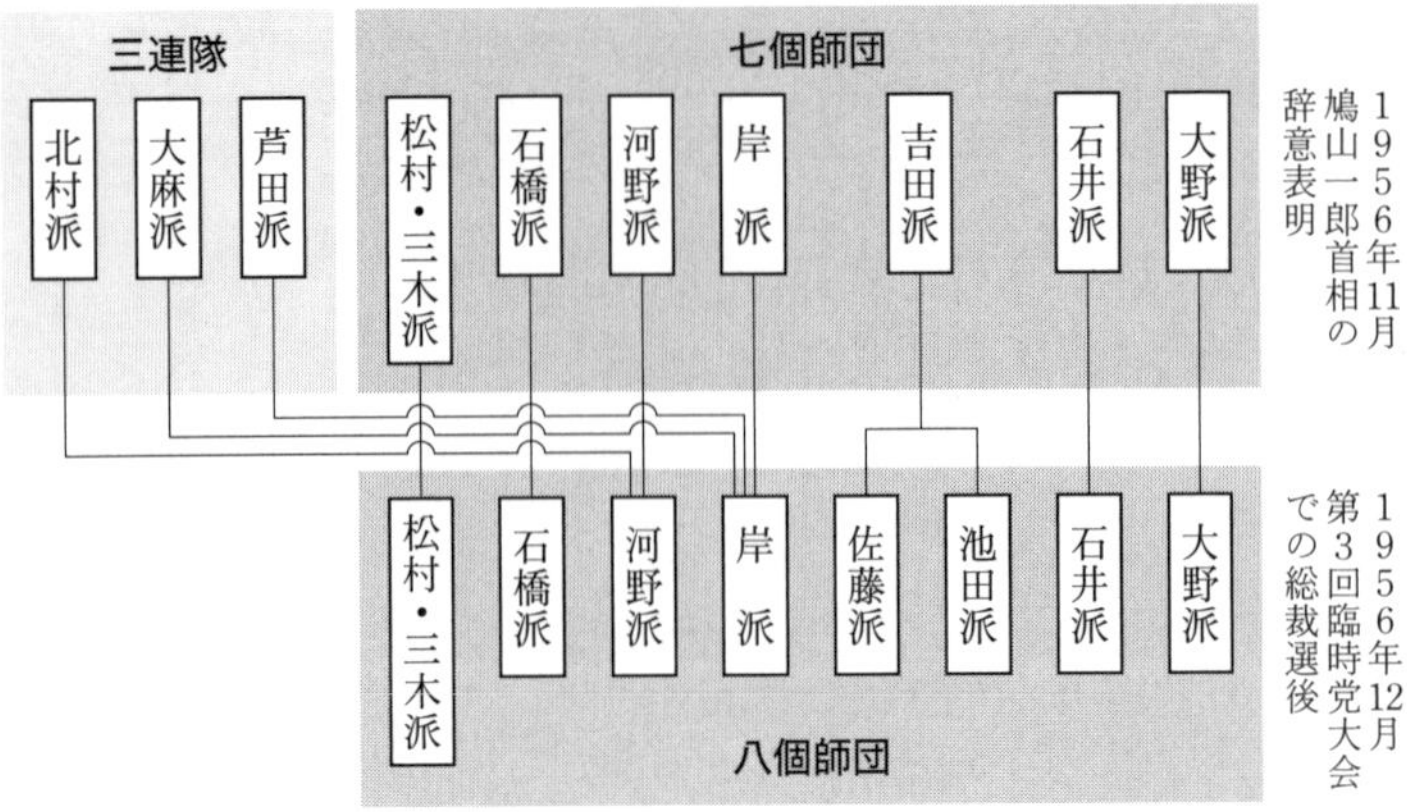

こうして、自民党では、地縁や財力、あるいは官僚派と党人派といった戦前の保守政党における区分とは明らかに異なり、総裁選での勝利と閣僚人事のための基礎的な単位という性格を派閥に与えることになったのである。

石橋湛山はなぜ総裁選に立候補したのか

ここまで、石橋湛山が一九五六年十二月の総裁選挙でどのようにして勝利を収めたかを、石橋が政界入りした一九四六年当時の状況から、総裁選当時の様子までを中心に検討した。

そこで、石橋がなぜ総裁選挙に立候補したのかという点について考え、本章を締めくくろう。

石橋自身は、周囲の心配にもかかわらず総裁選での勝利に自信を持っていた[190]。これは、楽天的な石橋の人柄のためであったかもしれない。また、鳩山が退任に際して後継者を示すべきであり、指名する場合は自分を選ばなければならないという石橋の回想[191]からは、鳩山との間に後継者をめぐり何らかの合意があったことを推察させる。

しかし、実際には鳩山は後継総裁を指名するだけの政治的な余力を残さないまま退任し、総裁選が行われた。

自民党内の勢力の分布に基づけば、石橋が立候補しても落選する可能性が高かった。勝てる見込みのない戦いにあえて挑んだのは、当時の石橋が鳩山政権の反主流派であり、主流派の河野一郎や岸信介と対立していたからだ。

石橋は、政策や理念ではなく利害を優先する三木武吉や河野一郎が主導する保守合同に距離を置き、日ソ国交回復問題でも河野が積極的に関与していたこともあって主体的な取り組みを行わず、電源開発の総裁人事では所管大臣であるにもかかわらず、自らが推薦した松永安左エ門を就任させることができなかった。そして、河野が擁立した経緯もあって強硬に反対した内海清温《うつみきよはる》が第三代総裁に選ばれている。

これらは、いずれも三木や河野が中心となって進めたものであり、特に電源開発総裁の問題では、石橋は通産相としての面目を失っている。石橋には、所管大臣の意見を無視する人事に対して抗議し、通産相を辞任するという選択肢もあった。しかし、石田博英ら側近から「この際はガマンすべし」と助言されたことで、内海を総裁とする案を受け入れ、石橋は閣内に留まっている(192)。

石田らの助言は、石橋が辞任することは容易ではあるものの、鳩山一郎が主宰する閣議で決定した人事に異を唱えることは、石橋から鳩山の後継総裁の候補としての正当性を奪うという考えによるものであった。そのため、たとえ面目を潰されたとしても隠忍自重し、捲土重来《けんどちょうらい》を期すことが最善であると石橋を説得したのである。

それとともに、もし総裁選で河野の推す岸が当選すれば、石橋は今後も反主流派に甘んじ続けることは明らかであった。しかも、新体制の下で反主流派に転じれば政権の中枢から遠ざかるだけでなく、政界での存在感そのものも埋没しかねなかった。

こうした状況を克服し、政治家としての所信や政策を実現するためには、総裁選に立候補して当選するか、落選したとしても自らの支援する勢力の存在を明らかにすることで政権内あるいは党内での発言力を維持するよりほかはなかった。

だが、七票の差で当選した石橋は、自らの将来を決して楽観視してはいなかった。

総裁選当日の夜、全社員が出席して東洋経済新報社において行われた当選祝賀会の席上、石橋は「石橋内閣は何をするつもりか」という社員の問いに答えて、「私を二年以上首相の座にとどめてはおくまい」と語り、石橋体制下の自民党でこれから起こるであろう、派閥抗争や主導権争いを予見していた。[193]

自分が当選するのは明らかという岸信介とも、自分が次期総裁となるべきだとした石井光次郎とも異なり、石橋にとって、総裁選への出馬は政治家としての命脈を保つための唯一の方法だったのである。

注

（1）栗田直樹『緒方竹虎』吉川弘文館、一九九六年、二七六頁。

(2) 御厨貴監修・聞き手、伊藤隆・飯尾潤・聞き手『渡邉恒雄回顧録』中公文庫、二〇〇七年、一六六頁。
(3)「政府、改進党工作を強行」『朝日新聞』一九五四年三月二十九日朝刊一面。
(4) 前掲『緒方竹虎』、二七五頁。
(5)「第二十三回国会参議院議員議事録第三号」『官報』号外、一九五五年十二月三日、二、五頁。
(6) 前掲『緒方竹虎』、二七九頁。
(7)「淡々たる気持で首班選挙」『読売新聞』一九五四年十二月八日夕刊一面。
(8) 高坂正堯『宰相吉田茂』中公クラシックス、二〇〇六年、九五〜九六頁。
(9)「広川農相罷免」『読売新聞』一九五三年三月三日朝刊一面。
(10) 小宮京「保守党における派閥の一考察　1920－60年代」『選挙研究』第二六巻第一号、二〇一〇年、九頁。
(11) 小宮京「第五次吉田茂内閣期の政治過程」『桃山法学』第一八号、二〇一一年、一〇〜二一頁。
(12)「本予算編成に本腰」『読売新聞』一九五五年十二月十七日朝刊一面。
(13) 細川隆元『隆元のわが宰相論』山手書房、一九七八年、二二一〜二二二頁。
(14) 奥秋直生「政治家緒方竹虎に関する考察」『東京大学日本史学研究室紀要』第二三号、二〇一九年、五七頁。
(15) 原彬久編『岸信介証言録』中公文庫、二〇一四年、一一三頁。
(16) 石井光次郎『回想八十八年』カルチャー出版社、一九七六年、三九五〜三九六頁。
(17) 石橋湛一・伊藤隆編『石橋湛山日記』下巻、みすず書房、二〇〇一年、七七二頁。
(18)「緒方氏の急死はどう響く」『朝日新聞』一九五六年二月二日朝刊三面。
(19) 岸信介『岸信介回顧録――保守合同と安保改定』廣済堂、一九八三年、二三〇頁。
(20)「きょう〝鳩山総裁〟選出」『読売新聞』一九五六年四月五日朝刊一面。

(21)「吉田派 白紙投票へ」『読売新聞』一九五六年四月五日朝刊一面。
(22)御手洗辰雄「苦もんの象徴暫定総裁」『読売新聞』一九五六年四月六日朝刊二面。
(23)「〝情勢〟待つ? 緒方氏」『朝日新聞』一九五六年一月十八日朝刊一面。
(24)宮崎吉政『実録政界二十五年』読売新聞社、一九七〇年、一七二頁。
(25)山浦貫一「ぬりかえられるか政界新地図」『週刊朝日』第五六巻第三五号、一九五一年、四頁。
(26)同右。
(27)小宮京「原玉重「私の経歴書」」『桃山法学』第一九号、二〇一二年、一四九頁。
(28)石橋湛山「湛山回想」『石橋湛山全集』第一五巻、二三〇頁。
(29)辻嘉六「政界黒幕の弁」『文藝春秋』第二七巻第一二号、一九四九年、六二〜六三頁。
(30)増田弘「河野一郎と三木武吉の公職追放」『人文・社会科学論集』第一六号、一九九九年、四頁。
(31)石橋湛山『湛山座談』岩波同時代ライブラリー、一九九四年、八二頁。
(32)宮崎吉政『No.2の人 自民党幹事長』講談社、一九八一年、一五頁。
(33)前掲『石橋湛山日記』下巻、七三八頁。
(34)衆議院事務局編『第23回衆議院議員総選挙一覧』衆議院事務局、一九四八年、六一九〜六八二頁。
(35)前掲『湛山座談』、一六一頁。
(36)同右、一六二頁。
(37)前掲『石橋湛山日記』下巻、七七二頁。
(38)「吉田派会合出席者」『読売新聞』一九五六年四月五日朝刊一面。
(39)中島政希「石橋派の変遷」『自由思想』第一五三号、二〇一九年、六〇頁。
(40)「自民党二代目争い」『毎日新聞』一九五六年二月六日朝刊一面。
(41)前掲『回想八十八年』、三九八頁。

(42) 前掲『石橋湛山日記』下巻、七七四頁。
(43) 筒井清忠『石橋湛山――自由主義政治家の軌跡』中公叢書、一九八六年、三二六頁。
(44) 北岡伸一『自民党――政権党の38年』中公文庫、二〇〇八年、八四頁。
(45) 石田博英『石橋政権・七十一日』行政問題研究所、一九八五年、一二三頁。
(46) 岩野美代治、竹内桂編『三木武夫秘書回顧録――三角大福中時代を語る』吉田書店、二〇一七年、一九頁。
(47) 石田博英『私の政界昭和史』東洋経済新報社、一九八六年、二六～二八頁。
(48) 三木武夫「文字どおりのステーツマン」『自由思想』第三四号、一九八五年、三〇頁。
(49) 宮崎吉政「石橋湛山と三木武夫」『自由思想』第五〇号、一九八九年、三頁。
(50) 竹内桂『三木武夫と戦後政治』吉田書店、二〇二三年、一二八頁。
(51) 岩野美代治、竹内桂編『三木武夫秘書備忘録』吉田書店、二〇二〇年、六八三頁。
(52) 東洋経済新報社百年史刊行委員会編『東洋経済新報社百年史』東洋経済新報社、一九九六年、四四〇、五八二頁。
(53) 同右、九五六、一〇四二頁。
(54) 前掲『三木武夫秘書回顧録――三角大福中時代を語る』、三〇頁。
(55) 前掲「石橋湛山と三木武夫」『自由思想』第五〇号、七頁。
(56) 「三木武夫氏首相を訪問」『朝日新聞』一九五五年十二月二十四日夕刊一面。
(57) 前掲『石橋湛山日記』下巻、七六三、七七六頁。
(58) 「鳩山首相の引退は？」『毎日新聞』一九五六年三月四日夕刊一面。
(59) 前掲『三木武夫と戦後政治』、二五一頁。
(60) 「石橋総裁生み出す　三木武夫氏」『朝日新聞』一九五七年八月六日朝刊二面。
(61) 吉村克己「岸対石橋、決戦の前後」一七会編『われは傍流にあらず』人間の科学社、一九九一年、七〇頁。

(62)前掲『石橋湛山日記』下巻、八一一頁。
(63)「鶴見祐輔日記」一九五六年八月八日条『鶴見祐輔関係文書』三七九三、リール一五六、国立国会図書館憲政資料室蔵。
(64)前掲『石橋湛山日記』下巻、八二〇頁。
(65)脇村義太郎『二十一世紀を望んで 続回想九十年』岩波書店、一九九三年、三三三頁。
(66)前掲『三木武夫と戦後政治』、二五〇頁。
(67)前掲『三木武夫秘書備忘録』、三六三頁。
(68)前掲『岸信介証言録』、一四三頁。
(69)同右、一九一頁。原彬久編『岸信介証言録』毎日新聞社、二〇〇三年、一五二〜一五三頁。
(70)前掲『三木武夫と戦後政治』、二五三頁。
(71)同右。
(72)前掲『渡邉恒雄回顧録』、一八九頁。
(73)前掲『湛山座談』、一〇二頁。
(74)高木光雄『大蔵官僚の系譜――華麗なるエリート群像』日本書籍、一九七九年、一〇九頁。
(75)同右。
(76)「衆院「池田不信任案」を可決」『朝日新聞』一九五二年十一月二十九日朝刊一面。
(77)石橋湛山「首相を懲罰する」『週刊東京』第四巻第九号、一九五八年、二五頁。
(78)「第十五回衆議院本会議録第七号」『官報』号外、一九五二年十一月二十七日、一二頁。
(79)前掲「首相を懲罰する」『週刊東京』第四巻第九号、二五頁。
(80)樋渡由美『戦後政治と日米関係』東京大学出版会、一九九〇年、一四二頁。
(81)前掲『私の政界昭和史』、八八頁。

(82) 増田弘『石橋湛山――思想は人間活動の根本・動力なり』ミネルヴァ書房、二〇一七年、二八六頁。
(83) 前掲『石橋湛山日記』下巻、七八一頁。
(84) 上田美和「石橋湛山と戦時下の経済人脈」『史観』第一五〇冊、二〇〇四年、一一七～一一八頁。
(85) 大谷健『興亡――電力をめぐる政治と経済』吉田書店、二〇二一年、一五一～一五六頁。
(86) 前掲「吉田派会合出席者」。
(87) 木村貢『総理の品格――官邸秘書官が見た歴代宰相の素顔』徳間書店、二〇〇六年、二九～三〇頁。
(88) 前掲『石橋湛山日記』下巻、八三二～八三三頁。
(89) 前掲『私の政界昭和史』、八八頁。
(90) 前掲『自民党――政権党の38年』、八四頁。
(91) 福井治弘『自由民主党と政策決定』福村出版、一九六九年、一二八頁。
(92) 林茂・辻清明編『日本内閣史録』第五編、第一法規、一九八一年、三六〇頁。
(93) 前掲『石橋政権・七十一日』行政問題研究所、一九八五年、一二〇～一二一頁。
(94) 同右、一二六～一二七頁。
(95) 竹中治堅「首相と参議院の独自性」『選挙研究』第二三号、二〇〇八年、一一頁。
(96) 原彬久『吉田茂――尊皇の政治家』岩波新書、二〇〇五年、二一一頁。
(97) 前掲『自民党――政権党の38年』、五五頁。
(98) 前掲「河野一郎と三木武吉の公職追放」、一〇頁。
(99) 前掲『私の政界昭和史』、八八頁。
(100) 前掲『石橋湛山日記』下巻、八〇五頁。
(101) 木村武雄『政界独言』土屋書店、一九六八年、二八六～二八八頁。
(102) 宮崎吉政「新聞記者が接した政治家石橋湛山の実像」『石橋湛山研究』第三号、二〇二〇年、一八五頁。

(103) 前掲『石橋湛山日記』下巻、八〇五～八〇六、八〇九～八一三、八一五～八一六、八一九～八二一、八二三頁。
(104) 同右、八三五頁。
(105) 同右、八一一頁。
(106) 前掲『実録政界二十五年』、一八五頁。
(107) 「乱れ、まどぅ自民党（下）」『毎日新聞』一九五六年九月三日朝刊一面。
(108) 伝記刊行委員会編『河野一郎自伝』徳間書店、一九六五年、一四八～一五三頁。
(109) 小宮京「鳩山一郎と政党政治 1887-1943」『本郷法政紀要』第一一号、二〇〇二年、五八頁。
(110) 前掲『宰相吉田茂』、一〇〇頁。
(111) 前掲『渡邉恒雄回顧録』、二六二頁。
(112) 吉田茂『回想十年』上巻、中公文庫、二〇一四年、三〇九頁。
(113) 「手配の野村（憂国道志会長）を逮捕」『朝日新聞』一九六三年七月十七日夕刊七面。
(114) 前掲『三木武夫秘書備忘録』、六八五頁。
(115) 「三木、大野氏は平党員に」『読売新聞』一九五六年四月五日朝刊一面。
(116) 「代行委員」最後の会合」『読売新聞』一九五六年四月五日朝刊二面。
(117) 前掲『渡邉恒雄回顧録』、一八〇～一八一頁。
(118) 吉本重義『岸信介伝』東洋書館、一九五七年、一五七頁。
(119) 前掲『岸信介証言録』、一一二～一一五頁。
(120) 前掲「鳩山一郎と政党政治 1887-1943」『本郷法政紀要』第一一号、三八頁。
(121) 水木楊『誠心誠意、嘘をつく』日本経済新聞社、二〇〇五年、一一四～一一六頁。
(122) 望月詩史『石橋湛山の〈問い〉——日本の針路をめぐって』法律文化社、二〇二〇年、一七六～一七七頁。

(123) 前掲『石橋湛山――思想は人間活動の根本・動力なり』、二八〇頁。
(124) 同右、二八二頁。
(125) 同右、二八一頁。
(126) 河野一郎『今だから話そう』春陽堂書店、一九五八年、一一二～一一三頁。
(127) 前掲『石橋湛山日記』下巻、七八八頁。
(128) 宮崎吉政『宮崎日記』行研出版局、一九八九年、五三七、五五〇頁。
(129) 同右、五五〇頁。
(130) 「後継総裁の指名はしない」『毎日新聞』一九五六年十一月九日夕刊一面。
(131) 前掲『石橋湛山日記』下巻、八三〇頁。
(132) 前掲『宮崎日記』、五六一頁。
(133) 「石井氏、総裁に立候補」『読売新聞』一九五六年十一月九日朝刊一面。
(134) 前掲『宮崎日記』、五八〇頁。
(135) 井出一太郎、井出亜夫・竹内桂・吉田龍太郎編『井出一太郎回顧録――保守リベラル政治家の歩み』吉田書店、二〇一八年、一五四頁。
(136) 井出一太郎「石橋首班成立の真実を語っておこう」『自由思想』第九三号、二〇〇三年、四五頁。
(137) 自由民主党編『自由民主党五十年史』上巻、二〇〇六年、九八頁。
(138) 前掲『石橋湛山――思想は人間活動の根本・動力なり』、二八六頁。
(139) 前掲『岸信介伝』、一五七頁。
(140) 菊池久『戦後総理大臣の研究』ちはら書房、一九八〇年、五一～五二頁。
(141) 前掲『石橋湛山日記』下巻、八二七頁。
(142) 中島政希「石橋政権と石橋派」『自由思想』第七三号、一九九五年、四四頁。

(143) 前掲『渡邉恒雄回顧録』、一六七頁。
(144) 前掲『石橋湛山――思想は人間活動の根本・動力なり』、二八九頁。
(145) 「石橋総裁生み出す　三木武夫氏」『朝日新聞』一九五七年八月六日朝刊二面。
(146) 前掲『三木武夫秘書回顧録――三角大福中時代を語る』、七八～七九頁。
(147) 前掲『石橋湛山――自由主義政治家の軌跡』、三六三頁。
(148) 前掲『岸信介証言録』、一二八頁。
(149) 前掲『石橋湛山――思想は人間活動の根本・動力なり』、二八八～二八九頁。
(150) 前掲『回想八十八年』、四〇六頁。
(151) 前掲『井出一太郎回顧録――保守リベラル政治家の歩み』、一五五頁。
(152) 前掲『石橋湛山日記』下巻、八一七頁。
(153) 深川誠「初対面でも「やあ」、懐の深さに自然体の魅力」『自由思想』第一五〇号記念別冊特集、二〇一八年、一二八頁。
(154) 前掲『自由民主党五十年史』上巻、九八頁。
(155) 前掲『私の政界昭和史』、八七頁。
(156) 前掲『石橋湛山――思想は人間活動の根本・動力なり』、二八六頁。
(157) 前掲『石橋湛山日記』下巻、八〇六頁。
(158) 前掲『戦後総理大臣の研究』、五二～五三頁。
(159) 前掲『岸信介証言録』、一二八頁。
(160) 前掲「初対面でも「やあ」、懐の深さに自然体の魅力」『自由思想』第一五〇号記念別冊特集、一三三～一三四頁。
(161) 同右、一三四頁。

(162) 前掲『岸信介証言録』、一〇三頁。
(163) 前掲『回想八十八年』、四〇五〜四〇六頁。
(164) 前掲『石橋湛山日記』下巻、八三三頁。
(165) 「総裁落選　石井光次郎氏」『朝日新聞』一九五七年七月三十日朝刊二面。
(166) 前掲『湛山座談』、一三九頁。
(167) 前掲『自由民主党五十年史』上巻、九九頁。
(168) 「一本化を確約」『読売新聞』一九五六年十二月十二日夕刊一面。
(169) 前掲『私の政界昭和史』、八九頁。
(170) 「石橋総裁生み出す　三木武夫氏」『朝日新聞』一九五七年八月六日朝刊二面。
(171) 前掲「初対面でも「やあ」、懐の深さに自然体の魅力」『自由思想』第一五〇号記念別冊特集、一三〇〜一三一頁。
(172) 「総裁三候補、並列のまま」『朝日新聞』一九五六年十二月十四日朝刊一面。
(173) 「本日より営業開始」『読売新聞』一九五七年四月一日朝刊七面。
(174) 前掲『岸信介証言録』、一二七頁。
(175) 「候補一本化を協議」『読売新聞』一九五六年十二月十二日夕刊一面。
(176) 「長老会議結論得ず」『読売新聞』一九五六年十二月十三日夕刊一面。
(177) 湛山会編『名峰湛山』一二三書房、一九五七年、三頁。
(178) 「自民党総裁公選はこう行われる」『朝日新聞』一九五六年十二月十二日朝刊一面。
(179) 前掲「初対面でも「やあ」、懐の深さに自然体の魅力」『自由思想』第一五〇号記念別冊特集、一三三頁。
(180) 前掲『私の政界昭和史』、八八頁。
(181) 前掲「石橋政権と石橋派」『自由思想』第七三号、四四〜四六頁。

(182)前掲『私の政界昭和史』、八七頁。
(183)前掲「初対面でも「やあ」、懐の深さに自然体の魅力」『自由思想』第一五〇号記念別冊特集、一三四頁。
(184)前掲『自由民主党五十年史』上巻、一〇〇頁。
(185)井出一太郎『井出一太郎回顧録――保守リベラル政治家の歩み』吉田書店、二〇一八年、一五六～一五七頁。
(186)村井良太『佐藤栄作――戦後日本の政治指導者』中公新書、二〇一九年、七五～七六頁。
(187)前掲『井出一太郎回顧録――保守リベラル政治家の歩み』、一五八頁。
(188)前掲『岸信介証言録』、一二八頁。
(189)前掲「鳩山一郎と政党政治 1887-1943」『本郷法政紀要』第一一号、一一頁。
(190)前掲「新聞記者が接した政治家石橋湛山の実像」『石橋湛山研究』第三号、一八〇頁。
(191)前掲『湛山座談』、一三八頁。
(192)前掲『石橋湛山日記』下巻、八一三頁。
(193)「解説」『石橋湛山全集』第一四巻、二〇一一年、五九九頁。

第三章　明暗を分けた閣僚人事

内閣発足後に選挙区の沼津を訪問する湛山（左）と名取栄一（一般財団法人石橋湛山記念財団提供）

熾烈な駆け引き

自民党の将来を決める党内人事

石橋湛山、岸信介、石井光次郎の三人が立候補した一九五六（昭和三十一）年十二月十四日の自由民主党の総裁選挙は、石橋が勝利する。そして、自民党の第二代総裁となった石橋は、早速党の人事に取りかかる。

しかし、当時の状況は、新総裁が思う通りの人事を行うことを許さなかった。

なぜなら、当初は劣勢とされていた石橋が石井と交わした二位・三位連合によって当選したことで、決選投票で石橋への支持を取りまとめた者たちは自らの働きがなければ勝利はなかったと思っていたし、第一回目の投票の時点で石橋を推していた有力者も、石橋総裁の誕生に大きく貢献したと信じて疑わなかったからである。

何より、一人ひとりは石橋と浅からぬ関係があったとはいえ、互いに政治に取り組む姿勢も信条や政策も異なる大野伴睦、三木武夫、松村謙三、池田勇人らが連携したのは、石橋への積極的な支持というよりは、岸自身や岸陣営の中心であった河野一郎への反発があったためである。

「反岸」「反河野」という点によってのみ結び付いていた石橋支持派は、岸の当選を阻止したことで目標を達成したことになる。そして、ひとたび目標が達成されれば、ある者は努力への対価を求め、別の者は党の主導権を握ることを目標に、党や新内閣でよりよい地位を得ようとする。

これに加えて、決選投票で敗れたとはいえ有権者である衆参両院議員と地方代議員の約半数の支持を集めた岸と、河野の存在を無視することは党の半分を反対派に追い込むことになり、党と政権の運営が不安定になることは明らかだった。

それだけに、総裁となった石橋がどのような党内人事と閣僚の選考を行うかは、新内閣の性格を決めるだけでなく、自民党そのものの将来を決めることになるというのが、党内外の関係者の一致した見方だった。(1)

選挙戦の余波

このような過酷な総裁選で石橋が勝利を収めた理由は、二位・三位連合の効果や岸陣営による戦況の見通しの甘さもさることながら、石橋陣営が当選後に党や政権の人事で優遇することと引き換えに各派の支持を集めたことにある。

大野伴睦は副総裁の座を条件として石橋陣営に加わり、石井も副総理の座と引き換えに二位・三位連合の約束を履行した。(2)さらに、党を二分する形で支持を集めた岸も、処遇を誤れば自民党の分裂を招きかねなかった。

だが、副総裁であれ副総理であれ、提供できる役職には限りがあるし、閣僚の数も無限ではない。しかも、各派も派内の勢力関係など、個別の事情を抱えていた。

石橋湛山は総裁選で石橋陣営の中心となった石田博英を官房長官に、三木武夫を幹事長に任命し、池田勇人も大蔵大臣に起用する。特に、岸や大野の強硬な反発にもかかわらず、党務での実績を積むために幹事長職を一貫して要求した三木を党務の要である幹事長としたことは(3)、総裁選における三木の貢献の度合いの大きさを示している。

また、政務調査会長には石井派の塚田十一郎《つかだじゅういちろう》、総務会長には河野派の砂田重政が就任した。党三役は総裁選に尽力した勢力が過半数を占めることになり、論功行賞の性格の濃いものとなった。

一方、石橋に副総裁への起用を求めたものの断られたことで、大野は自派から閣僚四名を起用するよう要求する(4)。また、派内に灘尾弘吉、町村金五《まちむらきんご》らの官僚派と馬場元治《ばばもとはる》、津雲国利《つぐもくにとし》、菅家喜六《かんけきろく》らの対立を抱えていた石井(5)は、石井派の分裂を避けることに注意を払わなければならなかった。それにもかかわらず、総裁選後の体調不良(6)も重なり、自身を副総理として処遇することを強く要望する機会を逸したため、ついに入閣を見送る。ここに石井の淡白な人柄と政治家としての辛抱の欠落(7)があり、夫人の久子が「うちの亭主、グズでしょう(8)」と石井を評するゆえんでもあった。

こうして、石橋陣営と合流した各派のうち、大野派と石井派が反主流派に転じ、副総理格の外務大臣として岸が入閣し、総裁選での支持と対立の構図がねじれを見せることになる。また、参議院についてもこれまで閣僚人事に関わってきた松野鶴平が棚上げされて組閣に関与できず、参議院側の意向も十分に人選に反映されなかった(9)。決選投票で激しく対立した岸がどこまで石橋政権を支えるかは不透明であったし、大野派と石井派とが反主流派になり、参議院も面目を失ったことで、不安定な政権運営を余儀なくされることが懸念された。

石橋の総裁当選から新内閣の発足までの経緯を図式的に説明すると、右のような内容となる。そして、各事項を詳細に眺めれば、人事をめぐる当事者たちの思惑が複雑に交錯し、熾烈《しれつ》な駆け引きが行われたことが分かる。

吉田茂と佐藤栄作への入党要請

総裁に当選した石橋が最初に取った注目すべき行動は、保守合同の際に自民党に参加せず、無所属であった吉田茂と佐藤栄作に入党を要請したことだった。(10)

一九五〇年三月の結党から一貫して自由党を率いて来た吉田ではあったものの、一九五四年十二月六日に日本民主党が左右両派社会党と共同で吉田政権に対する内閣不信任案を提出すると、総辞職した。党幹部まで捜査が及んだ造船疑獄や自由党の反吉田勢力などが中心となった日本民主党の結成により政権の求心力が低下し、衆議院の解散による対抗ができなかったためだった。(11)

新たに自由党総裁となった緒方竹虎は日本民主党との合流を進め、自由党の大野伴睦と日本民主党の三木武吉が中心となって一九五五年十一月十五日に保守合同が実現し、自由民主党が成立する。

自民党は党則に自主憲法の制定を掲げたように、対米協調と軽武装という吉田茂の方針の是正を出発点としていた。(12) それだけに、吉田が反吉田勢力によって作られた自民党に入党せず、無所属となったことは当然であった。また、吉田とともに自民党に参加しなかったのは、吉田の側近の佐藤栄作と、佐藤の腹心の橋本登美三郎《はしもととみさぶろう》であった。

佐藤は実兄の岸信介が自民党の幹事長であったにもかかわらず、吉田に忠節を尽くす形で無所属となることを選んだ。その一方で、無所属ながら自民党吉田派に強い影響力を持ち、総裁選でも池田勇人と吉田派を二分する形で岸の支持勢力をまとめている。

第一章で見たように、吉田は石橋の公職追放について、自らの内閣の一員であるにもかかわらず追放の見合わせを要望するといった工作を行っていない[13]。吉田は、実質的に石橋の公職追放を是認する態度を示したのである。こうした経緯から、石橋は吉田に対して屈折した感情を持ち、後に反吉田勢力の中心的な存在として吉田内閣に対峙したことはすでに確認した通りだ。

それにもかかわらず石橋が吉田に自民党への入党を求めたのはなぜか。一見すると従来の敵対関係からは想像もつかない行動から、佐藤への要請とあわせて総裁選当選直後の石橋の苦境を知ることができる。

吉田からの合図

吉田は、政策の面だけでなく、互いに徹底して嫌い抜いた河野一郎が推していたということもあり、岸の総裁就任に拒否感を示していた。また、吉田の後継総裁が内定していた緒方[14]についても、両者の関係は緊張を孕むものだった。

このような対立もあり、吉田派は保守合同では党首公選をめぐって日本民主党との合流を最後まで拒み続けていた[15]。しかも、石井光次郎は第五次吉田内閣の運輸大臣でありながら、緒方側の一人として総辞職に賛成していた。そのため、吉田にとって、力ずくでも政権を手に入れようとした緒方を許すことはできなかったし、自らの意志に反する行動をとった石井を支持する積極的な理由は乏しかった。

池田は一九五六年の総裁選挙第一回目では石井陣営を取りまとめたものの、決選投票で石橋への支持を打ち出している。こうした動きは、党外にあるとはいえ吉田派の実質的な領袖である吉田の意向なしには考えられないことであった。その意味で、吉田は結果的に石橋の当選を後押しする役目を担ったことになる。総裁選後に石橋陣営の中心であった石田博英に「君もいろいろおれにたてついたもんだが、本望をとげて、さぞ嬉しいだろう」と祝意を述べたこと[16]は、かつては鋭く対立した石橋と和解する余地があることを示す、吉田からの合図でもあった。

ただし、前年の保守合同に反対するとして自民党に参加しなかった吉田が、一年後に自ら進んで入党すれば、「ワンマンも無所属では何もできなかった」と、吉田の政治的な存在感の低下を招きかねない。

石橋の要請は、吉田の体面を保ち、党内での基盤を安定させるためにも重要な措置であった。

佐藤への配慮と岸への譲歩

佐藤への入党の要請も、石橋派の自民党内での勢力の小ささを考えれば当然の対応だった。石井派との二位・三位連合で当選したとはいえ、一貫して石橋を支えたのは石橋派と松村・三木派という小派閥であった。また、実質的に石橋支持派であり、第一回目選挙では石井派を束ねた池田勇人と傘下の議員を含めても、状況に大きな違いはなかった。

しかも、石橋と岸との得票差が七票であったのだから、自民党内のほぼ半数が石橋を支持しなかったことは誰の目にも明らかである。

このような条件下では、目に見える形で存在する反対派とどのように良好な関係を築くかが重要となる。当選後に石橋が岸に党運営での協力を依頼したことは、岸の支持勢力を反主流派としないための現実的な態度の表れであった。また、岸との面会の場に佐藤が同席しており、石橋が岸への協力を要請した後に佐藤への入党を要請したことは、大きな意味を持っていた。吉田の場合と同じく、石橋は佐藤に対して最大限の配慮を示すとともに、間接的に岸への譲歩の姿勢を示したのである。(17)

佐藤は吉田に付き従い、保守合同に参加しなかった。そのため、もし入党の要請が自分一人だけに対してなされれば、応諾することは吉田を裏切る行為とならざるを得ない。また、石橋が吉田のみに呼びかける場合も同様で、造船疑獄で法相の犬養健《いぬかいたける》に指揮権を発動させてまでかばおうとした佐藤を吉田が見捨てるかのように自民党に参画するとは考えにくかった。

少なくとも自民党入党問題については吉田と佐藤は一心同体であり、どちらか一方のみを入党させることは不可能であった。

そのため、吉田を引き入れるためには佐藤にも声をかけなければならず、佐藤の協力を得ようと思えば一時は仇敵同士でもあった吉田をも自民党に迎え入れる必要がある。しかも、佐藤の入党は、その背後にいる岸に、石橋が岸と佐藤の兄弟に対して他意がないことを明確に示す意味も持っていた。こうした事情が、石橋による吉田と佐藤への要請に繋がったのである。

難航する組閣

宿敵とも言うべき吉田や、対立していた岸信介に対する宥和《ゆうわ》的な態度は、石橋陣営の勢力の弱さの表れに他ならなかった。そして、小勢力が総裁選の勝利のために行った努力が、閣僚人事を難しいものにしたのである。

党内の少数勢力であった石橋陣営が他派の協力を得るためには、国会議員や地方代議員に資金を提供し、いわば金で票を買うことをしなければならなかった。このような金権的な方法は石橋を嘆かせ、一時は総裁選への出馬そのものが過ちではなかったかと悔やませているのは第二章で確認した通りである。

しかし、資金力では岸陣営に及ばなかったから、石橋の落胆にもかかわらず、石橋陣営は追加の対策を迫られた。その結果、資金不足を補うために、新内閣発足時の閣僚人事や党内人事での優遇を条件に協力を仰ぐことになる。

当選後の人事と引き換えに支持を取り付けた顕著な事例は大野伴睦で、副総裁への就任を約束することで大野派四〇名の票が石橋に回った。また、大野のような一派を率いる大物代議士以外にも、閣僚への起用などを条件として石橋を支持する者は多かった。

ある陣営では通産大臣への登用を交換条件として投票の約束を取り付けた議員が八人いたとされ[18]、三派を合わせると「「大臣ポスト」の〝約束手形〟」は六〇以上に達したとされる[19]。石橋陣営を含め、各勢力が大臣への起用を約束することで支持を集める手法を採用していたのである。そして、人事と票とを交換する方法は石橋の勝利に寄与したとはいえ、弊害も大きかった。無任所を含めたとしても、大臣の数に比べ入閣を約束して協力を得た議員の数が多かったためである。各議員は、自分の要望が実現するものと考えていた。それだけに、入閣できない、あるいは入閣しても望んでいた省庁を担当できないといった形で期待が裏切られることが分かると、当然のことながら「ウソつき！」「空手形に裏切られた！」といった反発が起きた[20]。そして、こうした反発は、支持したにもかかわらず、約束した条件を履行しない石橋への不満へと繋がった。

これに加えて、石橋には、総裁選を戦った岸信介と石井光次郎を新内閣でどのように処遇するかという大きな問題を解決する必要があった。

そのため、十二月二十日に衆参両院で首班指名選挙が行われ、石橋が第五五代内閣総理大臣に指名されたものの閣僚人事は難航し、親任式が行われたのは三日後の十二月二十三日であった。しかも、親任式に臨んだのは石橋一人であり、他の閣僚は首相が臨時代理もしくは事務取扱を務めるという、極めて異例の状況となった。

当事者たちの思惑

居直る岸信介、ぐずぐずする石井光次郎

岸、石井、石橋の三人で争われた総裁選の基本的な構図は、圧倒的に有利ながら過半数を占められなかった岸と、第一回目の投票では過半数に達することが不可能と分かっていたものの互いに自分が第二位になることを信じて疑わなかった石井と石橋とが二位・三位連合で連携して岸に対抗す

岸信介（右）、石井光次郎両者に協力を求める湛山（一般財団法人石橋湛山記念財団提供）

るというものだった。

そのため、岸としては総裁選には二位・三位連合という奇手により敗れはしたものの自民党のほぼ半分の支持を得ているという強みと自負があった。また、石井も自民党総裁への就任が有力視されていたものの急逝した緒方竹虎の後継者となったことで、総理総裁の座に就くための正当な権利を有していると考えていた。

このとき、石橋は岸と石井の両者の間にあって、難しい選択を迫られることになる。党内のほぼ半数が支持した岸を閣外に追いやることは、新政権が自ら進んで党内野党を作り出すことを意味する。しかし、決選投票で反岸の一点で連携した石井のことを考えれば、対立関係にあった岸の入閣は石橋と石井の関係の崩壊をもたらしかねない。

その一方で、石井を優遇することは二位・三位連合の趣旨に沿うものの、政権の安定にどこまで寄与するか不明である。

大野伴睦の期待

ここで、石橋内閣の閣僚人事を難航させた原因の一つである大野伴睦の対応を確認しよう。「石橋君らの裏切りで、まんまと一ぱい喰わされてしまった」[21]と大野が石橋湛山を批判したのは、石橋が大野に約束したとされる当選後の人事が履行されなかったためである。

大野によれば、「都内某所」で倉石忠雄《くらいしただお》の立会いにより面会した際、石橋は「私は党内のことを全く知らない」と前置きした上で、総裁に当選した際は大野を副総裁として党運営の一切を任せるつもりであり、何人かの閣僚も大野派から起用することを明言し、協力を要請している。そして、大野派からの入閣者は四名とし、水田三喜男を蔵相とすることで石橋の確約を取り付けた大野は、自派の全員が石橋支持の票を入れることに決めている[22]。

第三次吉田茂内閣の頃の自由党では、「四者同盟」と呼ばれる池田勇人、佐藤栄作、保利茂《ほりしげる》、広川弘禅の四人が吉田を支え、党と政権の中で権勢を振るっていた。自由党の中で石橋系であった石田博英や佐々木秀世らは福田篤泰《ふくだとくやす》、鹿野彦吉《かのひこきち》、福永一臣《ふくながかずおみ》ら大野派議員と順慶会を組織して四者同盟に対抗する[23]。こうした経緯を背景に大野派である倉石は総裁選では石橋支持で動いており、石橋派である火曜会が一九五六年夏に正式に発足すると、大野派に在籍したまま参画している[24]。二重派閥が可能であったのは、総裁選によって派閥の効用が広く認識され、統制が厳しくなる以前ならではの現象であった。

石橋が日記に書き留めた内容によれば、大野と面会し、大野が石橋を推す決意を表明したのは、一九五六年九月六日のことであった[25]。その後、両者は十一月十五日に再び倉石の別宅で会談する[26]。大野が副総裁の地位と大野派からの閣僚四名の起用を石橋から確約されたというのは、このときのことである。

ところが、十一月の大野との会談の内容に対する石橋の理解は冷淡なものであった。この日、石橋は午前九時三〇分に東洋経済新報社の創立五六周年記念式に出席した後に通産省に登省し、午後五時からは銀座の料亭花蝶で東洋経済新報社の会合に参加している。[27] この会合を中座して倉石の別宅で大野と会談した石橋は、「彼は私に同調すること明白」と大野が石橋支持で揺るがないことに自信を示すとともに、「たゞし位地等につき相当要求ある様子なれどよい加減にあしらう[28]」と、大野による人事についての要求を真剣に受け止めてはいない様子を示している。

大野にすれば、自派から脱落者を出さないためにも四人の入閣は必須である。また、岸信介からの支援の要請を受けた際、「白さも白し富士の白雪」と白紙であることを強調しながら水面下で石橋を支持していたのであるから、大野にとって自身の副総裁就任も当然の報酬と考えられたことであろう。

しかし、石橋、さらにその背後にあって選挙運動の実務全般を担当した石田博英からすれば、人事問題は大野の支持を得るための一種の駆け引きの材料であった。そのため、副総裁や閣僚の割当てといった要求もその場では了解する様子を見せつつ、実際に履行する意図はなかったものと思われる。

「楽天家」石橋と「浪花節政治家」大野のすれ違い

総裁選後の最優先事項が党内融和のために岸を閣内に迎え入れることである以上、石井派の処遇の重要度は相対的に低くならざるを得ない。しかも岸は、総裁選挙の論功行賞として石井光次郎を副総理とすることに反対しており、石橋に対して「石井君を副総理にするような石橋内閣に私が入閣するわけにはいかない」と告げている。[29]

その一方で、岸は「ポストについてはどことということを要望していない。外務大臣をやれというなら外務大臣をやるし、通産大臣をやれというなら通産大臣をやったでしょう[30]」と、鳩山内閣が発足した際に希望していた蔵相ではなく通産相となった石橋を念頭に置きつつ、入閣に際して特別なこだわりはなかったとする。この発言は、岸が石橋に処遇を一任したというよりは、むしろどのような職をあてがうかによって石橋が自分をどの程度尊重し、協力を得ようとしているかを見極めようとしていたことを示唆する。

なぜなら、河野一郎をはじめとする岸支持派が入閣に反対していたのだから、もし無任所相や、経済企画庁のような序列の低い省庁を担当することになれば、反対派を抑えられないといった理由で岸が入閣を辞退することもあり得たからである。こうした状況も考えれば、石橋が「石井副総理」を断念し、その代わりに岸を副総理兼外務大臣として迎える決断を下したことは、当然の対応であった。

岸の処遇について石橋が岸派の動向に苦悩したであろうことは、後に「戦争中ひじょうに排外主義をとられた方が外務大臣になっているということは、ちょっと奇異な感じがしないでもないですね」という問いに対して、「そう。そういう批判もありますな。が、ともかく岸派というものは無視できなかった[31]」と答えたことからも明らかである。また、昭和天皇も満洲国産業部次長や東條英機内閣の商工大臣であった岸の前歴を重く見て、十二月二十三日夜に閣僚名簿を内奏するために拝謁した石橋[32]に対し、岸を外相として起用することに懸念を示していた[33]。

ただ、石橋が岸を外相に任命したことは、岸派対策のみが理由ではなかった。一九五四年に自由党内で反吉田茂派による保守新党運動が始まると、石橋は岸と協力しながらこの運動を、反吉田勢力を基礎とした保守新党結成運動へと発展させている[34]。新党運動中の石橋にとって岸が最大の盟友であったことは、一九五四年の石橋の日記に残された岸との面談の回数が最側近の石田博英をしのいでいるという点[35]からも明らかであろう。そして、この時期に岸と頻繁に接した結果、石橋は岸の能力を高く評価していたこと[36]も、組閣時の人事に少なからず影響を与えていたものと思われる。

しかも、総裁選では協力を仰いだものの、石橋と大野の仲は決して良好なものではなかった。「こまかい行政技術や経済理論は得意ではない。その意味で官学的知性には欠けている」と自らの欠点を認めつつ、「人間関係を無視し、六法全書と電子計算機で政治を処理しようとしてもできるものではない[37]」と義理や人情を重視する自らの立場の正当性を強調するのが大野である。

これに対し、石橋は第一次吉田内閣の当時は大野と比較的懇意であったものの、鳩山一郎が自由党内に鳩山分派を結成した際、平素は鳩山を「先生、先生」と呼び、鳩山を大恩人として「鳩山の第一の子分」と自称していた大野が、「河野がいるからいやだ」と河野一郎が鳩山の側近として控えていることを理由に参画しなかったことを「実に不都合な言い分」と批判する[38]。

石橋にとってみれば、政界の大恩人である鳩山が新党の組織を決心したにもかかわらず河野の件を口実に参加しなかったことは許しがたいものであり、大野が日頃から口にする義理人情は「ご都合主義の義理人情」に過ぎず、この出来事以来大野のことを快く思っていないのであった。そのため、大野に対して副総裁の座を約束するはずがなく、全ては大野の誤解であるとする。(39)

もちろん、大野も石橋も、それぞれの発言は自らの立場を正当化するという側面を持つことは否めない。それでも、誤解にせよ不信感にせよ、両者の思惑がすれ違ったことは間違いないものだった。

大野の判断を誤らせたもの

ところで、ここで注目したいのが、大野派の有力議員であり第三次鳩山内閣で郵政大臣を務めていた村上勇《むらかみいさむ》である。

大野を副総裁にするという約束をした覚えはなく、全ては大野の誤解であるという石橋は、そのような誤解が生じた原因として、大野が副総裁を希望していることを「村上勇君の意見として聞いたことがあった(40)」と指摘する。

石橋の日記を確認すると、一九五六年中に村上の名前が記されるのは二月三日と七月十日の二回のみである。(41)このうち、七月十日の記事には、電源開発総裁人事をめぐり、村上が農相であった河野一郎らとともに、松永安左エ門を推薦する石橋の案に反対する様子が書き留められている。一方、二月三日の記事の内容は、大野派が拠点を置いていた赤坂の料亭川崎で大野派の側近である神田博の主催した夕食会に参加し、大野のほかに村上や船田中《ふなだなか》などが参集していたというものである。

村上も石橋も、ともに第三次鳩山内閣の一員であり、閣議で定例的に顔を合わせる機会があった。

そのため、日々の細かなやり取りは書き留められず、一九五六年の日記の中で村上の名前が登場するのが、当時の懸案事項の一つであった電源開発人事問題に関する話題のみであったとしても不思議ではないだろう。また、二月三日といえば一月二十八日に緒方竹虎が逝去してから六日後のことで、三木武吉が健在であり、次期総裁として岸が最も有力であると考えられていた時期である。宴席での座興として村上との間で「石橋先生が総裁となったあかつきには大野先生をぜひ副総裁に」といったやり取りがあったかもしれない。

いつ行われるとも、石橋が立候補するとも分からない総裁選での結果を仮定した話があったとして、そのようなやり取りを根拠として副総裁の座が確約されたと信じるなら、大野は相当のお人よしということになるだろう。また、十一月十五日の会見の中で大野から自身や自派の人事について相応の処遇を求められたものの、「相当要求ある様子なれどよい加減にあしらう」とした石橋の記述とも矛盾する。

日記の記述が石橋の行動の全てを正確に記録しているわけではない。特に一九五六年については十二月十三日を最後に年内の記事が残されていないことは、この時期の石橋の多忙さとともに、記録に留め、後世の人々の目に触れる可能性を徹底して排除することが求められる、機密性の高いやり取りが総裁選の直前と直後に頻出したことを推察させる。それだけに、村上が大野の意向を頻繁に伝えたものの、村上の名前が記録されたのは二月三日と七月十日のみであったと考えることも出来るだろう。

ただ、村上については、「大野派三羽烏」と称されながら「大野派茶坊主ナンバーワン(42)」でもあるという評価がある。すなわち、大野が立候補した一九六〇年の総裁選で、退陣する岸の支持を取り付ける工作を行った村上は、「大野を支持する」という岸の言葉を大野に伝えている。しかし、実際には岸は一九五六年の総裁選で大野が石橋を支持したことの意趣返しをする形で、池田を支持する。村上がもたらした実情と異なる情報を信じた大野は、総裁選が進むにつれて形成が不利なことを悟り、最終的に出馬を辞退する。そして、岸の本心を確認できなかった村上は、総裁選の後、しばらく大野の信用を失うことになる。(43)

こうした後年の様子を考えるなら、大野の意向を受けた村上が石橋に「大野副総裁」を打診し、石橋が確答を避けたにもかかわらず、「大野派茶坊主ナンバーワン」の村上が大野に「石橋は約束した」と報告した可能性も否定できない。

「浪花節政治家」の限界

副総裁人事をめぐる大野と石橋との意見の相違は、結果的に副総裁が空席となったことで解決する。しかし、大野の詰めの甘さは、後に岸信介の後継者選びの際に再び問題となる。

日米安保改定問題を進めるため、岸は主流派である大野が副総裁を辞任して反主流派に転じることを防ぐ目的で、政権を禅譲する意向を示して繋ぎ止めを図る。一九五九年一月五日、大野と自民党総務会長であった河野一郎とが岸の熱海の別荘に招かれ、岸から日米安保条約の改定を実現した後に政権を譲ると約束される。(44)そして、一月十六日に帝国ホテルの光琳の間に岸、佐藤栄作、大野、河野、北海道炭礦汽船社長の萩原吉太郎《はぎわらきちたろう》、大映社長の永田雅一《ながたまさいち》、児玉誉士夫《こだまよしお》の七人が集まり、「岸辞任後の総裁は、大野、河野、佐藤の順でいく」という証文を交わし、岸派、佐藤派、大野派、河野派の主流四派体制の維持と政権移譲の順番が確認される。[45]

だが、実際には岸は政権の延命のため大野だけでなく池田勇人や石井光次郎にも同様の約束を行っていた。[46] そして、日米安保条約の改定と発効が終わった後に退陣した岸の後継者を争った一九六〇年の総裁選で岸は証文の内容を無視する形で池田を支持する。大野は後に「自分は政党政治家として失敗したのは、岸に後継者としての証文を書かれ（中略）その気になったことである」[47]と、岸の証文を信じたことを後悔している。

岸の約束を相手にしなかった石井[48]と比べれば、大野の対応の甘さが分かるだろう。こうしたある種の人のよさは、「涙のない政治は考えられない[49]」と強調した大野の特徴をよく表すとともに、権力の座を徹底して追求するという迫力に欠ける「浪花節政治家」の限界でもあった。

新内閣の人事権を握った石田博英

石橋は、副総裁の座を希望した大野伴睦を退け、石井光次郎の入閣も実現しなかった。閣僚の人事は最終的に首班である石橋が決定したとはいえ、実際には、総裁選と同様に石橋の最側近である石田博英が、三木武夫、池田勇人とともに「新主流派」として人事権を握っていた。[50]

総裁選から六日後の十二月二十日には大野、松村謙三、林譲治、池田、石田、川島正次郎《かわしましょうじろう》、永野《なが》護《のまもる》、すなわち大野派（大野）、松村・三木派（松村）、吉田派（林）、石井派（池田）、石橋派（石田）、岸派（川島、永野）の各派の代表者が出席して、党役員の人事を決定している。[51] 翌日には石橋が首相官邸に入り、石田を官房長官に任命して組閣を開始したものの、すでに見たように池田の蔵相への起用に対する大野派の反対、岸、石井、大野の処遇、さらに参議院からの入閣者の三名の人選などが重なり、選考は難航する。吉田茂から「シタガワヌモノハキッテステロ、ヒヲムナシクスルト、シンヲコクミンニウシナウゾ」と人選が難航することで新内閣が国民の信頼を失うことを警告する電報が届いたことなどは、当時の困難を極めた状況を伝えている。[52]

ここで参議院が問題となったのは、参院側が野村吉三郎を防衛庁長官に推薦してきたためである。松野鶴平が参議院議長に転じた後に自民党の参議院議員会長となっていた野村は、元海軍大将で日米開戦時の駐米大使としても知られる人物であった。野村の入閣が有力視されていたことは、[53]参議院議員会長の立場からしても当然だった。

しかし、戦後は軍籍になく、選挙により参議院議員になっていたとはいえ、防衛庁長官に元海軍軍人を起用することは、国務大臣は文民に限るとした憲法第六六条の規定に抵触することが懸念された。内閣法制局は、野村はすでに軍人ではなく参議院議員であり一市民であるから、憲法の規定に反することはないという意見を支持していたものの、日本社会党や学界の一部が野村の起用に反発することは明らかであった。[54]そのため、石田は、野村の防衛庁長官就任は石橋内閣の性格からしてもふさわしくないと強硬に反対している。[55]

最終的に石田などの意見が通る形で野村の入閣は見送られ、内閣発足時には石橋が防衛庁長官事務取扱となり、一九五七年一月三十一日に岸が防衛庁長官を兼務した後、二月二日に参院枠として小瀧彬《こだきあきら》が専任の防衛庁長官に就任する。

このように石田が石橋から受任する形で内閣の人事権を握り、石田の主導により人選が進んだことは、石田が回想する次のような逸話からも窺われる。[56]

組閣中のある日、ふと総理執務室に入って行くと、石橋先生はデスクに向かって何か書いている。見ると、何と閣僚名簿ではないか。こちらが困り抜いているのに、と不平を言うと、「きみらの苦労はわかっている。けれど、自分がいいと思う内閣を自由に作れたら、というのを残しておきたかったのだよ」

と言われる。いかにも石橋先生らしいと感じ入ったものである。

このやり取りからは、石橋が人事に関する実務を石田たちに任せていること、各派の利害を調整しつつ均衡を保ち、しかも新内閣にとって最適な人選を行うことが政治上の駆け引きを得意としなかった石橋にとって大きな負担であったことが分かる。残念ながら石橋の書いた閣僚名簿は現在まで発見されていない。しかし、様々な駆け引きを経て発足することになる内閣が、石橋の思い描いていた理想の姿とは異なっていたことも明らかである。

ただし、石橋が十二月二十一日に「池田君だけは断固、蔵相になってもらう。自分のところの石田君や大久保（留次郎）君を引っ込めてもいい。あとは各派でご自由に[57]」と池田の蔵相就任に強い意志を示し、各派の譲歩を引き出したことは、組閣人事の中で主体的な行動をとらないからこそ、重要な局面で石橋が新首相としての権威を有効に活用し得たことを示している。石橋は石田や三木らとの役割の分担を効果的に行ったのであった。

戦後三例目の「たった一人の親任式」

石橋内閣の人事のもう一つの障壁は、岸派の動向だった。岸は自派から八名の入閣を要求するだけでなく、[58]三木の幹事長への起用に強硬に反対する。

岸が反発したのは、三木が党内の新たな主流派となった石田と池田とともに勢力を拡大することを警戒したためであった。しかし、第二章でも見たように、岸は三木が保守合同に反対したことを批判するとともに、性格や思想が合わないことを公言しており、こうした感情的な側面が、三木が幹事長として権力を手にすることへの反発として表面化したの[59]であった。

それでも、総裁選で生じた自民党内の勢力分布の変化は看過できず、岸は新主流派を牽制する目的も含めて、八名の入閣や三木幹事長への反対といった条件を提示することで石橋陣営の譲歩を引き出そうとしたのであり、大野の強硬な態度の目的も同じだった。

これに対し、難航する人事に「保守合同後、公選の選挙でできた内閣が、閣員も揃えられないというのじゃなさけない[60]」と遺憾の意を示していた石橋は、十二月二十日に首班指名を受けたにもかかわらず新内閣が発足せず、政治的な空白が生じることを懸念した。

十二月二十三日午前に皇居での親任式に臨み、未定の各閣僚の認証式と切り離して石橋のみが首相の任命を受けた。一九四七年五月三日の日本国憲法施行後では、同年五月二十四日に任命式を行った日本社会党、進歩党、国民協同党の三派連立による片山哲内閣と一九四八年十月に任命式を行った第一次吉田内閣に続き、新憲法下では三例目の出来事であった[61]。

石橋が未決定の閣僚を兼務してまで任命式を実施したのは、岸派の協力が得られない場合でも組閣を断行する意志を示すためであった[62]。このような石橋の態度を目の当たりにし、このまま閣僚人事に反対し続けることは「派閥意識のあまりのすさまじさ[63]」「最後までゴテた岸(派)[64]」(括弧内著者)という批判を自ら証明することになり、世論の理解を得られないと判断した岸派は、妥協せざるを得なくなる。

こうして、岸の蔵相就任や、四名とされた岸派からの閣僚の人数を五名とすることを求めた岸派、河野派、大野派の最後の抵抗[65]も終息する。参議院からの入閣予定者三名が就任する郵政大臣、防衛庁長官、北海道開発庁長官を石橋が兼任し、それ以外の一四名の閣僚を決定した。そして、同日の午後八時二〇分に皇居で各閣僚の認証式が行われ、石橋内閣が成立した[66]。

石橋内閣の理想と現実

焦点であった蔵相には、石橋が当初から構想していた池田勇人の就任が実現し、岸が副総理格として外相となったものの、石井光次郎は最終的に入閣しなかった。これは、石井の副総理への起用を最後まで拒み続けた岸の意見が通ったことを意味した。

新たに発足した石橋内閣の閣僚と、十二月二十二日に池田の蔵相就任が内定したことを受けて組閣工作が中断した際の組閣本部による閣僚案は次の通りであった[67](表3－1、表3－2)。

実際の石橋内閣と組閣本部による閣僚案について、首相の石橋湛山を含めて所属する派閥の内訳を比較すると、各派の構成は次の通りとなる。

表3－3と表3－4（一五三頁）を見比べると、組閣本部による閣僚案では一八閣僚中主流三派が八名、反主流派三派が九名となっており、参議院松野系を中間派とすれば主流派と反主流派の勢力が均衡していることが分かる。

これに対し、実際に発足した新内閣では一八閣僚のうち、確定したのは一四名であり、石橋自身

表3－1　石橋内閣の顔触れ

内閣総理大臣	石橋湛山（石橋派）
法務大臣	中村梅吉（岸派）
外務大臣	岸信介（岸派）
大蔵大臣	池田勇人（池田派）
文部大臣	灘尾弘吉（石井派）
厚生大臣	神田博（大野派）
農林大臣	井出一太郎（松村・三木派）
通商産業大臣	水田三喜男（大野派）
運輸大臣	宮沢胤勇（岸派）
郵政大臣	石橋湛山（兼任・参議院枠）
労働大臣 首都圏整備委員会委員長	松浦周太郎（松村・三木派）
建設大臣	南條徳男（岸派）
国務大臣 国家公安委員会委員長、行政管理庁長官	大久保留次郎（石橋派）
国務大臣 北海道開発庁長官	石橋湛山（兼任・参議院枠）
国務大臣 自治庁長官	田中伊三次（石井派）
国務大臣 防衛庁長官	石橋湛山（兼任・参議院枠）
国務大臣 経済企画庁長官、科学技術庁長官、原子力委員長	宇田耕一（松村・三木派）
内閣官房長官	石田博英（石橋派）
法制局長官	林修三（法制局）

を加えると主流三派が七名、反主流派が八名となっている。この時点で未定の三閣僚の全てを主流派が占めない限り主流派は閣内で多数派とならないことから、閣僚案の段階と比べて両派の均衡が崩れ、主流派にとっては不利な状況が生まれたことになる。こうした点にも、主流派と反主流派の間の閣僚人事をめぐる駆け引きが影響を与えていたことが分かる。

さらに、組織本部による閣僚人事案の中で注目すべきは、やはり石井光次郎の扱いであろう。

表3－2　石橋内閣閣僚案

内閣総理大臣	石橋湛山（石橋派）
外務大臣	岸信介（岸派）
法務大臣	田中伊三次（石井派）
大蔵大臣	池田勇人（池田派）
文部大臣	中村梅吉（岸派）
厚生大臣	神田博（大野派）
農林大臣	石井光次郎（石井派）
通商産業大臣	水田三喜男（大野派）
運輸大臣	南條徳男（岸派）
郵政大臣	平井太郎（参議院松野系）
労働大臣	堀木鎌三（参議院岸派）
建設大臣	井出一太郎（松村・三木派）
国務大臣 国家公安委員会委員長	大久保留次郎（石橋派）
国務大臣 北海道開発庁長官	川村松助（参議院石橋派）
国務大臣 自治庁長官	松浦周太郎（松村・三木派）
国務大臣 防衛庁長官	宮沢胤勇（岸派）
国務大臣 経済企画庁長官	宇田耕一（松村・三木派）
官房長官	石田博英（石橋派）

（出典：「閣僚の予想顔ぶれ」『読売新聞』1956年12月21日夕刊一面）

二位・三位連合の合意を取り交わした際には「副になった者に希望のポストを与える約束」であったとする石井は、当初副総理兼外相での入閣を希望する。[68] しかし、その後は各派による閣僚の座をめぐる争いが激しさを増し、石井に提供される地位は通産相、文相、[69] 無任所相[70]と、日を追うごとに変わる。

表3－3　石橋湛山内閣の派閥構成の内訳

派閥	閣僚数（人）	備考
石橋派	3	主流派
松村・三木派	3	主流派
池田派	1	主流派
岸　派	4	反主流派
大野派	2	反主流派
石井派	2	反主流派
参議院枠	3	内閣発足時は石橋湛山が兼務
合計	18	

表3－4　組閣本部による閣僚案

派閥	閣僚数（人）	備考
石橋派	4	主流派、参議院枠1を含む
松村・三木派	3	主流派
池田派	1	主流派
岸　派	4	反主流派、参議院枠1を含む
大野派	2	反主流派
石井派	2	反主流派
参議院松野系	1	参議院枠
合計	17	

最初に希望した外相や、岸を入閣させるために就任を承諾した通産相ではなく、希望していなかった文相の座が本人の意向を確認せず打診される様子を考えれば、石井が「なにごとだ」[71]と憤慨するのも無理からぬところであろう。その一方で、流感に罹患したために三九度近くの熱を出して自宅で療養していたとはいえ、見舞いに訪れた石橋が要望した文相への就任の依頼を断り、「今度の内閣にははいりたくない。いまは頭痛がして認証式なんかに出る体じゃない」と入閣そのものも辞退した石井

の姿[72]は、あくまで副総理の座を要求し、最重要閣僚での入閣を希望した岸の貪欲とも言える態度とは対照的である。

人事に関する限り、石田、三木、池田という石橋政権下での新主流派は、岸派の取り込みに成功する一方で、大野と石井を無役とすることで反主流派へと追いやっている。総裁選で協力を得た両派ではなく岸派を優遇したのは、最後まで政権と党の運営の主導権を得ようと揺さぶりをかけた大野や希望していない大臣にはならないという姿勢を示した石井の「わがまま[73]」がもたらした結末であった。

政権の安定という目的のためには岸と連携し、大野や石井が自分たちの要望が採用されず、相手にされなかったと不満を抱くことになった人事は、人事権を掌握していた石田や三木らの「理想主義者じゃなくて、マキャベリスト[74]」という一面を象徴的に描き出している。

ただし、どれほど石田が心労で口内炎を患い、歯が抜け落ちてしまうほどの苦労を重ねたとしても[75]、最終的に人事案を承認したのが石橋湛山本人であることに違いはない。その意味で、石橋が石田らの傀儡《かいらい》であったという立場を取らない限り、少なくとも石橋自身もマキャベリスト的人事を受け入れるだけの意思はあったことになるだろう。

マキャベリスト的人事の背景

それでは、なぜ石田たちや石橋はこうした人事を行ったのだろうか。

本来、優遇されるべきなのは総裁選挙で協力した石井派と大野派であり、対立した岸派は冷遇されても不思議ではない。岸が石橋に対して論功行賞人事を行う内閣には入らないと発言したのも、[76]人事面で岸派が抑え込まれることを牽制するためであった。

そして、総裁選に勝利したにもかかわらず思い通りの人事を行えず、各派閥の意向を考慮しなければならなかったこと、あるいは選考の過程で選挙中の対立の構図を変えてまで岸派を迎え入れなければならなかった理由が党内の約半分が岸を支持したという点にあるのも明らかであった。

さらに親任式後に石橋から閣僚の顔触れの内奏を受けた昭和天皇が、岸を外相とすることに対して「彼は先般の戦争に於て責任がある」と強い懸念を示したにもかかわらず、石橋が「百方辞を尽して」天皇の了解を求めたのも、[77]岸が閣外に留まれば新政権の運営がままならなくなることが予想されたからである。

苦心して実現した保守合同を当事者の一人であった岸が破綻させるのは考えにくいとはいえ、石井が副総理になった場合は分党も辞さない構えを見せたことは、[78]反主流派が岸を擁して自民党から離党する事態を示唆するものであった。この場合、政権の維持そのものが不可能になる。

こうした背景があったからこそ、石田らは政権の枠組みの安定を最優先して岸派を取り込む一方で石井派と大野派の処遇に冷淡な措置を取ったのである。

それとともに、組閣をめぐる人事の難航が政権の基盤の弱さ、ひいては自民党内における石橋派の勢力の小ささにあることも疑い得ないものだった。何より総選挙による国民の審判を受けていない石橋内閣は、正統性そのものが問われかねなかった。従って、石田や三木が早期に解散総選挙を行って石橋内閣に対する有権者の支持に基づく正統性を獲得し、国民の声を背景により主体的な政権運営を目指すであろうことは、[79]誰の目にも明らかであった。新政権の発足の翌日に一九五七年春の総選挙の可能性が指摘されたことも、[80]このような見方が広く持たれていたことを示している。

だが、石橋陣営は組閣人事の経験から早期の解散総選挙を目指すようになったのではなく、当初から新年度予算の成立後の総選挙を目指していたと考えるなら、強引とも言える人事が行われた理由も分かるだろう。

内閣の発足から四か月程度で総選挙を行って勝利し、国民の信任を得たという大義名分の下に内閣発足時には冷遇した石井派や大野派の要望を反映した内閣改造や党人事を行うとすればどうなるか。組閣時に石井派と大野派の意に染まない人事を行うという借りを作るとしても、総選挙後に両派の意向を汲んで内閣を改造すれば、その借りを返すことができる。

残念ながら、現在のところ石橋や石田などの関係者の手記や書簡、あるいは回想録などの中に右のような可能性に言及した資料は見出せない。そのため、こうした考えは推測の域を出ないものである。

ただし、石橋から入閣の要請を受けた際、岸との交渉の様子を教えられた石井の反応は興味深い。「ある時期を置いて石井君が副総理になることも、異議はない」という岸の見解を聞いた石井は、石橋に対して新内閣発足から「二、三か月たってから、海外旅行でもするときに、留守中の総裁代理ということにしてくれれば、自然と恰好もつくだろう」と応じている。[81]

このやり取りからは、岸が内閣発足時に石井を副総理とすることに難色を示しているものの、一定の時間が経った後であれば問題ないという意向を示していたことと、石井も口実を設けて総裁代理などに指名されるのであれば当面は一大臣としての入閣に同意する心積もりがあったことが分かる。

また、岸が石橋から政権を引き継いだ際に石井は無任所相として入閣し、副総理となっている。これは、政権の交代を機に時期を置けば石井の副総理就任には反対しないという岸の発言が実現したことを意味する。それだけに、予算成立後の早期の解散総選挙を前提としたマキャベリスト的人事の強行という推論も否定できないと言えよう。

しかし、早期の解散総選挙による政権の基盤の強化という計画は、石橋が病を得たことで頓挫する。第四章で見るように、新首相への人気の高さを受け、さらなる支持者の獲得を目指して行った全国遊説が石橋内閣の命脈を断ち、石橋首相の下での総選挙という主流派の企図も実現することはなかったのである。

注

(1)「石橋新総裁事実上の組閣工作へ」『朝日新聞』一九五六年十二月十五日朝刊一面。
(2)「歴史的な難産組閣」『読売新聞』一九五六年十二月二十三日朝刊一面。
(3) 竹内桂『三木武夫と戦後政治』吉田書店、二〇二三年、二五五頁。
(4) 増田弘『石橋湛山——思想は人間活動の根本・動力なり』ミネルヴァ書房、二〇一七年、二九三頁。
(5)「『難産内閣』の舞台裏」『朝日新聞』一九五六年十二月二十四日朝刊三面。
(6) 石井光次郎『回想八十八年』カルチャー出版社、一九七六年、四〇七〜四一一頁。
(7) 宮崎吉政「新聞記者が接した政治家石橋湛山の実像」『石橋湛山研究』第三号、二〇二〇年、一八〇頁。

(8)御厨貴監修・聞き手、伊藤隆・飯尾潤・聞き手『渡邉恒雄回顧録』中公文庫、二〇〇七年、一五八～一五九頁。
(9)「参院側は大いに不満」『朝日新聞』一九五六年十二月二十四日朝刊三面。
(10)「吉田・佐藤氏に入党を要請」『朝日新聞』一九五六年十二月十五日朝刊一面。
(11)北岡伸一『自民党――政権党の38年』中公文庫、二〇〇八年、六八～七一頁。
(12)同右、七四頁。
(13)前掲『石橋湛山――思想は人間活動の根本・動力なり』、二三二頁。
(14)小宮京「第五次吉田茂内閣期の政治過程」『桃山法学』第一八号、二〇一一年、七頁。
(15)「自由民主党の人脈」『読売新聞』一九五五年十一月十八日朝刊二面。
(16)石田博英『私の政界昭和史』東洋経済新報社、一九八六年、九一頁。
(17)前掲「吉田・佐藤氏に入党を要請」。
(18)前掲『井出一太郎回顧録――保守リベラル政治家の歩み』、一五五頁。
(19)松山幸雄「石橋湛山とケネディ――歴史から何を学ぶか」『自由思想』第一五八号、二〇二〇年、四頁。
(20)同右。
(21)大野伴睦『大野伴睦回想録』中公文庫、二〇二一年、一三七頁。
(22)同右、一三六頁。
(23)中島政希「石橋派の変遷」『自由思想』第一五三号、二〇一九年、六〇頁。
(24)同右、六六～六七頁。
(25)石橋湛一・伊藤隆編『石橋湛山日記』下巻、みすず書房、二〇〇一年、八一七頁。
(26)同右、八三二頁。
(27)同右。

(28) 同右。
(29) 原彬久編『岸信介証言録』中公文庫、二〇一四年、一四一頁。
(30) 同右、一三九〜一四〇頁。
(31) 石橋湛山『湛山座談』岩波同時代ライブラリー、一九九四年、一四四頁。
(32) 宮内庁編『昭和天皇実録』第一二巻、東京書籍、二〇一七年、二六九頁。
(33) 石橋湛山「岸信介首相への私書」『自由思想』第一四一号、二〇一六年、四八〜五一頁。
(34) 前掲『石橋湛山——思想は人間活動の根本・動力なり』、二六四頁。
(35) 前掲「石橋派の変遷」『自由思想』第一五三号、六三頁。
(36) 同右、六四頁。
(37) 前掲『大野伴睦回想録』、一四五頁。
(38) 前掲『湛山座談』、一六八〜一六九頁。
(39) 同右、一六九頁。
(40) 同右、一六八頁。
(41) 前掲『石橋湛山日記』下巻、七七四、八〇四頁。
(42) 前掲『渡邉恒雄回顧録』、二一七〜二一八頁。
(43) 同右、二一八頁。
(44) 前掲『大野伴睦回想録』、一四七頁。
(45) 前掲『渡邉恒雄回顧録』、一八三〜一八五頁。
(46) 前掲『大野伴睦回想録』、一四九頁。
(47) 岩野美代治、竹内桂編『三木武夫秘書備忘録』吉田書店、二〇二〇年、三六二〜三六三頁。
(48) 竹内桂『三木武夫と戦後政治』、二七七頁。

(49) 前掲『大野伴睦回想録』、二五四頁。
(50) 「石橋内閣の性格」『朝日新聞』一九五六年十二月二十四日朝刊一面。
(51) 前掲『私の政界昭和史』、九三〜九四頁。
(52) 同右、九一頁。
(53) 「閣僚の予想顔ぶれ」『読売新聞』一九五六年十二月二十一日夕刊一面。
(54) 「三閣僚(参院出身)きょう首相裁断」『読売新聞』一九五六年十二月二十七日朝刊一面。
(55) 前掲『私の政界昭和史』、九四頁。
(56) 同右、九五頁。
(57) 同右、九四頁。
(58) 前掲『石橋湛山――思想は人間活動の根本・動力なり』、二九三〜二九四頁。
(59) 前掲『岸信介証言録』、一四二〜一四三頁。
(60) 前掲『私の政界昭和史』、九四頁。
(61) 「切離し任命式は戦後三回目」『読売新聞』一九五六年十二月二十三日朝刊一面。
(62) 前掲『石橋湛山――思想は人間活動の根本・動力なり』、二九四頁。
(63) 「スゴい派閥争い、酷評しきり」『読売新聞』一九五六年十二月二十三日朝刊一面。
(64) 「石橋内閣の性格」『朝日新聞』一九五六年十二月二十四日朝刊一面。
(65) 「「石橋内閣」また持越し」『読売新聞』一九五六年十二月二十三日朝刊一面。
(66) 「石橋内閣成立す」『朝日新聞』一九五六年十二月二十四日朝刊一面。
(67) 「閣僚名簿、組閣本部案」『読売新聞』一九五六年十二月二十三日朝刊一面。
(68) 前掲『回想八十八年』、四〇七頁。
(69) 同右、四〇七〜四〇九頁。

(70)「組閣、漸くすべり出す」『読売新聞』一九五六年十二月二十一日夕刊一面。
(71) 前掲『回想八十八年』、四〇九頁。
(72) 同右、四一〇頁。
(73) 渡邉恒雄「官僚政治を変革できた石橋リベラル路線」『自由思想』第一五〇号記念別冊特集、二〇一八年、一〇八頁。
(74) 同右。
(75) 芳賀綏「自主独往、信念強固だが、現実へは弾力思考」『自由思想』第一五〇号記念号別冊、二〇一八年、一六五頁。
(76) 前掲『岸信介証言録』、一四〇頁。
(77) 前掲「岸信介首相への私書」『自由思想』第一四一号、四八〜五一頁。
(78) 原彬久『戦後日本と国際政治――安保改定の政治力学』中央公論社、一九八八年、一〇四頁。
(79) 前掲『私の政界昭和史』、九五頁。
(80)「派閥性むしろ強まる」『読売新聞』一九五六年十二月二十四日朝刊一面。
(81) 前掲『回想八十八年』、四〇七〜四〇八頁。

第四章　「私の政治的良心に従います」

――65日間の内閣

「石橋書簡」を読み上げる石田博英官房長官（朝日新聞社／ゲッティイメージズ提供）

「石橋書簡」と医師団の苦悩

好意的に受け止められた「石橋書簡」

「私は新内閣の首相として、もっとも重要なる予算審議に一日も出席できないことがあきらかになりました以上は首相としての進退を決すべきだと考えました。私の政治的良心に従います」[1]

一九五七（昭和三十二）年二月二十三日の深夜一時二〇分、官房長官の石田博英が一通の書簡を発表した。

宛先は内閣総理大臣臨時代理で外務大臣の岸信介と自由民主党幹事長の三木武夫であり、差出人は内閣総理大臣の石橋湛山であった。

石橋の辞意表明を受けた報道各社の反応は、「まことに淡々として、一身の感情や利害を棄てて、政治の停滞を避けようという行動」[2]「せっかく待望の地位をえながら、その志を果せなかった気持ちは、まったく同情にたえない」[3]「石橋書簡は保守党再建の捨石となるために、正しいと思って身を引くのだという情熱に満ちあふれていた」[4]と、おおむね好意的だった。

退陣の翌年、石橋は日本経済新聞社の連載「私の履歴書」に寄稿し、「石橋書簡」が世に出される経緯を回想した。[5]

そもそもの発端は、首相就任の約一か月後である一九五七年一月二十五日に風邪をひいて寝込んだことであった。石橋は、回復までの期間が長引くという医師団の診断を受け、首相の座から退くことを決意する。

この間、石橋は二月十六日に三木と官房長官の石田博英を呼び寄せ、病気が長引く際には自らの所信を記した書簡を自民党員に送りたいと考えていること、ついては書簡の草稿を作成してもらいたい旨を伝えた。

三木と石田が作成したと思われる草稿は二月二十二日に首相秘書官の川上大典《かわかみだいすけ》が石橋の病床で読み上げた。文言を確認した石橋は文章に加筆して内容を整え、川上に清書を命じた。しかし、川上は就任から二か月で退陣を決意した石橋の心情を察して書く気になれず、秘書の中島昌彦が清書した。

石橋が退陣を公表した書簡が作成されるまでの状況を本人の記憶に基づいてまとめると、右の通りとなる。

確かに、一連の出来事をまとめると、現在でも政治学の教科書に取り上げられることもある「石橋書簡」(6)は、整然と世に送り出されたかのようである。

だが、果たして実際はどうだったのだろうか。当時の報道や石橋の回想が示すように、全てはつつがなく行われたのだろうか。

誰が「石橋書簡」を書いたのか

石橋湛山の回想を関係者の証言や現在の研究の成果と照らし合わせると、「石橋書簡」に関して石橋の書き残した内容の省略や記述の曖昧さが認められる。

例えば、石橋は当時を振り返り、一九五七年二月十六日に三木と石田と相談し、書簡の草稿の作成を依頼したとする。だが、事態を三木や石田の側から眺めると、別の側面が見えてくる。

まず、石橋、三木、石田は、精密検査後に医師団が下す最終的な診断を踏まえ、政権の続投か総辞職かを決めることで意見が一致した(7)。

また、二月二十日には三木と石田が石橋の主治医である村山富治《むらやまとみじ》が協議し、二月二十二日の午後五時から精密検査を行うことを決めた(8)。さらに、精密検査に先立ち、石橋、三木、石田は、医師団の診断が一か月以内の静養である場合、総辞職はしないことを確認している(9)。

このように石橋の周辺は、精密検査の結果に望みを託す形で、政権の維持を目指していたことが分かる。一方で最悪の事態も視野に入れ、石橋は三木と相談し、総辞職の場合には石橋が岸と三木に対して書簡を発表することを決めるとともに、三木が文案の作成を担当することとなった(10)。この書簡が後の「石橋書簡」となる。

書簡の文案の作成は三木が行うことになったものの、三木が独力で執筆したのではなかった。実際には戦前は外務省の革新派官僚であり、三木の助言者でもあった平澤和重《ひらさわかずしげ》が原文を作成し、平澤案に三木が加筆修正を行った可能性が指摘されている(11)。

平澤は、三木の夫人である三木睦子《むつこ》が「三木武夫にとって学生時代からの親友といえる友が三人いた。松本瀧蔵《まつもとたきぞう》、平澤和重、福島慎太郎《ふくしましんたろう》のお三方である(12)」と評した人物で、演説や論文の草案を作成するなど、三木にとって重要な役割を果たしている。[13] そのような平澤だからこそ、三木も草稿の執筆を任せることができたと考えられる。

一部には、石橋が側近の一人で東洋経済新報社代表取締役会長であった宮川三郎に口述したとする報道がある。[14] これは、関係者の証言に基づけば訛伝《かでん》であると考えられるものの、入院加療により進退が取り沙汰されていた石橋が深夜に退陣を声明したことで報道関係者の間で情報が錯綜したことを物語る。それとともに、石橋を筆頭に、三木や石田、さらに岸など政権や党の幹部が石橋内閣の総辞職という重大な情報を「石橋書簡」の公表の直前まで秘匿《ひとく》できたことを示唆していると言えよう。

石田博英と三木武夫の思惑の違い

石橋湛山の命を受けた三木武夫が平澤和重に起草を任せた「石橋書簡」ではあるものの、医師団による精密検査が行われ、診断を得るまでは政権の続投も可能性のある選択肢だった。

特に、石橋の最側近であり、前年の自民党総裁選挙で重要な働きを見せ、劇的とも言うべき七票差での当選に大きく貢献した石田博英にとっては、たとえ石橋の意向であるとしても、総辞職は避けたいというのが本心であった。

そのため、三木が書簡の草案を見せたとき、石田は精密検査の結果が良い場合があると石橋の回復に期待する様子を見せた。これに対し、三木は石田の態度に未練があるとし、書簡の案を早く読むように促している。このときの二人のやり取りは、石田の回想によれば次のようなものであった。[15]

「おい、これが総理と相談してつくって来た書簡だ。岸首相代理とわし宛になっている。総辞職と決まったときに君がこれを発表するのだ」

なるほど書簡か、と私も心の中で手をうった。だが覚悟をし、自分も演出を考えていたのであるが、相棒の三木幹事長にこう切り出されてみると、

「だめかなあ、二十二日の診断がうまく出る場合だってあるぜ」

と、つい本音が口をついて出た。

「未練だ、それより早く読め」

三木幹事長は決然としていた。私も多少手を入れたが、この原稿用紙の束こそ例の石橋書簡である。

細部には潤色や脚色があるにしても、二人の会話から浮かび上がるのは、石橋の再起に一縷《いちる》の望みを託す石田と、石橋内閣の総辞職が不可避であると考えた三木という構図である。

両者の態度は、一方が石橋の腹心であり、政権の要となる官房長官を務め、他方が総裁の下で党務を差配する幹事長ではあるものの、石橋と同様、一派を率いる政治家であるという立場の違いによるものであろう。

石田が戦略と実務の面で総裁選に貢献したように、三木も資金面で石橋の当選に尽力した。その意味で石田にとっても三木にしても、石橋政権の継続は何にも増して好ましい。しかし、後に見る

ように、当時の自民党内の状況を考えれば、精密検査の結果に期待を寄せる石田に対し、三木があたかも一喝するかのような態度を取ったことも無理からぬところだった。

そして、石橋の進退を決める二月二十二日が訪れる。

精密検査を行った医師団の顔触れ

二月二十二日の精密検査を担当した医師団の顔触れは、石橋の主治医であった村山富治と佐々《さっさ》廉《れん》平《ぺい》に沖中重雄《おきなかしげお》と橋本寛敏《はしもとひろとし》を加えた四人である。

ここで、医師団の四人の来歴を確認しよう。

医師団の筆頭である村山は、一九一三（大正二）年に岡山医学専門学校に入学し、(16)卒業後は杏雲《きょううん》堂《どう》病院を経てコロンビア大学とペンシルバニア大学に学んだ内科医である。(17)一九三二（昭和七）年から六五年まで東洋経済新報社の嘱託医を務めるとともに、(18)西園寺公望《さいおんじきんもち》の秘書であった原田熊雄《はらだくまお》の家庭医を一九二二（大正十二）年から四六（昭和二十一）年まで担当し、当時は日本橋本石町で村山医院を開業していた。この他、徳冨蘆花《とくとみろか》が逝去する直前の四か月半にわたり治療に尽くすなど、(19)有能な医師であった。

戦前の日本の腎臓学の進歩に最も貢献した臨床医である佐々廉平(20)は、岡山県の山間部の温泉町である湯郷《ゆのごう》から身を起こして十八歳で医術開業試験に合格するとともに、第一高等学校から東京帝国大学へと進み、内科教室に入って内科医の道に進んでいる。

約二年半にわたりミュンヘンとウィーンで当時の最先端の治療医学を学んだ佐々は一九一四（大

正三）年に杏雲堂病院が新設した心腎新陳代謝科の科長となり、一九三八（昭和十三）年には院長に就任する。佐々にとって、村山は杏雲堂病院心腎新陳代謝科の部下であり、徳冨蘆花の治療にも村山らを従え、医師団の一人として臨んでいる。[21]

冲中重雄は一九二八年に東京帝国大学医学部で内科学と自律神経の研究を行い、一九四六年に四十四歳という異例の若さで医学部教授に就任している。この頃から神経内科の独立を進め、現在の日本神経学会の設立に貢献した。[22]

東京大学を定年退官した後は虎の門病院院長、冲中記念成人病研究所理事長、宮内庁内廷医事参与などを歴任し、一九七〇年に文化勲章、一九七五年に勲一等瑞宝章を受章した。また、第一回アジア大洋州神経学会会長（一九六二年）、第一二回世界神経学会名誉会長（一九八一年）など多くの学会を主宰し、戦後の日本の医学界の発展に寄与している。

橋本寛敏は東京帝国大学医学部を卒業した後、一九二一（大正十）年から二年間北海道の市立札幌病院で医長を務め、一九二三年にロックフェラー財団研究員として米国ミネソタ州の総合病院メイヨー・クリニックとジョンズ・ホプキンス大学に留学する。[23]

研究者としての橋本は、日本で最初の不整脈に関する専門書『不整脈』（金原商店、一九三七年）を出版しており、臨床医としては一九二五年から聖路加国際病院に勤務し、一九四一（昭和十六）年に病院長となっている。また、橋本は学会活動にも積極的で、日本病院会の設立（一九五一年）に尽力したほか、[24] 日本内科学会理事として内科医専門医制度の確立も進めるなど、[25] 戦後の医学界の発展に取り組んだ。日本内科学会理事時代の理事長は、冲中重雄であった。

医師団の繋がりは、最年長の佐々と村山が同じ岡山県出身であり、杏雲堂病院でも村山は佐々の下で診察や治療に当たっている。そして、石橋の治療には、東洋経済新報社の嘱託医でもあった村山が主治医を務め、佐々が助言者として参加している。

それでは、当初は村山と佐々の二人だった医師団に、なぜ冲中と橋本が加わったのだろうか。

橋本の下で聖路加国際病院の内科医長や院長補佐を務め、後に石橋湛山の主治医となった日野原《ひのはら》重明《しげあき》（のち聖路加国際病院院長）は、橋本が医師団に参加したのは自民党側からの依頼であったと述懐する。すなわち、村山富治が往診し、石橋が自宅療養を行ったものの症状が一向に改善しなかったため、自民党の幹部が心配し、特に冲中重雄と橋本に立ち合い診療を依頼したというのである。[26]

このとき、二人に参加を要請したのは、三木と石田であった。[27]

ただし、橋本自身の回想では、両者は石橋が吉田茂内閣の大蔵大臣の際に丸の内の工業倶楽部での講演会で同席したことがあり、医師団への参加は村山が電話で依頼したものだという。[28] そして、これまで面識のない村山から電話がかかってきた点について橋本は、村山が佐々と相談した結果であろうとする。[29]

こうした情報を総合すれば、三木と石田が医師団の増員を要望し、佐々から冲中と橋本への打診が行われたと考えられる。

二月二十二日の精密検査の際に主に診察を担当したのが「日本最高の内科医[30]」と称された冲中であり、臨床医として民間病院に籍を置いていた橋本も不整脈の分野で一家をなしていたことを考えれば、「とにかくどんな診断が下っても、どこからも文句が出ないような人選[31]」であったことは間違いない。

もちろん、新たに医師団に加わった冲中と橋本にとって村山と佐々は医師として「信望のある立派な方々」[32]である。しかし、精密検査を行うだけでなく、診断の結果に権威を持たせ、誰をも納得させるためには、村山と佐々に加えて、第一線で活躍する冲中と橋本の実績と名声が不可欠だったのである。

苦悩する医師団

集められた顔触れからも、医師団には各分野の第一人者が揃っていた。
それだけに、例えば精密検査の結果「一か月で回復」と診断しながら一か月が経っても石橋が公務に復帰できなければどうなるか。政局が混乱するだけでなく、医師団の一人ひとりの名誉は損なわれ、日本の医学界のあり方そのものも問題とならざるを得ない。そのため、医師団の診断に間違いは許されなかった。
このような状況を受けて、新たに医師団に加わった冲中重雄は、精密検査が行われる二月二十二日の朝に、石橋湛山が療養していた新宿区下落合の石橋邸に医局員を派遣し、心電図検査を行わせる。そして、自らは佐々廉平の自宅に向かった。医師団に加わる際に聞いた石橋の症状の中に腑に落ちない内容があったため、冲中は佐々にこれまでの経過と所見を確認し、あわせてその胸の内を尋ねようと思ったのである。[33]
三木武夫から「石橋書簡」の草案を渡された石田博英が早期の回復を願っていたように、石橋の周辺は精密検査後に二週間程度静養し、公務に復帰することを望む雰囲気が強かった。佐々もこうした石橋の側近たちの希望的観測に同情を示しつつ、小刻みに日を稼いで公務復帰の時期を先延ばしにしたいものの、二、三週間程度では回復の目途がつきそうにないことも理解していた。

政治家たちの情と医師としての理の間に立って苦悩する佐々に対し、冲中は「先生、まことに申しわけないが、私が首相を拝見した結果、仕事がやれそうにないと判断したら、先生のご意向にそむいても、そう言うつもりです」と了解を求めている。[34]

午後五時、医師団が石橋邸に到着し、医師団四人の診察は午後六時から始まった。場所は二階の寝室である。[35]

石橋の症状は肺炎、不整脈、三叉《さんさ》神経痛、言語障害が認められ、いずれも直ちに生命に関わるものではなかったものの、早期の全快は見込めず、首相の激務に耐え得るものでもなかった。[36]

これらの症状のうち、肺炎は当初から石橋の症状として公表されていたもので、三叉神経痛は石橋の持病であった。[37] また、不整脈については、精密検査の後に石橋が聖路加国際病院に入院した際、二年前から続く心房細動によるものであり、[38] 言語障害は心房細動による不整脈のために心臓中に起きた血液の凝固の結果であると判定されている。[39]

医師団が診断を終えたのは午後六時三〇分で、午後九時三〇分の記者会見までの間、四人の意思と石橋の側近たちとの間で、どのような発表とするか、内容が検討された。

合議に際しては、精密検査の結果が基礎的な資料とされた。そして、午前中から半日をかけて検査した心電図やX線、検尿の成績について数値の判定と解釈が行われ、最終的に内科医としての知見を総合して診断が下された。判定には二時間がかかった[40]。

その結果、医師団は「二か月の静養」という診断を下すことで意見が一致した。

石橋、三木、石田の三者の取り決めに従えば、静養期間が二か月ということは、石橋の首相退陣を意味することになる。それだけに、医師団、特に診断書を書いた冲中の苦悩はただならぬものがあった。

だが、冲中は「なおる見込みが五〇%でもあれば、あるいは妥協していたかもしれない。しかし、この場合妥協の余地はなかった[41]」と、診断の内容に関しては政治的な配慮などはせず、医学的な観点に即したことを強調している。

精密検査の結果に関する医師団と石橋周辺との駆け引きについては、日野原重明《ひのはらしげあき》が興味深い証言を残している[42]。

すなわち、精密検査の結果、石橋の体調が回復するには三か月以上かかり、三か月間入院した後に適宜機能回復の訓練を行うと診断したところ、石橋は「総理が閣議に一か月以上出られないのは機能麻痺だから、僕は辞めたほうがよい」と発言した。また、自民党の幹部から石橋の症状を尋ねられ、「どうも先生は辞める決心をされたようですよ」と回答すると、幹部は日野原に対して、三か月間の入院という診断結果だけは世間に公表せず、石橋にはこのまま政権を担当してもらいたいから、「三か月でも半年〔に〕なってもいい、副総理を首相代理に立てるから、そこを上手にやってくれ」と依頼した。最後は石橋が断固として辞任を主張したため、自民党の関係者が病室に来ても「もう辞めるから」と続投を固辞し、内閣総辞職となった。

日野原の回想は、診断結果をめぐる当事者同士のやり取りを活写している。だが、「診断書も私が全部書いた」[43]とする沖中の回想と一致しないだけでなく、精密検査の行われた場所が聖路加国際病院ではなく石橋邸であったこと、さらに石橋が実際に入院したのが二月二十七日であった点[44]を考慮し、証言の内容を慎重に取り扱う必要がある。

三木と石田のやり取りからも分かる通り、精密検査と所見の検討の前後で日野原の回想に類する出来事はあったであろう。しかし、前後の状況と関係者の証言を総合すると、日野原は診断を下したのではなく、医師団の一員であった橋本の補佐役として診察に参加していたのみであると考えるのが妥当だろう。

なお、沖中重雄は、医師団が所見を「議論している時からすでに、挂冠《かいかん》の辞を練っておられたようだ」[45]と回想していることは、「石橋書簡」の執筆者が宮川三郎であったという報道と合わせて、石橋が三木と石田に書簡の作成を依頼した事実が外部に漏洩していないことを傍証していると言えよう。

こうして、医師団から二か月の静養という診断を伝えられた石橋は、動じることなく結果を受け入れたのであり、医師団は政治と医学のはざまにありながら、医学者として筋を通したのであった。

何が石橋を追い込んだのか

健康への過信

石橋湛山が「カゼをひいて寝こんでしまった[46]」のは一九五七（昭和三十二）年一月二十五日のことだった。健康には相当自信があったと断言する石橋[47]が体調を崩した決定的な原因は、一月二十三日に早稲田大学で開催された、大学と校友会の共催による祝賀会であった。

幕末維新期に青年時代を過ごした維新の元勲たちは別として、一八七二（明治五）年に制定された学制に象徴される近代的な教育制度が確立されて以降に人となった戦前の首相は、軍人出身者の場合なら陸軍士官学校や海軍兵学校を卒業し、文官であれば旧東京大学か東京帝国大学などの官立大学の出身者がほとんどで、私学出身者は一九三一（昭和六）年に就任した犬養毅のみであった。

現在では私立大学出身の首相は珍しくなく、むしろ東京大学や他の国立大学出身者が就任する事例は減少している。だが、戦前の官尊民卑の気風は、内閣総理大臣の学歴にも見出せるものだった。

早稲田大学を卒業した石橋は、犬養以来の私学出身の首相であった。しかも、戦後になったとはいえ、学風の上でも伝統の面でも好敵手と認めてきた慶應義塾大学のみであった首相が誕生したのである。早稲田大学の学生や教職員、卒業生が同窓の新首相を盛大に祝賀するのも無理はなかった。

この日の祝賀会に参加したのは、いずれも早稲田大学出身の石橋、石田博英、そして運輸大臣の宮沢胤勇《みやざわたねお》であった[48]。会場は大隈講堂と大隈庭園で、まず石橋が午後二時から[49]大隈講堂で在学生のための講演を行い、その後大隈庭園で校友会主催の祝賀会が催され、午後四時頃に散会となった[50]。しかし、この日の東京は日中の最高気温こそ平年より二・八度高い一〇・九度であったものの、最低気温は氷点下一・五度であった[51]。

寒さがひときわ厳しい時期ということもあり、案内状には「オーバー着用」と書かれており、主催者側も石橋らに「オーバーを着ろ着ろと言う[52]」ものの、招待された側ということもあり、石橋は外套《がいとう》も着ず、一時間半余りも大隈庭園に設けられた席に座っていた。[53] 石橋よりも三十歳若い石田も「寒くて困った[54]」のだから、これでは、どれほど健康に自信を持っていた石橋でも体調を崩す条件が揃っていたことになる。

石橋の持病である高血圧との連想から、早稲田大学での祝賀会の後に帰宅し、「一杯飲んで、高血圧で倒れてしまった[55]」と指摘されていることは、当時の石橋の健康状態に関して周囲が懸念していたことを示唆する。『石橋湛山日記』には家庭医である村山富治の許を訪れ、定期的に血圧の健診を受けている様子が記されている。例えば、一九五六年一月十八日の石橋湛山は、収縮期血圧が160mmHg、拡張期血圧が92mmHgと、現在の基準に照らせばII度高血圧に該当する。[56] すなわち、石橋自身は健康に相当の自信を持っていたものの、傍目には「少し飲みすぎ[57]」といった不摂生な姿が映っていたのである。

過密な日程

これに加えて、祝賀会に参列する以前の石橋の日程も過密であった。

石橋内閣発足後、政権を支える石田、党の要となる三木、そして大蔵大臣として入閣し、財政政策の中心を担った池田勇人は、早期の解散総選挙により政権の基盤を安定させることを目指した。[58] そのため、石橋は新政権に対する国民の関心が高い政権発足直後の機会を捉え、翌年一月に全国での遊説を実施することとした。遊説の日程を決めたのは三木と石田で、一九五六年十二月二十五日のことであった。[59]

このとき決まった日時と会場は、次の通りであった。

一月八日　日比谷公会堂（時刻未定）
一月九日　札幌市公民館（午後一時）
一月十一日　大阪市中之島公会堂（午後一時）
一月十二日　福岡市中央公民館（午後一時）
一月十三日　名古屋市中京短期大学講堂（午後四時）

この全国遊説は石橋を筆頭に三木、池田、岸、石田も参加した、文字通り内閣と党を挙げた大掛かりなものであった。[60]

遊説期間中の石橋の行動の詳細を『石橋湛山日記』に基づいて再現すると、次のようになる。[61]まず、一月九日の午前八時に羽田飛行場を出発して札幌市で演説会を行い、夜には石橋派の衆議院議員である椎熊三郎《しいくまさぶろう》の要望により、椎熊の地盤である小樽市を訪問している。石橋が「椎熊三郎氏の強請により」[62]と記していることからも、椎熊の依頼が急であり、しかも自派の議員であったために要望を断れなかったことが窺われる。

千歳飛行場から空路東京に戻ったのは一月十日のことで、翌日には大阪市の中之島で行われる自民党の演説会に出席するため、再び羽田飛行場から大阪に向かった。しかし、当日は大阪付近が非常な濃霧であったため伊丹飛行場に着陸できず、愛知県の小牧基地内の名古屋飛行場に一旦戻った後、改めて鉄道を利用して大阪に赴いている。このため、大阪に到着する時刻が変更になり、午後一時から始まる大阪市中央公会堂（中之島公会堂）での演説会には間に合わなかった。

福岡に向けて大阪を出発したのは一月十一日の午後一一時で、急行「玄海」を利用して福岡市に到着したのは翌日の午前一一時五〇分のことだった。福岡では演説会に加えて県庁前の東公園にある日蓮上人銅像を参拝したほか、前年一月に急逝した緒方竹虎の菩提寺である聖福寺を訪問している。日蓮宗の僧侶である杉田湛誓の長男として生まれ、自らも僧籍を持ち、全国遊説に先立つ一月六日には身延山久遠寺において日蓮宗権大僧正に叙されるなど、(63)石橋と日蓮宗の関係は密接である。そのため、日蓮上人銅像を参拝したことは、石橋にとっては当然の選択であった。また、自民党の第二代総裁が確実視されていた緒方を慰霊したことも、かつて自民党の同輩であったという関わりだけでなく、その存在を忘れないという緒方の支持者に向けた政治的な演出という性格を持っていた。

福岡での講演会などを終え、翌日には飛行機で名古屋に到着して演説会を行った。ここでも石橋は人々から歓迎される一方、札幌の場合と同様、今回も自民党衆議院議員の小林錡《こばやしかなえ》の要望により、小林の地盤である岡崎市で講演会を行った。小林が椎熊と同じく急に、しかも強く石橋の来訪を求めたことは、「小林錡氏の切願」「短時間演説」という記述が示す通りである。(64)演説の時間が短かったのは名古屋での講演が午後四時と決まっていたためであろう。岡崎駅から東海道本線の急行「伊勢」に乗車した石橋が東京に戻ったのは一月十四日の午前六時で、そのまま新橋の第一ホテルで暫時休息し、午前九時には千葉県市川市の宮内庁猟場である新浜《しんはま》鴨場に到着する。宮内庁は、天皇による内外の賓客の接遇の一環として、毎新年に内閣、国会、最高裁判所、在日外交団の代表を個別に招き、鴨猟を行っている。新たに首相となった石橋は、内閣の代表として鴨猟に参加したのである。

この日の主賓として新浜鴨場に立った石橋は、改めて首相となったことを実感したであろう。しかし、そうした感慨を堪能する間もなく、鴨猟が終わった後に首相官邸に直帰し、午後三時頃に到着すると午後四時からは閣議に出席した。名古屋から東京に戻った際、石橋が疲労で倒れ第一ホテルに担ぎ込まれたという「秘話」[65]は、この間の出来事であったと推測される。

六日間の全国遊説中、飛行機に搭乗したのは四回、鉄道を利用したのは三回で、そのうち二回が寝台列車への乗車だった。特に寝台列車の利用については「一国の首相としてはあまり前例のない夜汽車の二等寝台」[66]と言及されており、このときの全国遊説の旅程の過密さが分かる。訪問先の代議士の強い要望による予定外の演説会が二回行われたのは、椎熊と小林が新首相を選挙区に招待することで、支援者に対して自らの存在を誇示しようとする、選挙対策に他ならなかった。それでも、当初の予定を変更してまで臨時の演説会を行ったことは、秘書官たちの調整能力の不足を示すとともに、不測の事態に直面しても物事を楽天的に捉える石橋の気質[67]が現れた結果であった。

消費者米価引き上げ問題

石橋が病床に臥《ふ》せる直接の原因は早稲田大学での祝賀会であり、その前提として直前に行われた全国遊説による肉体的な疲労の蓄積があったことが考えられる。それとともに、新政権が編成する昭和三十二年度予算案も、石橋を悩ませ、精神的な負荷を与えることになった。

全国遊説に先立ち、一月八日の閣議で予算案の方針を決定した石橋は、遊説を終えた一月十四日の午後四時から閣議を開いて予算案を検討し、概ね意見の一致を見ている。(68)

一月八日に閣議決定した予算編成の方針は、次の一三項目であった。(69)

（1）国民負担の軽減合理化（一千億円減税）
（2）産業基盤の整備
（3）社会保障の充実（国民皆保険実現五か年計画）
（4）住宅及び環境衛生対策の推進（住宅金融公庫及び日本住宅公団の資金の大幅拡充）
（5）中小企業の育成強化
（6）経済外交の強化（貿易の振興、海外投資、技術協力の積極化等）
（7）文教、科学技術の振興
（8）治山治水等国土の総合開発
（9）新農山漁村振興計画の推進（農林漁業の経営安定化と生産基盤の強化）
（10）防衛費の据え置き
（11）公務員給与に関する人事院勧告の尊重
（12）食管会計の合理化（消費者米価値上）

(13) 地方財政の健全化

こうした編成方針は、積極経済政策、社会保障制度の確立、自主外交、国会運営の民主化を中心とする石橋内閣の基本政策[70]に基づくもので、政権側は「一千億円減税」「一千億円施策」を標語として掲げた[71]。

内閣が示した方針のうち、産業基盤の整備は完全雇用の推進という石橋の持論に基づくものである。また、社会保障の充実は、住宅建設や健康保険、学校給食の拡充や確立を目指す政策であり、完全雇用への努力を補完する、国民生活の向上のための政策と位置づけられていた[72]。

これに加え、最も話題となり、また問題となったのが消費者米価の引き上げと防衛庁費の扱いである[73]。

まず、消費者米価の引き上げについては、自民党内から反対の声が起きた。この間の経緯を石田博英は次のように回顧している[74]。

当時、輸入食糧の買入れや売渡しなどの管理に関する経理を行う食糧管理特別会計は赤字が続いており、一九五五年度、一九五六年度の累積赤字は約二〇〇億円とされていた。また、消費者米価の値上げを行わなければ一九五七年度の赤字は一三〇億円に達する見込みであった。そこで、政府としては一九五六年度分までの赤字は一般会計からの繰り入れで補塡し、一九五七年度分は消費者米価の値上げによって対応する計画であった。

こうした方針については、大蔵大臣の池田勇人と農林大臣の井出一太郎の間で合意し、関係閣僚も一致して賛成した。しかし、政府の方針に対して、自民党内では有権者に不人気な米価の引き上げは撤回すべきであるという意見が強かった。

石橋は、食糧管理特別会計の赤字補塡に加え、食管制度そのものの根本的な見直しも考えていた。そのため、石橋は終始強気な姿勢で消費者米価の引き上げを目指していたが、自民党内では米価の値上げに反対する機運が高くなったため、石橋支持派の中にも選挙への影響を懸念し、引き上げ反対派に鞍替えする者も現れるようになった。

閣内では、池田があくまで消費者米価の引き上げの方針を貫くべきだと強硬な姿勢を崩さなかった。しかし、三木が党内を調整した結果、最終的に米価についての恒久策を検討するための調査会を設置し、検討の結論が得られるまで消費者米価の値上げは行わないということになった。このままでは政府と党の方針が一致しないため、石田と三木が池田の説得に当たった。そして、池田が米価の引き上げを撤回する代わりに、石田と三木が最も早い時期における解散を約束するという妥協が成立する。

石橋が池田を蔵相に据えたのは、自説である積極経済政策を行わせるためであった[75]。その意味で、池田の抵抗は消費者米価の引き上げを目指す石橋の意を体したものだったった。その一方で、石橋の最側近である石田は、党務を司る三木と連携して党側との妥協を図った。政府と党の意見が隔絶したように、政権の内部でも米価引き上げ推進派と妥協派の間で見解の相違があった。

この間、石橋が苦悩したであろうことは、「予算閣議、しかし未だ各省予算決定せざるにつき、懇談に止めて散会す」（一月十九日）、「予算閣議。たゞし本日も結論に達せず」（一月二十日）、「本日も党との調整つかず予算決定せず」（一月二十一日）、「本日も予算決定せず」（一月二十二日）、「本日も予算案、党との諒解不能、閣議は明日に延期。妥協するか一戦を交えるか」（一月二十三日）という日記の記述からも明らかである。[76]

防衛予算問題

消費者米価引き上げ問題とともに石橋を苦しめたのが、防衛予算問題である。すでに、石橋内閣としての予算編成方針の中で「防衛庁費の新規増の凍結」は明示されていた。こうした方針に猛烈な反発を見せたのが、米国だった。

米国国務省の国務次官補ウォルター・ロバートソンは、日本の中立化と対米感情の悪化を警戒し、一九五七年一月七日に国務長官のジョン・フォスター・ダレスに対応策を講じるよう、進言していた。[77] そして、一月十六日、駐日米国大使のジョン・アリソンが石橋と面会する。アリソンは離任の挨拶のために首相官邸を訪問した。しかし、実際には防衛予算について、米国側の意向を告げることがアリソンの目的だった。

アリソンとの会談について、石橋は日記に「防衛予算につき米側見解の開陳あり、趣旨において私に異議なしと答う」[78]と記している。一方、アリソンがこの日の午後五時に国務省宛に発信した電文によれば、事情は異なる。[79]

すなわち、アリソンは日本の防衛予算は日本が決定すべき問題ながら、防衛費が前年度を下回る場合、米国政府と議会が日本の意図を疑うので、この点に十分な配慮がなされるべきことを指摘した。また、国際連合に加盟したことで、日本には国際社会においてより大きな役割を果たし、平和に貢献することが期待されているのであり、自国の防衛を他国に依存し続けることは不可能である旨が伝えられた。そして、日本が防衛の点で段階的に行っている取り組みが後退してはならないことが強調された。

これに対し、石橋はアリソンの意見に同意するとともに、主として政治的な理由から地上兵力を一万人増強するための予算を確保することが困難であり、翌年の予算で対応すると回答した。こうしたやり取りを通して、アリソンは石橋の人柄は親しみやすいものの、一九五七年における防衛費の増額には断固として応じない決意を持っていることを理解する。そして、一月十六日の午後には米国極東軍と米国大使館が日本側の代表者と会談し、日本側が現行の予算を繰り越した場合に防衛費の実質的な増額があり得るか否かについて協議している旨を付記し、アリソンの電文は締めくくられている。

石橋とアリソンの会談の結果だけを見れば、アリソンが「趣旨において私に異議なし」と回答したという石橋の記述は間違いではない。だが、結論に至るまでの過程において、アリソンが米国政府や米国議会の意向、さらに国際社会における日本の役割や自国の防衛の主体の問題を引き合いに出しつつ、石橋に強い要望を示したことも明らかである。

もとより、石橋は外交や国防に関し、種々の論考を残してきた。しかし、大蔵大臣や通産大臣など経済分野の閣僚を務めたことはあっても、外交や国防の実務に本格的に携わる経験はなかった。

また、アリソンとの会見の時点で石橋が事務取扱として防衛庁長官を兼ねていたのは、石橋が国防問題に精通しているからではなく、人選が進まなかったためである。そのため、離任の挨拶という機会を捉えて防衛予算が日米関係に影響を与えると警告したアリソンとの会談の後、石橋は外相の岸信介と蔵相の池田と、防衛問題について打ち合わせを行い、内閣の方針を検討する。

三者協議によって「三十二年度には一万名の陸上部隊増を行わず、又仝〔同〕年度予算は一千十億円の線を守る件確認[80]」がなされたのは、防衛、外交、財政の面で連携することにより、防衛費の増額を行わず、米国からの要求を拒否する方針を確認したことを意味する。

不慣れな外交や国防といった分野での対応は石橋にとって難問であった。それだけに、アメリカ側の圧力や、消費者米価引き上げ問題をめぐる自民党内の軋轢《あつれき》が、石橋を病床へと追いやった可能性は十分あり得るのである[81]。

退陣は不可避だったのか

医学的判断の妥当性

石橋湛山が医師団の精密検査の結果に従い、辞任を決意した。そして、当時の人々は石橋の決断を称賛した。だが、なぜ人々は石橋に賛辞を送ったのか。理由は明らかで、「いままで総理大臣というポストはだれもそうやすやすと投げ出したものがなかった[82]」からである。

それでは、石橋には退陣以外に選択肢はなかったのだろうか。ここでは、医学的判断の妥当性、政権内の方針、自民党内の状況、野党、世論との関係という、五つの視点から検討を進めよう。

まず、「二か月の静養」という医学的判断の妥当性については、医師団が診察後の判定会議に時間を要したことから、報道関係者は政治的工作、あるいは政権や自民党の申し入れによって医師団の判定が妨げられ、故意に診断が遅れたという疑問を持った。

しかし、討議が長引いたのは何らかの政治的な工作によるのではなく、一国の首相の病状を扱うだけに慎重にならざるを得ないためだった。実際、橋本は冲中と事前に相談し、「誠実にそして正しい方法でやろう」「診にゆくからには、並び大名ではいかん、合議の席に顔を連ねるというだけではいけない」と意見の一致を見ている。(83)「妥協の余地はなかった」という冲中や、「自己の信念に忠実になろうという初めの決心(84)」を持っていた橋本の姿勢を考えれば、医師団の判定に際して政治的な圧力はなく、当時の医学の水準に照らして妥当な内容であったと言えるだろう。

二か月の静養という判定を聞いた石田が四人の医師に「それでは総理はもう辞める」と言い、事前に用意していた「石橋書簡」を示したという指摘(85)も、医師団に対する政治的な圧力がなかったことを物語る。

むしろ、合議の際に橋本が三か月の療養を主張していたのだから(86)、医師団の判断は当初から「一か月以内なら」といった三木や石田の思惑を超えるものであった。

政権内の方針

それでは、政権内の方針はどうだったか。

消費者米価引き上げ問題で、政権が当初の案を撤回して当面の値上げを断念したのは、石橋内閣が総選挙を経ておらず、有権者の信任を背景に党内の反対を排して政策を断行する環境になかったためである。

「何事も選挙をやって党内態勢を整備してからのことだ[87]」という状況を打ち破るためには衆議院の解散総選挙しかない。しかも、石橋政権の発足直後に行われた朝日新聞社の世論調査では、「あなたは、石橋内閣ができてよかったと思いますか。よくなかったと思いますか」という問いに対して「よかった」という回答が四一%、「よくなかった」が一一%であった[88]。

現在では内閣発足直後の支持率が七〇%を超えることも珍しくない。しかし、左右社会党の統一と保守合同を経て自民党と日本社会党が二大政党として対峙し、両党への支持が接近していた当時においては、四一%という支持率は高い数値であった。例えば、一九五六年七月の参議院議員選挙で「鳩山ブーム」を起こして社会党に圧勝した鳩山一郎の政権発足直後の支持率が四〇%であったことを参照すれば[89]、発足直後の石橋政権への国民の支持率の高さが分かるだろう。

一九五七年一月の全国遊説は総選挙に向けた布石であった。そして、各地での演説会に帯同した三木武夫が石橋に対する国民の支持を「神武以来の人気[90]」と揚言したように、石橋の周辺は総選挙での勝利を確信していた。

このとき、三木、石田、池田らが目論んだ総選挙までの日程は左の通りであった[91]。

（1）一月二十七日　通常国会召集
（2）一月二十八日　石橋湛山首相による施政方針演説

（3）一月二十九日　代表質問
（4）一月二十九日　代表質問終了後に衆議院を解散

石橋が病臥したのは、一月二十四日のことであった。まさに通常国会が召集される三日前に石橋の健康状態が悪化したことで、早期の解散総選挙の方針は延期を余儀なくされた。だが、政権内ではあくまで石橋体制の維持が目指されていた。

例えば、池田は「総理や政府がどうあろうと国民さえしっかりしておればいいのだ」と総辞職の可能性を否定し、首相臨時代理となった岸も「石橋がたとえ三月一杯登院できようができなかろうが問題ではない。私が石橋内閣の中核となって政府、与党を守り立てて行く」とあくまで政権の継続を主張した(92)。前年の総裁選挙で熾烈な争いを繰り広げた岸が石橋政権の維持を訴えたことは、国民の支持の高い石橋に総辞職を促して世論の反発を受けるより、体制を支える姿勢を見せることで石橋に禅譲を促す戦略であったと言えよう。

それだけに、病床の石橋を除けば、少なくとも表面上は政権内部に退陣を求める機運はなかったことになる。

「三月政変」の動き

すでに見た通り、三木が「石橋書簡」の草案を示すと、石田は石橋の回復に期待を示す様子を見せた。

このやり取りを石田の側から見れば、石橋を擁して総裁選を勝ち抜き、実現した内閣をみすみす手放すことになる。一方、三木にとっては、総裁を補佐し、党務を執行する立場として、自民党内に生じていた動揺と反石橋の動きを見逃すことはできなかった。

医師団による精密検査に先立つ二月十九日、村山と佐々が行った診断は、少なくとも二月末までの休養を要するというものであった。(93) 三木と石田は診断結果に基づき、直ちに衆参両院議長に一週間の静養願を提出する。しかし、石橋の健康状態の見通しが立たないことを受け、自民党内では石橋の進退が党内世論の争点となっていた。

石橋政権下では、反主流派は岸、河野、大野、石井の四派であった。

これら四派の中でも石橋退陣の姿勢を鮮明に見せていたのは、大野派、河野派、石井派であった。例えば、総裁選では石橋を支持したものの政権発足後は反主流派となった大野伴睦は「われわれは自分の口からやめよとはいえないが、どうすればよいかと聞かれれば総辞職をせよというつもりだ」と石橋の進退に言及し、河野一郎も、石橋の退陣は決まったようなものという見解を示していたのは、石橋政権の転覆を目指す「三月政変」を念頭に置いたものであった。(94)

とりわけ、総裁選で岸を推した河野一郎は、消費者米価引き上げ問題でも反対派の一員として重要な役割を果たすなど、反石橋で一貫していた。すなわち、河野は大野伴睦、石井光次郎派の馬場元治、岸派の川島正次郎らとともに三木、及び総務会長の砂田重政と会談し、消費者米価の据え置きに成功している。(95)

このように、閣内においては岸が石橋を支える姿勢を示しながら、河野が倒閣の動きを見せたことは、権力の所在に敏感であり、政界をそつなく遊泳したことで「両岸」と呼ばれた岸らしい行動である。この時の自民党は、岸派が石橋の退陣を求めなかったことで、かろうじて結束が保たれていたに過ぎなかった。(96)

また、二月二十一日に反主流派四者会談が開かれ、石橋政権を支えるという岸の提案に他の三人が同意したことで政府と与党の方針は一致したとはいえ、(97)各派の連携がいつまで続くかは不透明であった。それだけに、もし石橋が快癒するまで首相臨時代理を擁して政権を維持するという石田らの構想に従えば、自民党内でささやかれた「三月政変」が現実のものとなりかねなかった。

三木が、「石橋書簡」をめぐり、反主流派の動きを警戒した背景は、危うい均衡の上に成り立つ石橋支持という自民党内の実情に即したものだった。

野党と世論

自民党内で石橋の進退が主流派と反主流派、特に反主流派四派の動きを活発にする中で、野党第一党の日本社会党はどのように対応を示しただろうか。

一月三十一日、石田は記者会見を行い、石橋の主治医である村山と佐々の診断の結果、二週間の就床静養と一週間の休養を必要とすること、外相の岸を首相臨時代理に任命すること、さらに二月四日に衆参両院で施政方針演説を行い、岸が石橋に代わって演説することを表明した。(98)

首相の施政方針演説を首相代理が代行したのは日本国憲法下では初めての出来事であった。また、大日本帝国憲法時代も、伊藤博文《いとうひろぶみ》が馬車と人力車の衝突事故によって負傷し、内相の井上馨《いのうえかおる》が首相代理として代読した一八九二年と、濱口雄幸が東京駅で銃撃され、外相の幣原喜重郎が首相代理として臨んだ一九三〇年の二件のみという、きわめて例外的な出来事であった。

しかし、憲政史上の非常事態とも言うべき状況に際し、当初日本社会党は比較的寛容な態度を示した。また、二月一日には委員長の鈴《すず》木《き》茂《も》三郎《さぶろう》が下落合の石橋の私邸を見舞い、「あとになって休むといろいろいわれるから、始めにゆっくりお休みなさい」と療養に専念するよう勧めている[99]。あるいは、一九三〇年に東京駅で遭難した濱口雄幸が野党側の要求に応える形で国会に登院した際、新聞記者として濱口の姿を目にした鈴木は「顔色は全く土色でね…政治というものは何という残酷なものだと思ったね[100]」と回想しており、問題に対して融和的な姿勢を示した。

日本社会党の同情的な態度の理由としては、石橋に対する国民の支持が高かったことが挙げられる。また、委員長の鈴木茂三郎と書記長の浅沼稲次郎が石橋とは早稲田大学の同窓であったことも[101]、心情的な面で石橋に対する厳しい対応を控えさせる要因であった。

日本社会党は二月十三日の国会対策委員会で二月二十一日になっても石橋が登院できない場合には党として内閣の退陣を要求するという方針を決定したものの[102]、浅沼から石田に対して二月二十一日に一度登院して同党の質問に短時間答弁すれば、その後再び休養してもよい旨を告げている[103]。予算案についても、「このままで予算を通すわけには行かないよ」と強硬な立場を示しつつも、「首相が休むなら、少なくとも四月は暫定で行くというくらいは政府の方で決めてこなくては話にならない」と譲歩の可能性を見せている[104]。

こうした日本社会党の動きからは、野党として政権に国会運営の正常化を求める態度を示しながらも、実際には政権側との全面的な対決を避けようとする、融和的な姿勢が一貫していることが分かる。少なくとも野党の側にとって石橋の退陣は必須のものではなく、政権側の対応によって妥協の余地があったのである。

ところで、岸や日本社会党が石橋内閣の総辞職を強く迫らなかった最大の理由は、病床の首相を見放さず、一日も早い復帰を願う世論の支持の強さにあった。

「病首相」と呼ばれた鳩山一郎だけでなく石橋も病を得て岸を首相臨時代理としたことに、「病首相続きでは国民も気が気でない。一日も早く全快して、野性味のある首相ぶりを見せてもらいたい」[105]という声が寄せられたという事実は、石橋内閣の退陣ではなく続投を期待する世論を示していた。

それだけに、一時は政府と与党の間で、予算案は石橋の欠席のまま衆議院を通過させ、日本社会党が新年度予算の成立に難色を示した場合には一か月程度の暫定予算案を編成する方針を決めたことは、世論の意向を汲んだ判断だった[106]。

「政治的良心」が持つ大きな意味

医師団の判定は覆せないとしても、政権内部の状況、党内の様子、野党の反応、世論の動向を見る限り、石橋と側近たちにとって最も懸念すべきは、党内反主流派をどこまで抑えられるかという点であった。ただ、反主流派も岸が石橋支持の方針を示したことで、直ちに倒閣に動く可能性は遠のきつつあった。それだけに、少なくとも客観的な条件に照らせば、内閣総辞職は石橋にとって唯一の選択肢ではなかった。

しかし、一九五七年一月八日の日比谷公園での演説会で発表した新内閣の基本目標、すなわち「五つの誓い」を示した石橋自身には、自民党内での反主流派の動きもさることながら、予算の審議に出席できないことそのものが大きな問題であった。

「五つの誓い」とは明治天皇の「五箇条の御誓文」に倣ったものであり、「国会運営の正常化」「政界・官界の綱紀粛正」「雇用と生産の増大」「福祉国家の建設」「世界平和の確立」からなっていた。「国会運営の正常化」は与野党間の協議と国会運営の方法の改善を目指すものであり、「政界・官界の綱紀粛正」のうち、政界での取り組みは特に派閥の解消が目指された[107]。

それにもかかわらず、新内閣発足後最初の通常国会で首相の施政方針演説が代読されるという憲政史上三例目の出来事が起き、予算の審議にも出席できない異常事態となった。これは、どれほど日本社会党や世論が寛容な態度を示しても、国会運営の正常化という目標からは程遠い。

これに加えて、派閥解消を唱える総裁の足元で主流派と反主流派が派閥単位で党内の主導権争いを行うことも、政界の綱紀粛正の観点からすれば、問題だった。

もちろん、両派の対立は、石橋と無縁ではない。なぜなら、総裁選は派閥を単位として行われ、組閣時も派閥単位で人事が行われたため、多数派形成の重要性が確認されたからだ[108]。

派閥単位での権力抗争による党の分裂を防ぐためには、対立の原因が取り除かれなければならない。そして、原因が自らの健康問題にあり、政界の綱紀粛正と派閥解消に取り組むことを内閣の方針として掲げた以上、党内の情勢を鎮静させる唯一の手段は、石橋にとっては退陣しかなかったのである。

政権を維持することの利害得失ではなく、自らの主張と現実との整合性を重視する判断は、周囲の状況を見定めて有利なほうに与する「両岸」の岸にも、総裁選において際立った活躍を示し、岸が石橋の当選の原動力と認めた石田[109]にもできないものであった。むしろ、政治家としての根回しを不得意とし、石田が「これほどアマチュアとは思わなかった[110]」と嘆いた石橋だからこそ下し得た判断だったのである。

「岸居抜き内閣」の誕生

石橋内閣は、「石橋書簡」が公表された二日後の二月二十五日に総辞職し、首相臨時代理の岸を首班とする新内閣が発足した。閣僚と党の主要な役職は石橋体制時代と変更しないという政権構想[111]に基づき、石橋内閣では閣外にいた石井光次郎が副総理含みの無任所相として入閣したことを除けば、新内閣の顔ぶれは変わらなかった。また、党人事と同様で、石橋政権における主流派への配慮が示された形となった[112]。

一方、派閥の勢力図には変化が起きた。岸内閣の発足によって主流派となったのは岸派、佐藤派、石井派、河野派であり、石橋派、池田派、三木・松村派は非主流派となった。岸内閣の成立で石橋内閣での主流派と非主流派が入れ替わったのである[113]。「思いのほか早く首相になった[114]」と述べたように、一九五二年に公職追放を解除されてから満五年と経たずに岸は内閣総理大臣の座を手にした。

総理総裁の地位を辞した石橋は二月二十七日に聖路加国際病院に入院し[115]、病院を後にしたのは四月十六日のことだった[116]。医師団による「二か月の静養」という診断に照らせば約二週間早い退院となったのは、病院側の指導をよく守り、経過が順調であったためである[117]。

入院中の石橋は首相となった岸の表敬訪問を受けたほかは、三木、石田、池田に加え、大久保留次郎、松村謙三、芦田均ら側近や盟友らと面会したのみであった[118]。そして、退院後は静岡県の伊豆長岡温泉で引き続き静養に励むことになる[119]。

石橋が訪中団を率いて政界の表舞台に復帰するには、もう少しの時間が必要だったのである。

注

(1)「政治的良心に従って辞める」『朝日新聞』一九五七年二月二十三日朝刊一面。
(2)「当を得た石橋首相の進退」『読売新聞』一九五七年二月二十三日朝刊一面。
(3)「石橋内閣の総辞職」『毎日新聞』一九五七年二月二十三日朝刊一面。
(4)「九週間の短命内閣」『朝日新聞』一九五七年二月二十三日朝刊一面。
(5)長谷川如是閑、石橋湛山、小汀利得、小林勇『私の履歴書　反骨の言論人』日経ビジネス人文庫、二〇〇七年、一八一～一八二頁。
(6)例えば、小西德應・竹内桂・松岡信之編著『戦後日本政治の変遷——史料と基礎知識』北樹出版、二〇二〇年、五七頁。
(7)石田博英『私の自画像』実業之日本社、一九六五年、六八頁。
(8)「首相再診断は22日」『読売新聞』一九五七年二月二十一日朝刊一面。
(9)石田博英『明後日への道標——バクさんの随想集』大光社、一九七〇年、七四頁。

(10) 竹内桂『三木武夫と戦後政治』吉田書店、二〇二三年、二六〇頁。
(11) 岩野美代治、竹内桂編『三木武夫秘書回顧録――三角大福中時代を語る』吉田書店、二〇一七年、二一頁。
(12) 三木睦子「福島慎太郎さんのこと」『中央公論』一九八七年七月号、四一頁。
(13) 小宮京「三木武夫研究序説」『桃山法学』第二二号、二〇一三年、一五頁。
(14) 「九週間の短命内閣」『朝日新聞』、一九五七年二月二十三日朝刊一面。
(15) 前掲『明後日への道標――バクさんの随想集』、七四頁。
(16) 「雑報」『岡山医学会雑誌』第二八二号、一九一三年、五一三頁。
(17) 「雑報」『岡山医学会雑誌』第三六六号、一九二〇年、五三七頁。
(18) 東洋経済新報社百年史刊行委員会編『東洋経済新報社百年史』一九九六年、東洋経済新報社、四〇八頁。
(19) 蘆花会編『徳冨蘆花――検討と追想』岩波書店、一九三六年、四二五頁。
(20) 長澤俊彦「日本の腎臓学の歩み」『日本腎臓学会誌』第四九巻第一号、二〇〇七年、四頁。
(21) 同右、『日本腎臓学会誌』第四九巻第一号、四一〇~四一四頁。
(22) 高橋昭「日本神経学会――誕生と発展」『臨床神経学』第四九巻第一一号、二〇〇九年、七二八頁。
(23) 日本病院会50年史編集委員会『日本病院会50年史 1951-2000』日本病院会、二〇〇一年、一九頁。
(24) 同右、一〇~一一頁。
(25) 木野昌也「社団法人日本内科学会専門医部会成立の報告」『日本内科学会雑誌』第九六巻第二号、二〇〇七年、三六四頁。
(26) 日野原重明『死をどう生きたか――私の心に残る人びと』中公新書、一九八三年、一二三頁。
(27) 石田博英「「名峰湛山」への回想」湛山会編『名峰湛山』一二三書房、一九五七年、二五一頁。
(28) 橋本寛敏「医師団の一人として」『名峰湛山』、二二八~二二九頁。
(29) 同右、二二九頁。

(30)同右。
(31)日本経済新聞社編『私の履歴書』第四十四集、日本経済新聞社、一九七一年、六三頁。
(32)「もっと〝人間扱い〟を」『朝日新聞』一九五七年二月二十一日夕刊三面。
(33)前掲『私の履歴書』第四十四集、六三～六四頁。
(34)同右、六四頁。
(35)前掲「医師団の一人として」『名峰湛山』、二三〇頁。
(36)前掲『私の履歴書』第四十四集、六四頁。
(37)石橋湛山「東京だより」『大陸東洋経済新報』第七号、一九四四年、八頁。
(38)前掲『死をどう生きたか――私の心に残る人びと』、一二四頁。
(39)日野原重明「総理辞任の決断と、病室で語られたその経済学・人生哲学」『自由思想』第一五〇号記念別冊特集、石橋湛山記念財団、二〇一八年、二〇〇頁。
(40)前掲「医師団の一人として」『名峰湛山』、二三一頁。
(41)前掲『私の履歴書』第四十四集、六五頁。
(42)前掲「総理辞任の決断と、病室で語られたその経済学・人生哲学」『自由思想』第一五〇号記念別冊特集、石橋湛山記念財団、二〇一八年、二〇〇～二〇一頁。
(43)前掲『私の履歴書』第四十四集、六四頁。
(44)「石橋氏入院」『朝日新聞』一九五七年二月二十八日朝刊一面。
(45)前掲『私の履歴書』第四十四集、六四～六五頁。
(46)前掲『私の履歴書　反骨の言論人』、一八一頁。
(47)石橋湛山『湛山座談』岩波同時代ライブラリー、一五二頁。
(48)「ドロ沼にはまった米価折衝」『読売新聞』一九五七年一月二十四日朝刊二面。

(49) 同右。
(50) 石橋湛一・伊藤隆編『石橋湛山日記』下巻、みすず書房、二〇〇一年、八四五頁。
(51) 「きのう(二十三日)の気温」『朝日新聞』東京版、一九五七年一月二十四日一二面。
(52) 前掲「「名峰湛山」への回想」『名峰湛山』、二四九頁。
(53) 石田博英『私の政界昭和史』東洋経済新報社、一九八六年、九六頁。
(54) 前掲「「名峰湛山」への回想」『名峰湛山』、二四九頁。
(55) 井出一太郎、井出亜夫・竹内桂・吉田龍太郎編『井出一太郎回顧録——保守リベラル政治家の歩み』吉田書店、二〇一八年、一六〇頁。
(56) 前掲『石橋湛山日記』下巻、七七〇頁。
(57) 前掲『井出一太郎回顧録——保守リベラル政治家の歩み』、一六〇頁。
(58) 前掲『私の政界昭和史』、九五頁。
(59) 「首相の遊説日程決る」『朝日新聞』一九五六年十二月二十六日朝刊一面。
(60) 宮崎吉政「石橋内閣燦滅記」『名峰湛山』、二一五頁。
(61) 前掲『石橋湛山日記』下巻、八四二~八四三頁。
(62) 同右、八四二頁。
(63) 「石橋湛山年譜」『石橋湛山全集』第一五巻、東洋経済新報社、二〇一一年、二九二頁。
(64) 前掲『石橋湛山日記』下巻、八四三頁。
(65) 増田弘『石橋湛山——思想は人間活動の根本・動力なり』ミネルヴァ書房、二〇一七年、三〇〇頁。
(66) 「〝石橋遊説〟予想外の成功」『毎日新聞』一九五七年一月十四日朝刊一面。
(67) 前掲『湛山座談』、一六三頁。
(68) 前掲『石橋湛山日記』下巻、八四二~八四三頁。

(69) 石田博英『石橋政権・七十一日』行政問題研究所、一九八五年、一六三～一六四頁。

(70)「石橋内閣、当面の施策決定」『朝日新聞』一九五六年十二月二十六日朝刊一面。

(71) 前掲『私の政界昭和史』、九八～九九頁。

(72)「新年に当り所信を語る——一月四日記者会見」『石橋湛山全集』第一四巻、東洋経済新報社、二〇一一年、三四〇頁。

(73)「閣議、予算編成方針を決定」『朝日新聞』一九五七年一月九日朝刊一面。

(74) 前掲『石橋政権・七十一日』、一六九～一七一頁。

(75) 前掲『私の政界昭和史』、九九頁。

(76) 前掲『石橋湛山日記』下巻、八四四～八四五頁。

(77) "Memorandum From the Assistant Secretary of State for Far Eastern Affairs (Robertson) to the Secretary of State." *FOREIGN RELATIONS OF THE UNITED STATES, 1955-1957, JAPAN*, VOLUME XXIII, PART1, 7th January 1957, Resource ID: frus1955-57v23p1/d106, https://history.state.gov/historicaldocuments/frus1955-57v23p1/d106（二〇二〇年十一月五日閲覧）。

(78) 前掲『石橋湛山日記』下巻、八四三頁。

(79) "Telegram From the Embassy in Japan to the Department of State," 16th January 1957, *FOREIGN RELATIONS OF THE UNITED STATES, 1955-1957, JAPAN*, VOLUME XXIII, PART1, Resource ID: frus1955-57v23p1/d108, https://history.state.gov/historicaldocuments/frus1955-57v23p1/d108（二〇二〇年十一月五日閲覧）。

(80) 前掲『石橋湛山日記』下巻、八四三頁。

(81) 前掲『石橋湛山——思想は人間活動の根本・動力なり』、三〇二頁。

(82) 岩淵辰雄「筋を通した石橋」『毎日新聞』一九五七年二月二十四日朝刊一面。

(83) 前掲「医師団の一人として」『名峰湛山』、二三〇頁。

(84) 同右、二三二頁。
(85) 同右。
(86) 同右。
(87) 前掲『石橋政権・七十一日』、一七一頁。
(88) 「石橋内閣をどう見るか」『朝日新聞』一九五六年十二月二十九日朝刊一面。
(89) 同右。
(90) 前掲「石橋内閣燦滅記」『名峰湛山』、二一五頁。
(91) 同右、二一六頁。
(92) 同右、二一九頁。
(93) 「首相、21日登院できず」『読売新聞』一九五七年二月十九日夕刊一面。
(94) 前掲「石橋内閣燦滅記」『名峰湛山』、二一六、二一九頁。
(95) 前掲『石橋政権・七十一日』、一七一頁。
(96) 原彬久編『岸信介証言録』中公文庫、二〇一四年、四六三頁。
(97) 前掲「石橋内閣燦滅記」『名峰湛山』、二二〇頁。
(98) 「石橋首相、三週間静養」『朝日新聞』一九五七年一月三十一日夕刊一面。
(99) 「鈴木委員長、首相を見舞う」『朝日新聞』一九五七年二月二日朝刊二面。
(100) 「野党に甘えるな」『読売新聞』一九五七年二月二十日朝刊一面。
(101) 前掲『明後日への道標——バクさんの随想集』、七一頁。
(102) 「内閣退陣要求へ」『読売新聞』一九五七年二月十三日夕刊一面。
(103) 前掲『明後日への道標——バクさんの随想集』、七二頁。
(104) 「野党に甘えるな」『読売新聞』一九五七年二月二十日朝刊一面。

(105)「天声人語」『朝日新聞』一九五七年二月一日朝刊一面。
(106)前掲「石橋内閣燦滅記」『名峰湛山』、二二〇頁。
(107)前掲『石橋湛山――思想は人間活動の根本・動力なり』、二九六〜二九七頁。
(108)小宮京「保守党における派閥の一考察　1920−60年代」『選挙研究』第二六巻第一号、二〇一〇年、一一頁。
(109)前掲『岸信介証言録』、一二八頁。
(110)宮崎吉政「新聞記者が接した政治家石橋湛山の実像」『石橋湛山研究』第三号、二〇二〇年、一八五頁。
(111)「〃岸政権〃構想を打出す」『読売新聞』一九五七年二月二十四日夕刊一面。
(112)「副総理含みの無任所相」『読売新聞』一九五七年二月二十五日夕刊一面。
(113)前掲『三木武夫と戦後政治』、二六七頁。
(114)前掲『岸信介証言録』、一一二頁。
(115)「石橋氏入院」『朝日新聞』一九五七年二月二十八日朝刊一面。
(116)「石橋前首相、退院」『朝日新聞』一九五七年四月十六日夕刊一面。
(117)前掲「医師団の一人として」『名峰湛山』、二三二頁。
(118)前掲「石橋内閣燦滅記」『名峰湛山』、二二五頁。
(119)「話の港」『読売新聞』一九五七年四月十六日夕刊五面。

第五章　日中国交正常化への努力

中国に向かう飛行機に搭乗する湛山（朝日新聞社／ゲッティイメージズ提供）

田中角栄の「あいさつ回り」

一九七二（昭和四十七）年九月二十五日の訪中を間近に控えた首相の田中角栄《たなかかくえい》は、九月二十二日に閣議を終えると世田谷の佐藤栄作邸に向かった。佐藤邸でひやむぎを食べた田中は、鉄道省に勤務していた時代に中国を訪問した経験を持つ佐藤から往時の話を聞き、中国に対する親しみの気持ちを耳にする。次に田中が向かったのは中落合の石橋湛山邸であった。八十歳を超えて毎年のように加療のために入退院を繰り返していた石橋が車いすで出迎えると、田中は「田中でございます」と深々とお辞儀をして最大限の敬意を示した。そして、九月二十五日に石橋が米寿になると聞いて「いいみやげ話ができた」と喜び、石橋から中国の国務院総理である周恩来《しゅうおんらい》への書簡を託されると、田中は満足そうな様子で帰途に就いた。(1)

さらに、翌日は日中の国交回復の実現を切望しつつ前年に逝去した松村謙三の墓参のため、田中は目白の自宅からほど近い護国寺を訪れる。そして、皇居での秋季皇霊祭への参列を終えると、午前一一時前にモーニング姿のままホテル・ニューオータニに現れ、岸信介と会談し、日中国交正常化後の台湾との関係について「外交官などの官僚ペースに巻込まれず大所高所から話合ってほしい」と助言を受ける。[2]

日本の外交史の画期となる日中国交正常化を目前に控え、当時存命の自民党出身の首相経験者を訪問したのは、政界屈指の気配りの持ち主であった田中が、党の内外に対して今回の訪中の正当性を改めて訴えるための儀式だった。

自民党親中派の中心的存在であった松村の墓参は、松村の遺志を継ぐのは自分であるということを強調する目的を持っていた。一方、台湾擁護派であった岸信介と佐藤栄作の兄弟と会談し、前者から大局的観点から台湾との関係を検討するよう助言を受け、後者からは訪中時代の懐旧談を聞かされたことは、自民党内に根強い親台派を抑える役目を果たした。

また、一九五五年の保守合同によって自民党が誕生して以降、鳩山一郎から佐藤栄作に至るまでの五人の首相の中で対中関係の重視を明確に示した石橋湛山の訪問も、田中にとっては日中国交正常化が、日本を排除する形で米中両国が秘密交渉を行い、米国大統領リチャード・ニクソンの訪米が決められるという衝撃的な事態を受けての措置ではなく、過去の政権の構想や取り組みを受けた政策であることを示す意味があった。一九六三年の第三〇回衆議院議員総選挙での落選を受けて政界を引退してからは、一九六四年の訪ソと一九七〇年からの『石橋湛山全集』の刊行開始を除いては人々の耳目を集める機会が乏しくなっていた石橋のもとを田中が訪れたことは、半ば忘れられていた石橋の日中国交正常化への取り組みを思い起こさせるものだった。

周恩来の弔電

石橋は一九五九年に周恩来の招請により訪中し、周らと会談している。日中国交正常化の過程における石橋湛山の位置づけは、一九七二年九月二十九日に首相の田中角栄と外務大臣の大平正芳《おおひらまさよし》、国務院総理の周恩来と外交部長の姫鵬飛《きほうひ》という日中両国の代表による「日本国政府と中華人民共和国政府の共同声明」、すなわち日中共同声明に至るまでになされた様々な取り組みの中の一つとして理解される。

例えば、次のような指摘は、日中国交正常化の過程に関する標準的な説明と言えるだろう。

中国とは政経分離のもとで貿易が行われており、自由民主党や日本社会党の議員もしばしば中国を訪問した。一九五〇年代後半から一九六〇年代、大躍進や文化大革命で混迷した中国は、岸信介内閣や佐藤栄作内閣に向けて批判声明を発した。政経分離のもとで日中関係を緊密化することの限界である。(3)

しかし、一九七三年四月二十五日の石橋の死に際して、四月二十七日付で周恩来の名義により「石橋先生が逝去されたことを知り、深く哀悼すると共に心より慰問の意を表します。石橋先生は日本の遠見ある政治家であり、永年来、中日友好事業のために大きな貢献をなされました。現在、石橋先生がそのために奮闘された中日国交正常化は、すでに実現されました。中日両国人民は永遠に石橋先生をしのぶでしょう」(4)（驚聞石橋先生不幸逝世、不勝哀悼。石橋先生是日本富有遠見的政治家、多年来為日中友好事業做出重大了貢献。現在、石橋先生為之奮斗的中日邦交正常化已実現。中日両国人民将永迄緬懐他)[5]と弔電が寄せられたことを、われわれはどのように考えるべきであろうか。

確かに、周の弔電は、一九五九年と一九六三年の二度にわたって訪中を受け入れ、交渉した相手に対する儀礼的な対応の域を超えないということができるだろう。それにもかかわらず、中華人民共和国の成立から一九五九年の第一次訪中までの過程を辿ると、石橋の対中関係改善に対する取り組みが決して等閑視されるべきものではなく、むしろ独自の価値を持つことが分かるのである。

石橋の対中政策と中国側の石橋評価

内閣発足以前の取り組み

まず、中華人民共和国が成立した一九四九(昭和二十四)年から石橋内閣が発足する一九五六年までの日中関係の推移を確認しよう。
石橋が行った対中国交正常化に関する初期の取り組みの一つが、一九五二年一月の国際経済懇談会の結成である。国際経済懇談会は対共産圏貿易の拡大と日中関係の正常化を視野に入れた超党派的組織で、村田省蔵《むらたしょうぞう》(大阪商船会長)、北村徳太郎(改進党)、平塚常次郎《ひらつかつねじろう》(自由党)、安川第五郎《やすかわだいごろう》(安川電機会長)、風見章《かざみあきら》(日本社会党)、帆足計《ほあしけい》(日本社会党)といった、財界人や保革両陣営の国会議員が参画した。[6]
一九五四年十二月十日に鳩山一郎内閣が発足すると、石橋は通産大臣として入閣する。鳩山は吉田茂時代のいわば対米一辺倒という べき外交方針を改め、「日米協調関係の維持」と「中ソ両国との関係改善を積極的に推進」を基本とした。鳩山内閣の姿勢は米国側の反発を招いたものの[7]、日本国内の貿易業者の間では「中共行きのバスに乗り遅れるな」という言葉が流行した[8]。これに対し、石橋は「中共貿易は進めるが、政治的にも経済的にも問題があるから、あまり多くを期待するのは危険である」と述べ[9]、日本国内における対中貿易への期待が過度に高まることを牽制するとともに、日本が中ソに接近することに不快感を示す米国にも一定の配慮をみせた。

一方、一九五五年三月末には対外貿易部副部長の雷任民《らいにんみん》を団長とする中国通商使節団が来日し、国交正常化についての交渉が行われた。政経分離を原則とし、現実の制約の中で貿易量の最大化を目指した日本と、政経不分離を掲げ「輸出制限の突破」という政治的問題を主要な目標とした中国との間の溝は埋まらず、交渉は頓挫する。そして、両者の間で合意に至ったのは、商品見本市の開催だけであった。

このとき、石橋は通産相として雷と会談し、「現在のところ日本政府としては貿易協定を結ぶことはできないが、中国側も日本の立場をよく理解して、日本のやりよいようにしてくれることが日中両国のためになる」[10]と発言している。

石橋と雷の会談は、交渉の行方が不透明な中で開催された。そのため、中国側は今後の交渉に希望を抱いたものの[11]、石橋が早期の対中国交正常化には慎重であったことは、日本側の原則論を強調したという点からも分かる。

ただし、一九五五年五月に第三次日中民間貿易協定が調印され、通商代表部の設置、政府間協定の締結などが協定の本文に規定されるとともに、十月には東京で中国商品見本市が開催されるなど、経済関係を中心として日中関係は好転の兆しをみせた。このような状況を受け、石橋は翌五六年六月、『日本経済新聞』に論文「「日中貿易」を促進せよ」を寄稿し、日本の産業の振興のために日中貿易の活用を提唱した。(12)

日中貿易促進の議論

石橋が論文「「日中貿易」を促進せよ」の中で行った議論は、もとより鳩山内閣の一員として政府の立場に基づくものである。それとともに、通商問題の主務大臣である石橋の日中関係に対する見方も反映するものであった。

この論文の中で、石橋は「中国は日本の必要とする原材料の供給源として、また日本製品の市場として古くから大切な地域であった」と、日中関係を二国間貿易の観点から定義する。そしてこうした歴史に即して、日本と中国との経済関係を緊密にすることは日中双方にとって不可避であるばかりでなく利益になることであるとし、そのような経済交流が東西冷戦によって阻害されていることが問題であると指摘する。しかし、どれほど中国との経済交流が有益であるとしても日本は自由主義諸国との協調を破らない範囲で貿易協定の実現などに尽力しようとしているのであり、日中輸出入組合を組織して両国の貿易の推進に寄与していることや中共見本市の援助といった間接的な交流が、現在の日本政府の対中政策の一端であるとする。

一方で、日本が対中貿易を促進しようとすることに対する西欧諸国の反応にも苦言を呈する。すなわち、対中貿易を増進することで日本が政治的、思想的に共産主義陣営と同調するのではないかとみる西欧諸国の懸念は、あくまで自由主義陣営の一員であろうとする日本の態度とは異なる、事実に基づかない見解であると批判する。それとともに、西欧諸国における日本の貿易への差別待遇や米国における日本商品のボイコットの動きといった国際貿易の状況も、日本にとって対中貿易の重要性を高めていることを指摘する。

そして、中国に対しても、日本を共産化するための手段として経済活動や文化交流を利用しないよう注意を喚起し、日本が対共産圏輸出統制委員会の輸出制限を忠実に従う覚悟であることを了解するよう求める。さらに、貿易代表の交換についても、国交の回復がなされていない状況では日本駐在の代表者に外交官待遇を与えられないものの、通商上必要な便宜を可能な限り提供すること、中国側も日本の立場を了解し、実情に即した政策を実行してゆくことを中国政府の首脳が理解しているという確信を披露する。(13)

この議論の中で、石橋は日中両国の国交が回復していないという所与の条件に基づき、あくまで日本は自由主義陣営の一員として対中政策を進めること、さらに中国だけでなく欧米諸国にも経済と政治の混同を戒め、日本が経済活動についてのみ中国との交流を促進することを繰り返し強調している。ここには、自由主義陣営に属するからといって日本が米欧の不適切な対日貿易活動を受け入れることを拒み、日本にとっての最善の利益を追求する立場を崩さないだけでなく、中国に対しても貿易を通した日本の共産主義化といった政策を放棄し、日中両国が相手の立場を十分に理解し、尊重することを通してこそ実情に即した交流が実現するという、石橋の強い意志の表れを認めることができる。

新総裁としての対中政策

首相時代の石橋の対中政策には際立った事績はない。それでも、一九五六年十二月十四日に自民党総裁選挙に当選した直後の記者会見の中で、「ソ連、中共との経済関係はどう調整するか」と問われた際に中国との国交回復は極めて難しく、当面の課題とはならないこと、その一方で経済関係は密接にしたいものの米国の対中政策を踏まえて現実的な方法をとらざるを得ないと答えたこと[14]、また選挙区のある静岡県の『静岡新聞』の取材に対して「どこまでも米国をリーダーとして、共同して中共問題を解決したい」と発言し、「自由主義国家群を飛越えて中共と接近し、国交回復をやるのではないか」という周囲の見立てに反論している点[15]は見逃せない。これらの発言は、いずれも論文「「日中貿易」を促進せよ」の立場を踏襲するものである。

第一次吉田茂内閣で大蔵大臣に就任して以来、一貫して米国への政治的な依存の度合いを減らし、自律的な政策の実現を施行していると考えられたのが石橋である。占領時代にはそうした理解が石橋の公職追放に繋がった。また、追放解除後に政界に復帰すると、吉田が率いる自由党の主導権をめぐり鳩山一郎を擁して反吉田陣営の幹部となる原因も、吉田との過去の経緯だけでなく、対米関係の見方の相違によるものだった。そのため、自民党の総裁に選出され、やがて新内閣の首班に指名されることが確実となった以上、石橋が日頃の主張に基づいて対米関係を見直し、日ソ国交回復を実現した鳩山一郎内閣の成果を受け、外交上の主たる懸案事項であった日中国交正常化問題に取り組むと考えられても不思議ではなかった。

しかし、自民党の新総裁になったとはいえ、形式的ながらも依然として第三次鳩山内閣が続いており、石橋も通産大臣として内閣の一員であった。そのため、あくまで鳩山内閣の閣僚の一人として政権の方針を踏襲し、周囲が期待するような対中関係での積極的な方針の提起や米国の影響力を排除するといった新たな外交政策の提唱は控えられたのである。むしろ、米国の言いなりにならず、「米国とケンカする位のいい争い」もする覚悟はあるものの、米国側が自らに対して何らかの誤解を持っているならそのような見方を改めてもらうために訪米さえ辞さないと、石橋は米国との協調のために柔軟な姿勢を示している。(16)

「向米一辺倒にはならず」

石橋は首相就任の翌日に行われた最初の記者会見において、「国民全体が希望していること」として「自主外交」の推進を標榜し、米国と提携するものの向米一辺倒にはならず、今後も中国との経済的関係を深めていくという方針を示す。(17) また、十二月二十六日に首相官邸で行った初の外国人記者団との記者会見では、日米関係の一層の強化と、両国の関係をより一層偉大な「精神的結合」にまで発展させることや、自由世界と国連が課す制限の枠内で日中貿易を促進し、日米両国や台湾の国民政府と関係に変化を与えるとは考えないことを指摘し、日中国交正常化に直ちに着手することはないと強調する。(18)

このような石橋の対中政策は、十二月二十五日に行われた石橋内閣の最初の閣議での決定に明瞭に反映されている。すなわち、閣議決定では以下の事項が政権の対中政策の基本方針として了承さ

れた。(19)

・中国との国交回復は国連及び自由主義諸国家との調整がついたのちに行う。

・中国との貿易は従来より積極的に拡大していく。

・具体策として自由主義諸国と話し合い、対共産圏輸出統制委員会の規制緩和を目指し、特認制度などの活用を図る。

・中国貿易促進のため自民党内に新たな機構を設け、また民間にある中国貿易関係団体を統合し日本側窓口の一本化に努め、近い将来民間通商代表部を交換することを目指す。

閣議決定の内容からは、石橋が鳩山内閣時代の対中政策を踏まえつつ、一九五五年の第三次日中民間貿易協定の調印を受けて変化の兆しが認められた日中関係の改善をさらに進めることを志向していたことが分かる。

政権担当後の石橋の主張する「向米一辺倒になることはない」とは、周囲が漠然と抱いていたような、対米関係よりも対中関係を優先するといったものではなかった。あくまで日米関係を基軸としつつ両国の立場をより対等なものにすることを目指したのであり、決して米国と決別することを意図していなかった。その意味で、対中、対米を含む石橋の外交政策は、本人の考えとは異なる受け止められ方をしていたのであり、記者会見のたびに対米関係の重視が強調されたのは、そのように明確な発言を行わなければ誤った見方があたかも事実であるかのようになることを恐れたためだった。

このような石橋の方針を象徴的に示すのが、岸信介を外務大臣に起用したことである。岸を外相としたことが、自民党総裁選挙で決選投票まで争った対立候補を閣外に置くことで政権の基盤が脅かされることを避けるための措置に他ならないことは前述した通りである。しかし、対米関係を重視する岸を外交の主務大臣である外相に迎えることは、日米関係に根本的な変化は生じないと内外に明示するための人事でもあった。石橋が対米関係の急速な変化を目指していなかったことは、一九五一年に締結され、主権回復後の日米関係の基礎となった日米安全保障条約について、「大きな変化が起ることは予想していない[20]」と明言したことが示す通りである。

『人民日報』の論評

石橋の外交政策は、向米一辺倒からの脱却を唱えていたものの日米関係を日本の外交政策の基軸とする、戦後の日本の外交のあり方の基本的な考え方に沿うものだった。

しかし、「向米一辺倒になることはない」という言葉に対して、関係諸国は様々な反応を示した。例えば、十二月二十五日に中国共産党の機関紙『人民日報』は、石橋内閣の成立を受け、次のように論評した[21]。

一、今日日本国民の最大の悩みはアメリカがあらゆる分野で日本自身の問題を支配し、干渉していることである。

一、石橋首相が直面している任務の一つは、石橋首相が諸困難を克服し、日本国民の共通の願望となっている日中両国間の関係を友好的なものにすることができるかどうかということである。中共は隣国日本をふくめてあらゆる国と平和共存の原則に基いて友好関係を樹立したいと望んでいる。中共は日中両国関係の正常化にたゆまぬ努力を続けてきたが、日本政府はこれに応じてこなかった。

『人民日報』の論評からは、現在の日本にとって米国はあらゆる分野に過度に干渉する好ましくない国であること、また、日中関係の正常化は両国国民の共通の願いであり、その願いを実現するために石橋内閣があらゆる困難を排除して日本の利益と願望にかなう政策を実行できるか否かを注視するというのが、石橋内閣に対する中国当局の考えであることを示している。

石橋があくまで日中関係の改善は経済交流が中心であるとし、米国が率いる自由主義諸国や中華民国の意向を無視してまで中国との国交回復を急ぐ考えを持っていなかったことを考えれば、十二月二十七日の社説の中でも「石橋湛山氏は中日貿易に比較的深い理解の持ち主であり、強力に中日貿易を推進していく旨表明している。石橋首相のこうした積極的態度を、われわれは歓迎する」(22)と指摘した『人民日報』とその背後に控える中国の当局者の石橋に対する理解は楽観的であった。

中国の過大な期待、米国の過度の懸念

この時期の中国側の日本の政治家や政治の動向に対する理解が正確さを欠いていたのは、鳩山一

郎が「中国との国交調整のため、周恩来総理と会ってもよい」と述べたことを受けた、一九五六年四月一日の『人民日報』の論評からも窺われる。このとき、『人民日報』は次のように指摘する。[23]

中国政府は、中日両国関係の正常化促進について話合いをするよう再三提案したが、日本の外務省は冷淡な態度をとってきた。我々は鳩山首相が表明した願いを日本政府が実際行動に移すことができるかを見守りたい。中国はいつでも友好関係を促進する用意がある。

三月二十九日の衆議院外交委員会において、日本社会党の田中稔男《たなかとしお》が「中共との国交調整を考えているか」と質問すると、鳩山が「必要であると思っている。もし周恩来氏が会談の希望をもっているとすれば会談することもあえて辞することはない[24]」と答えたことを受けて書かれたのが、『人民日報』の評論である。

中国との国交調整が必要であるという鳩山の発言は、すでに参議院で表明されたものだった。それをあえて衆議院でも確認したことは、日中友好協会の中心人物の一人である田中が、中国側の意を体し、今後の中国当局による日本側への交渉の呼びかけの伏線として鳩山の発言を引き出す目的があった。

しかし、日ソ国交回復を政権の最重要課題としていた鳩山にとって、日中国交正常化の優先順位は低かった。「会談することもあえて辞することはない」とは、会談の機会そのものは拒まないものの自らは積極的に行動することはないという、鳩山の曖昧な態度を反映している。

それにもかかわらず『人民日報』が鳩山と周の会談に希望を持ったことは、当時の『人民日報』や中国当局者の中に日本の情報や政治情勢に精通した人材が乏しかったことを示唆する。また、田中らに代表される中国側との繋がりを持つ関係者たちも、日本国内の政治の状況を正確に伝えていなかったことを窺わせる。こうした経緯から、鳩山と周の会談が実現しなかったことを含めて、『人民日報』は「中共は日中両国関係の正常化にたゆまぬ努力を続けてきたが、日本政府はこれに応じてこなかった」と日本側の対応を批判し、石橋の外交政策に新たな期待を抱いたのであった。

ただし、石橋の外交政策の基本を適切に理解しきれなかったという点では米国も同様だった。例えば、『ニューヨーク・タイムズ』は「石橋は通産相時代に共産中国との貿易拡大に好意的であったので、米国が極東で利益を損なうとしても、この政策を引き続き促進するであろう」[25]と指摘しているし、在ワシントン英国公使のアーサー・ジェームズ・ド・ラメアは、石橋の総理就任に対する米国政府の狼狽と、「投資をしている」岸信介に対して石橋内閣の外相として石橋の政策を調整することに期待していることを書き記している[26]。

このような状況を考えれば、首相就任後の石橋の対中政策について、中国側は過大な期待を持ち、米国側は過度に懸念を示していたのである。

「ファシズム分子」からの評価の変遷

それでは、どうして中国側は石橋を高く評価していたのだろうか。

中国外交部の公文書である档案《とうあん》や『人民日報』、中国外交部所管の国際情報誌『世界知識』など

の史資料を網羅的に分析した王雪萍《おうせっぺい》の研究によれば、中国政府の石橋に対する理解は、五段階に分かれるとされる。(27)

1、無知と誤解（一九四六―一九五一年）
2、評価と疑念の併存（一九五二―一九五四年）
3、通産大臣としての石橋湛山の言行への注目と評価（一九五四―一九五六年）
4、日本首相として石橋を再認識し、誤認を是正（一九五六―一九五七年）
5、中国の友人として認識される過程（一九五七―一九七三年）

公職追放を根拠に日本の政界における主要なファシズム分子とし、追放解除後は「罪行高きファシズム分子である前蔵相石橋湛山」と名指しで批判することから始まった中国政府の描く石橋像は、一九五二年にモスクワで開催される国際経済会議への参加の意思を示したことへの期待とともに「軍備再建派」「人民に敵対する政治家」という評価が混在することになる。そして、第一次鳩山内閣に通産相として入閣し、日中貿易を所管することになった石橋に注目が集まることになる。さらに、石橋内閣が誕生すると日中関係の改善への期待を高めたものの、石橋が健康状態の悪化によって退陣すると、総辞職の原因を医師団が公表した老人性肺炎と自民党内の派閥抗争の結果として分析する。一方、石橋の後継者となった岸信介が親米反共路線を明確にすると、日中関係は停滞することになる。

こうした状況を受けて、日中貿易の促進を主張した石橋の存在が再び注目されるようになり、中国政府が石橋の訪中に賛成することは自民党内部における日中関係への対応の矛盾を拡大させ、結果的に親米反共政策を採用する岸内閣の基盤を弱体化させるために有益であると分析している。

そして、一九五九年に石橋が訪中を実現すると、一九六一年には毛沢東《もうたくとう》が訪中した日本社会党の議員団との会談の中で石橋を「我々の間接的な同盟軍」とするなど、中国側の評価が高まりを見せている。最終的に一九六三年の二度目の訪中と毛沢東との直接会談の後、石橋は「中国の友人」として中国政府が最重要視する日本の政治家の一人となったのである。(28)

中国の情報収集と情勢判断の限界

一連の評価が示すのは、石橋を「ファシスト分子」としたり、石橋の退陣の理由となった健康状態について新聞報道以上の内容を指摘していないなど、中国当局の情報収集能力の限界である。また、総裁選の前日の時点で一回目の投票で過半数に達する候補者がおらず、二位・三位連合によって石橋が勝利すると判断し、本国に報告した米国大使館(29)に比べると、中国側の情報収集と状況分析の能力が劣っていたことを物語っている。

これに対し、一九五九年の訪中を受けて石橋の評価が高まったことは、公職追放という点のみに注目して「ファシズム分子」と見なしていた当初の見方に比べて改善したと言える。しかし、一九五七年二月に首相を退陣して以降は石橋の政界における発言力は限定的になる。

自由党と日本民主党が合同して誕生した自民党は、当初は両党の派閥が温存されていた。だが、一九五六年の総裁選によって派閥の統合と再編がなされ、岸信介政権以降は派閥が自民党の政治活動の基礎単位となり、いわゆる派閥政治の時代を迎える。そのような状況の中では、発足時から他派に比べて規模が小さく、石橋の首相退陣後には派閥としての統一した活動が困難となった石橋派[30]が自民党内で主導権を握ることはなかった。

こうした自民党内の権力のあり方を考えるなら、石橋自身が党内に及ぼす影響力は限定的であったことは明らかである。それにもかかわらず中国側が石橋を高く評価し、「中国の友人」と考えたのは、関係者の情報収集能力や情勢判断の限界によるものであったし、当時存命する首相経験者の中で石橋が唯一日中関係の改善に積極的であったためでもある。

自民党内の事情を十分に理解していなければ、前首相という肩書は輝かしい。とりわけ序列が重視される中国にあってはなおさらその存在が重視された。対日関係を担当した中国外交部第一亜洲司が一九五九年の石橋の訪中を認めた理由について、石橋は与党首脳であり、自民党内で反岸信介の派閥を率いており、日増しに反動的となっている岸政権下で自民党内の派閥抗争が激化していることを考えれば、石橋の訪中によって反岸勢力の結集に寄与するとともに石橋が代表する日本の中産階級への影響力も期待できると分析したことは、当時の石橋の存在がどれほど中国側に過大に評価されていたかを示している[31]。

何より、岸政権を保守反動、石橋を反岸派の中心人物と捉えたことは、例えば首相就任直後の外国人記者団との会見で日米関係について根本的な変化はなく、全ては岸外相に任せていると発言した石橋と岸の間の、政策面での連続性を見逃していることに他ならない。

第一次訪中

反岸政権の方針

岸信介の外交政策の中心が、鳩山、石橋政権で冷却化した日米関係の修復と日米安全保障条約の改定に置かれていたことは間違いない。そのため、日中関係は岸政権の優先課題から外れるとともに、「政経分離」「中国情勢の静観」が岸内閣の外交上の基本方針となった。その意味で、中国当局が岸政権に懸念を抱き、石橋に大きく期待することも無理からぬことだった。

岸政権の成立から石橋の第一次訪中に至る期間の主な対中関係の推移は次の通りである。

一九五八年三月に第四次日中民間貿易協定が調印されている。しかし、米国と台湾の中華民国政府が反発したため、岸は蔣介石《しょうかいせき》への親書の中で「日中貿易協定は中国承認を意味しない、通商代表部に特権を与えない、通商代表部の国旗掲揚権を認めない」と明記して事態の収拾を図った。また、五月二日には右翼団体の男性が長崎市内のデパートの催事場に掲げられていた中国国旗を引き摺り下ろす長崎国旗事件が発生し、中国政府が日本政府の対応を厳しく批判する。五月九日には副総理兼外交部長の陳毅《ちんき》が日本との貿易の中止を宣言したため、約四〇〇億円と言われた契約が破棄され、日本の対中貿易業者が損害を蒙っている。

外交面では対米関係を最重要の課題と位置づけ、内政面においても警察官職務執行法の改正などを進める岸政権に対し、一九五八年十二月には石橋や松村謙三ら自民党反主流派は反岸政権の方針で一致する。中国当局が石橋を反岸派の中心的な人物と考えたのは、こうした自民党内の動きを反映したものだった。

その後、一九五九年二月には西園寺公一《さいおんじきんかず》（元参議院議員）、鈴木一雄《すずきかずお》（日中貿易促進会専務理事）らが中国政府に石橋の訪中を打診し、日本社会党書記長の浅沼稲次郎が訪中した際に「アメリカ帝国主義は日中両国人民共同の敵」と発言して岸政権によるに日米安保改定交渉を非難するなど、石橋を取り巻く環境に徐々に変化の兆しが現れてきた。

このような状況を受け、石橋は一九五九年四月五日に「現内閣にこの（東西両陣営の平和や中共貿易問題の）解決を望むのも無理だ。もし岸内閣がだめならわたしが出てもいい[32]」と発言し、初めて訪中の可能性に言及した。

石橋は一九五九年六月四日に周恩来に書簡を送付し、中国人民外交学会副主席の廖承志《りょうしょうし》から、周恩来が石橋の訪中を歓迎する旨の返書を受領する。そして、八月二十二日に周恩来から正式な招請状が届き、九月七日に石橋を団長とする一二名が訪中し、九月二十六日まで各種の会談や交渉を行うこととなった。

第一次訪中の実現

羽田空港からパンアメリカン航空の飛行機に乗り込んだ石橋湛山を代表とする訪中団の顔触れは、石橋のほか、石橋うめ（梅子、石橋夫人）、加藤常太郎《かとうつねたろう》（自民党）、宇都宮徳馬《うつのみやとくま》（自民党）、高橋亀吉《たかはしかめきち》（経済評論家）、鈴木一雄、森川和子（鈴木秘書）、室伏祐厚（石橋秘書）ら一二名であった。

石橋は一九五九年六月四日付で周恩来に宛てた書簡の中で、「日中両国はあたかも一国の如く一致団結し、東洋の平和を護り、併せて世界全体の平和を促進するよう一切の政策を指導すること」、「両国は右の目的を達するため、経済、政治、文化において、極力国境の障碍《しょうがい》を撤去し、交流を自由にすること。その具体的方法については実際に即して両国が協議決定すること」、「両国がソ連、米国その他と結んでいる従来の関係は、相互に尊重して俄《にわか》に変更を求めないこと」といういわゆる「石橋三原則」を示していた。(33)

「石橋三原則」は日中両国の自由な交流を目指す分野の筆頭に経済が挙げられ、日米安全保障条約及び中ソ友好同盟相互援助条約という既存の日米もしくは中ソ関係について直ちに変更を求めないことなど、外交面で現状維持を容認しており、経済優先の方針を強調する点に特徴があった。

また、訪中に先立ち、『日本経済新聞』に「訪中の心境を語る」と題して寄稿し、訪中の意義と交渉の方針となる六点を示した。(34)

（1）人間の幸せは資本主義とか共産主義とかいうイデオロギーによって左右されてはならず、アジアの両国がイデオロギー面で対立するのは不幸である。
（2）アイゼンハワーとフルシチョフの米ソ相互訪問が予定されるなど、緊張緩和の兆しが見られる。
（3）日中両国は将来提携する運命にある。したがって経済問題だけ解決すればよいというのではなく、政治と経済を分離できない。

（4）とはいえ、目下、日本政府が行っている安保条約改定交渉に支障を来たすようなことは絶対にしない。
（5）中国は人民公社などいま建設期にあり、その成否はわからないが、日本は協力することが望ましい。
（6）日本の現在の姿を中国首脳に説明し、その立場を認めさせ、日中両国の共存が可能かどうかを話し合う。

イデオロギーが異なる立場の者たちの融和ではなく、分断する力を持つことを指摘し続けてきたのが石橋である。[35] それだけに、訪中に際してもイデオロギーの対立が日中両国の対話を阻害することを指摘したのは、石橋にとって当然のことだった。

一方、従来から日本政府が日中関係における政経分離を唱えているのに対して、政治と経済が一体であることを指摘した点は、外交当局の政策と齟齬《そご》を来たしかねないものだった。この点については石橋も自覚的で、「支障を来たすようなことは絶対にしない」と強い表現を用いることで、今回の訪中では当時改定に向けて行われていた日米安全保障条約に関する日米交渉に悪影響を与える行動を取らないことが明記されていた。

こうした方針を示しつつ、石橋は「中共との間に話合いをつけることが私の使命だとは考えていない」[36] と述べている。一見すると弱気とも思われる発言は、実質的な成果が得られなかった場合に備えたものであるとともに、交渉の妥結よりも継続した交渉の端緒を作ることを最も優先するという、交渉の長期化を見据えた態度でもあった。

「石橋・周共同声明」の発表

「話合いをつけることが私の使命だとは考えていない」という石橋の予想は、実際の交渉の中で的中することとなる。すなわち、廖承志との予備交渉が難航するとともに、周恩来との三度に及ぶ会談でも容易に妥協点を見出すことができなかったのである[37]。

石橋と周の会談の記録は、双方の合意に基づき非公開となっている。しかし、石橋の訪中に関心を示した駐中国アフガニスタン大使館からの照会に対する中国外交部の回答には、中国側の担当者は石橋と意見交換を行ったものの交渉は進展せず、石橋の発言の多くが岸政権の見解と同じ内容であったこと、そして中国側が石橋に対して中国が対日政策の基本方針を明確に説明したことが記されている。

さらに、石橋と廖の交渉の内容も同様で、九月十二日から十四日まで三回にわたる会談が行われたものの、双方が自らの意見を述べ合うだけで妥協点を見出せず、話し合いは終了している[38]。それでも、最終的に九月二十日に双方が合意し、今回の訪中の成果としていわゆる「石橋・周共同声明」が発表されることとなった[39]。

日本前首相石橋湛山先生は、中国周恩来総理の招請により、一九五九年九月九日から九月二十日まで、中華人民共和国の首都北京を訪問した。滞在中、石橋先生は周総理、陳毅副総理と友好

周恩来（右）と初めての会談（一般財団法人石橋湛山記念財団提供）

的なふんいきの中で率直に意見の交換を行った。双方は両国民が手を携えて極東と世界の平和に貢献すべきであると認めた。

上述の目的を実現するため、日中両国国民は領土主権の相互尊重、相互不可侵、内政不干渉、平等互恵、平和的共存の五原則と、バンドン会議の十原則に基き、両国民の友好の促進に努力し、国民の相互信頼を深め、両国の現存関係を改善し、また一日も早く両国の関係を回復するよう協力すべきである。周総理はこのため日本が外来の干渉を振り切り、中国敵視政策を排除し、二つの中国をつくる陰謀に参加すべきでないと指摘した。石橋先生はこれに対し良識ある日本人士はかかる思想や行動を容認したことなく、今後も容認しないと表示した。

石橋先生は日中両国の政治、経済、文化の交流と発展は実情に応じて努力すべきものと語った。周総理はこれに同意すると表明し、そして日中両国の政治、経済の関係の発展は必ず結合して行うべきで、切り離すことは出来ないと指摘した。これに対し石橋先生も同意を表明した。

石橋先生は以上に関連して、日本の現状と現存の国際関係は満足することの出来ない点があり最大の努力を尽して一日も早く改めるとともに、その実現を逐次促進すべきであると表明した。周総理はこれに対し歓迎の意を表するとともに、われわれは日本が一日も早く上述の希望を達成することを望み、中国人民はこの目標の実現のためになされる日本国民の努力を大いに支持し、日本の国民の独立、自由民主、平和と中立の願望に心から同情を寄せるものであると述べた。

石橋先生は日中両国の政治家および各界人士の接触をふやし、率直に意見を交換することによって、相互の理解と友好を増進すべきであると提案した。周総理は石橋先生のご来訪が相互間の理解を深めるために有益であったと語った。中国政府と中国人士は、過去と同様に日中友好に誠意のある日本の政治家と各界人士が中国を訪問されることを歓迎すると述べた。

一九五九年九月二十日

周　恩来
石橋湛山

妥協の産物

共同声明の発表に至る過程で生じた主たる問題点は、日中関係に対する両国の基本的な態度の違いだった。「直ちに中国を敵視する言動と行動を停止し、再び繰り返さない」「「二つの中国」を作る陰謀を停止する」「中日両国の正常関係の回復を妨げない」という「政治三原則」を掲げる中国側に対し、石橋は訪中前から掲げていた、外交面での現状維持と経済優先を中心とする「石橋三原則」を示して応じた。

　政治的な側面に重点を置く中国と経済関係の改善を重視する石橋との会談が平行線をたどるのは当然であった。しかも、中国側が「岸内閣は中国敵視政策を取り、二つの中国を作る陰謀を行っている」と対日批判を行い、石橋が反論する場面も見られた。(40) 石橋を岸に反対する勢力の中心人物と考えていた中国側からすれば、岸を批判すれば石橋も同調し、膠着《こうちゃく》した交渉を打開することができたという思惑があったのであろう。だが、訪中時に「アメリカ帝国主義は日中両国人民共同の敵」と米国を批判することで、対米関係を重視する岸政権をも批判した浅沼稲次郎と異なり、どれほど岸政権での日中関係の改善に希望を持っていなかったとしても岸信介を総裁とする自民党の議員である石橋が、他国で自党の党首の率いる政権を批判するような態度をとることはなかった。

　このような石橋の姿勢は、中国側を失望させ、交渉の成果に不満を抱かせるものだった。中国側が石橋との交渉に満足しなかったのは、石橋が要望したにもかかわらず、最高実力者の毛沢東との会談が実現しなかったことからも明らかである。(41) しかし、交渉が決裂することは石橋の面目を潰すだけでなく、石橋を招聘《しょうへい》した周恩来の体面にも関わることであった。そのため、石橋らの訪中団との交渉の成果として共同声明を発表することは重要だった。

　最終的に共同声明をまとめることができたのは両者が妥協したためであり、声明の中で日米安保条約にも中ソ同盟条約にも触れず、石橋と周の主張が併記されることになったのは、今後の交渉を見据えた結果だった。妥協と譲歩が重なり合うのが外交であるとすれば、石橋と周の会談は、文字通り外交交渉だったのである。

一方、日中関係における懸念材料とされた政経不可分論については、実際の交渉の中では大きな問題にならなかった。なぜなら石橋が同行した宇都宮徳馬と加藤常太郎に対して「政治家である自分が北京にきて話している。それはまぎれもなく政治だ。経済はやるが政治はやらない。そんなことを自分の口からいえるかね[42]」と、政治的な話題よりも経済問題を優先しつつも政経不可分の態度を示唆していたからである。

第一次訪中に対する評価

石橋の訪中に対する日本国内での反響は様々だった。

訪中前の段階は、自民党主流派が「時期尚早」「安保改定に水を差す」として警戒するとともに、右翼は「アカの手先」「国賊」「売国奴」と批判し[43]、石橋に先立って書記長の浅沼稲次郎が訪中した日本社会党は、「中国との国交回復を急がなければならない現在、与党の自民党から指導的人物が訪中するのは結構である」と石橋の訪中を支持する態度を示した[44]。

日本社会党が一九五九年八月時点で石橋を自民党の指導的人物と捉えていたことは、中国側が石橋を評価する際の情報源の一つが同党であったことを示唆している。日本社会党の情勢分析の不十分さは、石橋の訪中を国際政局変化に乗り遅れまいとする「独占支配層のアセリ[45]」と理解していたことからも分かる。自民党内の権力の構造を正確に把握できなかった日本社会党に情報を依存していたことが、中国当局の石橋への過大な評価に繋がったのである。

訪中後の主な反応には以下のようなものがあった。例えば、自民党主流派は石橋が中国側との交渉で具体的な成果を挙げた場合に安保条約の改定の成否に影響を与えることを懸念していたものの、共同声明が抽象的、理念的な内容にとどまったことで日米関係に与える影響が最小限に抑えられたという理解を示した(46)。一方、中国側の唱える政経不可分論に同調したとも思われる石橋の態度を問題視し、除名を求める動きも生じた(47)。また、官房長官の椎名悦三郎《しいなえつさぶろう》が石橋と周による共同声明の内容は岸政権の対中方針を曲解したものであり、政府として毅然とした対中政策を改めて確立する必要があると指摘し(48)、自民党幹事長であった川島正次郎も、従来の岸政権及び自民党の対中政策が政経分離であるにもかかわらず共同宣言の内容が政経一体論を認めたかのような内容となっている点を問題視し、石橋が全体として「中共側のペース」に巻き込まれていると批判する(49)。石橋の訪中について批判的であったという経緯も含め、政府と党はいずれも「石橋・周共同声明」を無視する姿勢を示したのである(50)。

これに対し、外務省は、「中共の態度は変わらないだろうが、石橋氏は日本の立場をはっきり示した。双方の人的交流の窓を開いたことは有意義(51)」であると指摘し、石橋の訪中が日中関係を直ちに改善することはないものの、今後の交渉や日中双方の歩み寄りの可能性をもたらすものであったと肯定的に捉えている。財界は共同声明の内容が具体性に乏しいとし、貿易界も今後段階的に関係が改善することはあっても、今回の石橋訪中を受けて日中関係が早期に好転する可能性は低いとの認識を示した(52)。

冷淡とも傍観的ともいえる自民党や外務省の態度に比べ、積極的な評価を示したのが日本社会党と日本共産党だった。日本社会党は「自民党をはじめとする保守勢力への影響は、今後予想外に拡大するだろう」[53]とし、日本共産党は「共同声明を歓迎し、これを支持する」[54]と『アカハタ』一九五九年九月二十二日の論説を引用し、石橋の訪中の成果を肯定的に捉えている。自民党に比べて中国に対して友好的な立場にある両党の姿勢を反映していると考えれば、こうした反応は当然だろう。何より、党内反主流派で勢力も小さいとはいえ、政権党に属する石橋の訪中が野党の首脳の中国訪問に比べて政治的に大きな意味を持っていたことは、日本社会党の浅沼稲次郎自身が認めるところだった[55]。それだけに、一九五九年三月に訪中した浅沼が石橋と周による共同声明を評価することは、評価に値する共同声明の先駆を務めた形になる自らの功績をも誇示するという屈折した論理構造を持っていたのだった。

風刺漫画が示す石橋訪中への懐疑

世論の反応は、訪中前も訪中後も、石橋の取り組みがどれだけの結果を残すかという点で懐疑的であった。そのような見方を象徴するのが、『読売新聞』に掲載された二点の風刺漫画である。すなわち、石橋が訪中する直前の九月二日には、「タタキ屋同伴」という題名の久里洋二《くりようじ》による風刺漫画が掲載された[56]。この漫画は、「人民服を着た中国人と思しき人物と会話する禿頭の男性の背中を、金槌を持った人物が叩く」という構図になっている。禿頭の男性は石橋湛山を表し、石橋の背中を金槌で叩くことは「石橋を叩いて渡る」という俚諺《りげん》の隠喩である。ここから、この石橋が訪中後の交渉の過程で安易に中国側と妥協すること、あるいは日本の外交方針に背く態度を取ることを戒める、慎重な交渉を要求する内容となっていることが分かる。

また、共同声明が発表された九月二十日には、やはり久里洋二が「二つの中国は作らない」と題する風刺漫画を描いている。(57)

「「整形医」という看板が掛けられた建物から出てくる、二つの頭が胴体から生えている人物を禿頭の整形医が見送る」という構成は、「日本は「二つの中国」を認めない」という趣旨の共同声明の内容を戯画化している。「タタキ屋同伴」と同様、禿頭の整形医は石橋であり、一つの胴体から二つの頭が出ている人物は中華人民共和国と中華民国とが互いに正統な政府であることを主張している中国の状況を象徴しており、「二つの中国は作らない」という題名のすぐ下に付された「ちょっと無理かな」という但し書きは、「二つの中国」を認めないという中華人民共和国側の要望を満足させることが日本にとって難問であることを意味する。

久里洋二「二つの中国は作らない」(『読売新聞』1959年9月20日夕刊一面)

風刺漫画が成立するためには、描かれている内容が読者に容易に理解されるだけでなく、内容が読者の共感を得ることが重要となる。その意味で、『読売新聞』に掲載された二点の風刺漫画は、少なくとも世論が石橋に対して慎重な交渉を行うことを期待し、石橋の訪中が必ずしも成功するとは考えていなかったことを示唆する。

このような訪中に対する周囲の評価に加え、石橋自身も「「石橋は中国の日本分断作戦にかかった」というかも知れないが、私はドロをかぶる覚悟だから構わない」、あるいは「国民の皆さんに望みたいのは日中国交回復の実現はきわめて厳しいことを認識してもらいたいことだ[58]」と発言し、今回の訪中が必ずしも成功しなかったと捉えていることをほのめかした。

しかし、共同声明に「石橋三原則」を盛り込むことに成功するだけでなく、周恩来との秘密会談で持論である「日中米ソ平和同盟」構想を提示し、周から原則的な賛同を得るとともに、中国による台湾の武力解放の回避を求め、周が同意するなど[59]、実質的には一定の成果を挙げたということができるだろう。経済的、軍事的には米国に依存する西側諸国の一員でありながら、中国とソ連という共産主義国と国境を接するという日本の位置を考慮し、対米一辺倒の外交政策ではなく、中国とソ連と友好的な関係を築くことで、日本を媒介として東西両陣営を指導する三か国が平和同盟を結び、東アジア、そして世界の平和を実現するというのが、石橋の主張する「日中米ソ平和同盟」である[60]。

自らの主張への中国側の理解を見て、石橋は訪中の成果について肯定的な理解を示す。そして、訪中後の石橋は、日本国内において党派を超えた対中関係改善のための取り組みを推進することになる。

石橋訪中はどのような意味を持っていたか

当時から具体的な成果に乏しいとされ、政府と自民党主流派からは黙殺される形になったのが、石橋湛山の一九五九年の訪中であった。それでも、周恩来との間に共同声明を発表するところまでたどり着き、石橋自身も訪中に一定の成果を認めている。

それでは、石橋はなぜ対中関係の改善に取り組むことになったのであろうか。政治的側面から考えれば、親米路線を掲げた吉田茂、対米一辺倒の政策を進めた岸信介との対立が挙げられる。親米でも反米でもない、対米自主独立路線の模索が、石橋による対中関係の改善への取り組みに繋がったのである。

次に、経済的側面では、「「日中貿易」を促進せよ」で示された四つの論点が参考になる。ここで、「「日中貿易」を促進せよ」の内容を改めて確認すると、石橋は次のように指摘していることが分かる。[61]

(1)中国は日本の必要とする原材料の供給源として、また日本製品の市場として古くから大切な地域であった。このような歴史からみても、日中経済関係の緊密化は、今後も日本の方針として避けられないし、またそれは中国にとっても同じく利益になる。

(2)冷戦により日中間の経済交通が著しく妨げられていることは遺憾である。東西両陣営の抗争が早急に解消できるように努力したい。それには日中両国が経済・文化交流の回復に努力することが必要である。

(3)日中両国の経済関係の存続は日本の産業界にとって死活問題であり、政府としてもこの切実な要求を無視できない。しかも現在日本の経済的存立を保つ上で、東南アジア、中南米、中近東諸国は中国に代替するに足りない。

（4）日本としてはココム（COCOM、対共産圏輸出統制委員会）の輸出制限の緩和、解除を深く希望しているが、かかる協定が存する限り、日本としてはこれに従っていく覚悟であることを了解してもらいたい。

ここには、石橋が日本の産業の振興のために日中貿易の活用を企図したことが窺われ、ある意味で中国との関係を利用して貿易面における日本の利益を増進させようとする戦略的な考えが垣間見られる。

さらに、理念的側面としては、「日中米ソ平和同盟」への期待と日本国内にあった根強い社会主義ないし共産主義脅威論への懸念が挙げられる。すなわち、「理屈からいっても、共産主義と自由主義は、結局一緒にならなければならぬものだ。どっちも人類の福祉を願って人間が考えたイデオロギーである。人間の福祉を願って考えたイデオロギーである限りは、結局、目的は一緒だから、二つのものがいつまでも反発することは理屈が合わぬ、どうしても一緒にならなければならぬ(62)」という指摘が示すように、石橋はイデオロギーという分断的な力を警戒し、イデオロギーの相違を乗り越えて日本と中国とが関係を改善するために実際的な取り組みを行ったのである。

このような石橋の対中国交正常化への取り組みの特徴と意義は、以下のようにまとめられる。

第一に、経済的側面に力点を置きつつ、「政経不可分」の観点から政治と経済は切り離すことができず、互いに関連し、促進しあうものであり、経済関係の改善こそ政治関係の発展に役立つ、という考えである。これは、中国側の「政治関係の改善こそ経済関係の発展に役立つ」という立場とは異なる「政経不可分論」とも言える。

第二が、一九五九年の第一次訪中に際し、「個人の資格で訪中する」「成果は全て政府のものとし、失敗すれば責任は自分が負う」と明言し、実態はどのようであれ一般的に「実力者」と目されている自民党内での立場を利用するとともに、「ドロをかぶる」という形で責任の所在を明確化した点である。

第三が、自民党主流派は第一次訪中の成果を顧みなかったが、自民党反主流派、日本社会党、日本共産党は「石橋訪中」の成果を評価したことで、これが与野党を超えた「国民運動」としての「対中国交正常化」への取り組みの端緒となったと言えよう。

そして、第四が事前の折衝などは実務担当者が行うものの、重要な事項については政治家同士で協議する、という意味での政治家主導による交渉の実施である。これは、一九七二年に田中角栄内閣で日中国交正常化が実現した際、田中が用いた官僚と連動しつつ官僚を巧みに扱い交渉を進めるという手法の先駆をなすものだった。

その意味で、田中が訪中前に石橋を訪問したことは単なる儀礼的な態度の表れだけにとどまらない、積極的な意義を含んでいた。また、交渉が具体的な成果を示さなかったにもかかわらず中国側がこれ以降も石橋の存在を重視したこと、あるいは石橋の逝去に際して周恩来の名義による弔電を送ったことは、外交儀礼の枠を超える意味を有している。石橋の一九五九年の訪中には、対中関係改善のための様々な試みの一つという以上の価値が存するのである。

注

(1)「湛山翁へ〝米寿のみやげ〟」『読売新聞』一九七二年九月二十三日朝刊二面。
(2)「「松村さん 時機到来です」」『朝日新聞』一九七二年九月二十四日朝刊三面。
(3)服部龍二『日中国交正常化——田中角栄、大平正芳、官僚たちの挑戦』中公新書、二〇一一年、四頁。
(4)「周首相が弔電」『読売新聞』一九七三年五月十二日夕刊一面。
(5)大原万平「日中復交にかけた石橋さんの夢」『自由思想』第一六号、一九八〇年、三五頁。
(6)上田美和『石橋湛山論』吉川弘文館、二〇一二年、二七二頁。
(7)樋渡由美『戦後政治と日米関係』東京大学出版会、一九九〇年、一一九〜一二〇頁。
(8)増田弘『石橋湛山——リベラリストの真髄』中公新書、一九九五年、二〇二頁。
(9)同右、二〇三頁。
(10)「協定は結ばず」『朝日新聞』一九五五年四月十六日朝刊四面。
(11)前掲『石橋湛山——リベラリストの真髄』、二〇四頁。
(12)石橋湛山「「日中貿易」を促進せよ」『日本経済新聞』一九五六年六月二十五日朝刊一面。『石橋湛山全集』第一四巻、東洋経済新報社、二〇一一年、二五七〜二六〇頁。
(13)同右。
(14)石橋湛山「経済拡大・完全雇用が目標——一二月一四日総裁就任記者会見」『石橋湛山全集』第一四巻、三二八頁。
(15)石橋湛山「中共接近は誤解・訪米も考慮」『石橋湛山全集』第一四巻、三三〇頁。
(16)同右、三二九〜三三〇頁。
(17)石橋湛山「自主外交・積極経済政策」『石橋湛山全集』第一四巻、三三五〜三三六頁。
(18)石橋湛山「日米関係の調整・中共貿易の促進」『石橋湛山全集』第一四巻、三三九頁。

(19)「政府、基本政策を決定」『読売新聞』一九五六年十二月二十六日朝刊一面。
(20) 石橋湛山「日米関係の調整・中共貿易の促進」『石橋湛山全集』第一四巻、三三九頁。
(21)「日本の独立性強まる」『読売新聞』一九五六年十二月二十六日朝刊一面。
(22) 鮫島敬治『8億の友人たち』日本経済新聞社、一九七一年、三二頁。
(23)「鳩山首相言明を歓迎」『毎日新聞』一九五六年四月二日朝刊一面。
(24)「「日ソ・日中」で重要言明」『読売新聞』一九五六年三月二十九日夕刊一面。
(25) Trumbull, Robert. New Tokyo Chief Has Wide Backing. *The New York Times*, 21st December 1956, p. 8.
(26) Davis, Glenn. *An Occupation Without Troops*. Tuttle Publishing, 1996, p.128.
(27) 王雪萍「中国共産党と中国政府の石橋湛山認識に関する一考察――『人民日報』、『世界知識』、中国外交部档案を基に」『石橋湛山研究』第二号、二〇一九年、八七頁。
(28) 同右、『石橋湛山研究』第二号、八八～一〇六頁。
(29) 増田弘「石橋湛山内閣の成立と米国政府の対応」『法學研究』第九五巻第二号、二〇二二年、一一二～一一三頁。
(30) 鈴村裕輔「自民党石橋派の盛衰」『国際日本学』第一九号、二〇二二年、六四頁。
(31) 前掲「中国共産党と中国政府の石橋湛山認識に関する一考察」『石橋湛山研究』第二号、一〇三頁。
(32)「日中打開は岸内閣では無理」『朝日新聞』一九五九年四月六日朝刊一面。
(33) 石橋湛山「私はなぜ中共を訪れるか」『石橋湛山全集』第一四巻、四二三～四三〇頁。
(34) 石橋湛山「訪中の心境を語る」『石橋湛山全集』第一四巻、四三〇～四三二頁。
(35) Radtke, Kurt. "Nationalism and Internationalism in Japan's Economic Liberalism—The Case of Ishibashi Tanzan". In Stegewerns, Dick (ed.). *Nationalism and Internationalism in Imperial Japan: Autonomy, Asian Brotherhood, or World Citizenship?* London: Routledge Curzon, 2003, pp. 187–188.

(36) 前掲「訪中の心境を語る」『石橋湛山全集』第一四巻、四三二頁。
(37) 姜克實『晩年の石橋湛山と平和主義』明石書店、二〇〇六年、二九〜三七頁。
(38) 前掲「中国共産党と中国政府の石橋湛山認識に関する一考察」『石橋湛山研究』第二号、一〇四頁。
(39) 「石橋＝周共同コミュニケ」『石橋湛山全集』第一四巻、四三三〜四三五頁。
(40) 前掲『石橋湛山——リベラリストの真髄』、二二三頁。
(41) 前掲「中国共産党と中国政府の石橋湛山認識に関する一考察」、一〇四頁。
(42) 前掲「日中復交にかけた石橋さんの夢」『自由思想』第一六号、四四頁。
(43) 姜克實「石橋湛山」『歴史読本』第五四巻第一一号、二〇〇九年、一四二頁。
(44) 「石橋訪中には賛成」『朝日新聞』一九五九年八月二十八日夕刊一面。
(45) 水口宏三「安保改定阻止斗争について」『月刊社会党』第二九号、一九五九年、三六頁。
(46) 「自民ホッと一安心」『日本経済新聞』一九五九年九月二十日夕刊一面。
(47) 前掲「日中復交にかけた石橋さんの夢」『自由思想』第一六号、四三頁。
(48) 「政府の方針ゆがめる」『読売新聞』一九五九年九月二十一日朝刊一面。
(49) 「表現に遺憾」『読売新聞』一九五九年九月二十一日朝刊一面。
(50) 「中共政策変えぬ」『読売新聞』一九五九年九月二十一日朝刊一面。
(51) 「中共の態度変らず」『読売新聞』一九五九年九月二十日夕刊一面。
(52) 「貿易業界は歓迎」『日本経済新聞』一九五九年九月二十日夕刊一面。
(53) 「モンタージュ・内外の情勢」『月刊社会党』第二九号、一九五九年、五九頁。
(54) 「石橋湛山氏の訪中」『前衛』第一六〇号、一九五九年、一四一頁。
(55) 「共同声明を歓迎」『日本経済新聞』一九五九年九月二十日夕刊一面。
(56) 久里洋二「タタキ屋同伴」『読売新聞』一九五九年九月二日夕刊一面。

(57) 久里洋二「二つの中国は作らない」『読売新聞』一九五九年九月二十日夕刊一面。
(58)「三原則は貫いた」『読売新聞』一九五九年九月二十一日朝刊一面。
(59) 前掲『石橋湛山――リベラリストの真髄』、二二四～二二五頁。
(60) 石橋湛山「「日中米ソ平和同盟」の提唱」『石橋湛山全集』第一四巻、三九三～四〇〇頁。
(61) 前掲「「日中貿易」を促進せよ」『石橋湛山全集』第一四巻、二五七～二六〇頁。
(62) 石橋湛山『湛山座談』岩波同時代ライブラリー、一九九四年、一八二～一八三頁。

第六章　理想主義者から現実主義者への転回

讀賣新聞
THE YOMIURI-SHIMBUN
6月26日

ライオン靴クリーム

朝鮮の内戦・全面戦闘に突入す

北鮮軍、急速に南下
京城へ40キロ、抱川も陥つ

釜山北方にも上陸

米輸送機被弾

動乱の鼓動を聴く

戦局、天候が左右
京城にも北鮮機が来襲

安保理事会開く
米が要求・朝鮮問題審議

マ元帥、ソ連の要求を拒否

ト大統領に援助要請
マ元帥にも電請

沿岸監視指令

米軍介入せず

米将校、東京に召還

朝鮮戦争の開戦（『読売新聞』一九五〇年六月二十六日朝刊一面）

朝鮮戦争

戦争の勃発

石橋にとって、現実の課題に対してあるべき姿を提起することで人々の注意を喚起しようとする言論人としてのあり方から、たとえ漸進的であるとしても具体的な解決策を示すことで確実に問題を克服しようとする現実主義への転回をもたらしたのが、一九五〇年に起きた朝鮮戦争であった。

朝鮮戦争が第三次世界大戦をもたらすという切迫した危機感を持った石橋は、日本を取り巻く国際情勢がいかなるものであり、日本はいかなる政策をとるべきかを検討した結果、政治家として成長する手掛かりを得ることになったのである。

それでは、朝鮮戦争は石橋にとってどのような衝撃を与えたのであろうか。

一九五〇年六月二十五日、前夜に妹の水谷俊子の訃報に接した石橋は、妻のうめを夫の水谷和一郎のもとに見舞いに送り、午後一時からはラジオ放送で討論会「女性の進出をはばむものは何か」を聴取していた。

中野好夫《なかのよしお》、久米愛《くめあい》、きだみのるが出席した討論会[1]は、石橋にとって満足のゆかないものだった。なぜなら、討論者は女性の社会進出を阻害する要因や人々の男女同権の考えに対する理解に乏しく、

あたかも家事や育児などは会社勤めなどに比べて価値の低いものと見なしているかのようだったからである。(2)

この日、石橋家の書斎に置かれた温度計は二五度を示しており、風があるためしのぎやすい天気であった。(3)しかし、平穏な一日は前触れなく終わりを告げる。討論会の放送が終わる午後二時直前に、ラジオの特別放送が北朝鮮による韓国への宣戦布告を伝えたのである。(4)石橋は、特別放送の内容を日記の欄外に書き留め、本文にも北朝鮮の宣戦は容易ならざる事件であり、北朝鮮が電光石火韓国を占領する可能性があること、そしてその場合に米国がどのように対応するかと記す。(5)そして、この日以降、石橋の日記の本文や欄外には、朝鮮戦争の推移と今後の見通しが頻繁に登場することになる。(6)

マ元帥は今後三十日間アカハタの発行を停止。
国連は朝鮮の戦争停止を命じ且つ北鮮軍の三十八度線への退却を命ず。蓋《けだ》し無効ならん。（六月二十六日条欄外）

朝大原〔万平、東洋経済新報社取締役〕氏来、朝鮮問題について語る。此の際米国としては一挙に世界の冷戦を解決すること必要ならんが、更に其の後は世界国家の構想を要するならん、然らざれば世界の平和は重ねて脅さるゝこと必然と考へられる。（六月二十八日条）

国連安保委員会は米国の発議に依り朝鮮問題に対し連合国軍事力を用ゐることを命ず。京城陥落、米海空軍出動。

吉田内閣全面的改造。

二十七日付にてGHQは日本の綿紡に対する規模の制限（四百万錘）を撤廃す。（六月二十八日条欄外）

ソ聯は国連安保の決議は法的に無効なりと声明し、中共も亦台湾解放の為戦うと宣言す。行動に出づるや如何。

本日マ元帥は朝鮮戦線を視察す。（六月二十九日条欄外）

ト大統領は本日朝鮮に対し、地上部隊の出動、三十八度線以北の攻撃、沿岸の封鎖を決して発令。第三次大戦必至の形勢なり、それともソ連は引込むか。（六月三十日条欄外）

新聞やラジオの報道によって、ダグラス・マッカーサーやハリー・トルーマンら米国の首脳の動向を知り、あるいはソ連や中国の反応に接した石橋がどれほど状況を深刻に捉えていたかは、南北朝鮮の争いは第三次世界大戦へと発展せざるを得ないという理解からも分かる。

「極東の危機」と「第三次世界大戦」への懸念

こうした懸念は決して石橋だけのものではなかった。

例えば、第二次大戦直後の日本にとって最大の課題であった賠償問題について、終戦連絡中央事務局総務部長として対応し、当時は外務省研修所指導官であった朝海浩一郎《あさかいこういちろう》は、石橋と同じく六月二十五日のラジオ放送で朝鮮戦争の勃発を知る。そして、六月三十日の日記に「此の週は朝鮮問題で毎日緊張した日が続く。福岡には警戒警報まで発令された相である」と朝鮮戦争の開戦からの一週間の日本国内の混乱と緊張を書き留めるとともに、マッカーサーが飛行機で前線を視察するなど、「米国の態度は予想以上に強硬である」と指摘し、事態の早期の収拾が容易でないことを示唆している。(7)

また、新聞各紙も、朝鮮戦争によって東西冷戦が第三次世界大戦に発展する可能性はないであろうとしつつも、予断を許さない状況である点に危機感を示した。

クレムリンとて現実的な意味で第三次世界大戦が人類にとつて何を意味するかは百も承知のはずだし、アメリカとしても平和守護者としての至上の役目からいつて事を好むわけは絶対ないと信じる。(8)

「冷い戦争」が、これによつて火を点ぜられるとは思わないが、まことに憂慮すべき事態といわざるを得ない。(9)

われわれは戦火が全鮮に波及した場合、朝鮮民族の運命のみでなく、アジヤの動向にどうひびくか、またアジヤをめぐる国際関係がさらに悪化するのではないかということを恐れるのである。(10)

さらに、七月一日には、『毎日新聞』が朝鮮戦争をもって第三次大戦の始まりとする哲学者のバートランド・ラッセルの見解を掲載するなど(11)、朝鮮戦争が国際情勢に与える影響の大きさは、世界各地で深刻に受け止められていた。

ＧＨＱの日本占領政策の変化

石橋に限らず、様々な論者が朝鮮戦争と第三次世界大戦とを結び付けたのも、無理からぬところであった。

一九五〇年六月といえば第二次世界大戦の終結から間もなく五年目を迎える時期であり、日本の復興も軌道に乗り始めた時期であった。そのような時に、日本にとって最も近い外国である韓国が北朝鮮の侵攻を受け、朝鮮半島に動乱が起きることは、冷戦下において人々が漠然と考えてきた「極東の危機」を現実のものにしたと思われたのである。

ここでいう「極東の危機」とは、一九四八年一月六日にサンフランシスコのコモンウエルス・クラブにおいて米国の陸軍長官ケネス・ロイヤルが行った演説に由来する。

米国の占領政策は、一九四七年になると日本の非軍事化と民主化から、経済の復興と自立化を支援する方向へと変化を示していた。特に、ロイヤルの演説は米国政府首脳が対日占領政策の転換を初めて公表したものであった[12]。

ロイヤルは演説の中で、日本占領以来、米国は日本の非軍事化と民主化を目指して様々な政策を講じてきたものの、日本の安寧と国家としての強靭《きょうじん》さについては第二義的なものと考えられてきたと指摘する。そして、日本は食糧やその他の必需品の支援がなければ不安と混乱、あるいは絶望に陥る可能性があり、日本が国内外から全体主義者や非民主主義的な勢力に浸食されないためには、米国の経済援助が不可欠であると強調した。石橋湛山が大蔵大臣として折衝に当たった一九四七年二月一日のいわゆる2・1ゼネストは、連合国軍最高司令官ダグラス・マッカーサーの中止命令によって実現しなかったものの、日本の社会不安が体制の転覆へと繋がりかねないことを示す出来事だった。それだけに、ロイヤルが演説の中で食糧や必需品といった具体的な物品の支援が不可欠であるとしたのも当然であった。

しかし、ロイヤルも指摘するように、米国が日本に対する経済援助という負担をいつまでも行い続けることは不可能である。それでは、どのようにして日本社会の安定を実現するのか。ここで、ロイヤルは日本の復興を促進することで、日本が米国の財政的な負担にならないようにすることが重要であるとする。さらに、日本の経済的な復興の妨げとなる既存の制度や仕組みはすでに取り除かれているか、現に取り除かれつつあり、一連の新たな取り組みを通して、日本を今後極東に生じるかもしれない共産主義の脅威に対する障壁として機能させることを目指すと宣言したのである。

来たるべき戦争の予感

確かに、朝鮮戦争は日本の人々に衝撃を与えた。しかし、実際には日本の非軍事化と民主化に中心が置かれていた占領当初の米国の対日政策が、日本の経済的自立と政治的自立へと転換する決定的な契機となったのである。これは、ロイヤルの演説が象徴する、共産主義への防波堤という役割を日本が担う第一歩となった。さらに、当時の日本銀行総裁であった一万田尚登が「神風」と称し[13]、政府当局者も「回生薬」と考えた[14]、いわゆる朝鮮特需をもたらし、日本の経済の復興と拡充を実現したのであった。

だが、朝鮮特需が日本の経済復興を実現した、あるいは朝鮮戦争が日本に直接的な被害を与えることも第三次世界大戦に至ることもなかったということは、一九五三年七月二十七日に休戦協定が成立した現在だからこそ言えるのである。開戦後間もない段階で人々が冷戦の熱戦化と第三次世界大戦への拡大を恐れたのは、朝鮮戦争がどのように推移するか分からない段階では当然の反応であった。

あるいは、一九四九年四月四日に北大西洋条約機構（NATO）が発足し、共産主義諸国に対する集団保障体制が確立されたことも、「東西の対立が決定的にはつきりして来[15]」た証拠と捉えられ、冷戦下の国際社会の先行きに不透明感を抱かせる要因の一つと思われた。そして、このような考えは、その後も日本だけでなく世界各地で様々な形で姿を現すことになる。

例えば、英国出身のオーストラリアの作家ネヴィル・シュートが一九五七年に発表した *On the Beach*（邦題『渚にて』）は、一九六三年のメルボルンを舞台にした小説である。この中で描かれるのは、誤解が原因で引き起こされた、東西両陣営の間で四七〇〇発の核爆弾が発射された第三次世界大戦によって北半球の人類が全滅した世界の姿である。米国の原子力潜水艦スコーピオン号の艦長ドワイト・タワーズ大佐やタワーズに思いを寄せるオーストラリア人女性のモイラ・デイヴィッドスン、あるいはオーストラリア海軍の連絡士官としてスコーピオン号に勤務することになったピーター・ホームズ少佐などの人々の、南半球に迫りくる放射能を前に従容として自らの運命を受け入れる姿を通して、一人ひとりの人間の存在の儚さと、われわれが人類を容易に全滅させるだけの力を手にしているという事実が淡々とした筆致で描かれる。『渚にて』は一九五九年にスタンリー・クレーマーの監督により、グレゴリー・ペックとエヴァ・ガードナーが出演して映画化され、来たるべき戦争とその災厄を表現した作品として多くの人々の注目を集めた。

あるいは、一九五四年に公開された映画『ゴジラ』がこの年の三月に米国がビキニ環礁で行った核実験に触発されたことは周知の通りである。また、一九六一年にフランキー堺が主演した映画『世界大戦争』はベルリンの壁の建設によって緊張が高まった東西両陣営の対立という世相を反映し、資本主義陣営の「連邦国」と社会主義勢力による「同盟国」の間の核戦争と、自分たちのあずかり知らないところで自らの運命を左右する戦争が起き、その犠牲となる一人ひとりの市民の姿に焦点を当てている。『世界大戦争』の最後で画面に「この物語は　すべて　架空のものであるが明日起る　現実かも　知れない」という一文が映し出されるのは、本作の教訓的な側面を強調するとともに、「第三次世界大戦はいつ起きても不思議ではない」という社会全体が抱いていた漠然とした不安を踏まえたものでもあった。

論文「第三次世界大戦の必至と世界国家」の執筆

ところで、石橋湛山は朝鮮戦争の開戦から四日後となる六月二十九日に「世界の形勢と世界国家」に関する論考の執筆を始める。[16]

その後、石橋は時間を見つけては論文の執筆に励み、日記に「朝鮮事件に関し継続執筆」（七月十二日条）、「朝鮮事件に関する意見書執筆」（七月十三日条）、「終日在宅、朝鮮事件に関する意見書執筆」（七月十四日条）と記しつつ、七月二十日に修訂を加えた後、脱稿する。[17] これが、朝鮮戦争と世界情勢の推移を分析した論文「第三次世界大戦の必至と世界国家」である。[18] 当時、公職追放が解除されていなかった石橋が政治的論文を公表することは不可能であった。それにもかかわらず本論文を執筆し、東洋経済新報社の代表取締役会長であった宮川三郎に数回にわたって原稿を見せていたのは、追放解除後の公表を意図したためであったと推察される。ただ、朝鮮戦争の休戦協定が成立するなど、その後の情勢の変化のため、未発表のまま終わっている。

この論文において、石橋はいくつかの論点を提示する。

第一に、朝鮮戦争の原因について、当初日本国内で有力だった南侵説、すなわち米国の指令により韓国が北朝鮮に対して侵略を誘発した、あるいは米韓と中華民国の共同謀略とする見方を採用しない。石橋の見立てでは、国防長官のルイス・ジョンソン、統合参謀本部議長のオマール・ブラッドレー、国務省顧問のジョン・フォスター・ダレスの日本訪問と関係しており、米国の対東亜政策の出鼻を挫《くじ》き、攪乱《かくらん》することを目的として北朝鮮が韓国に侵攻したとする。

次に、戦争の帰趨については、「ソ連が自ら戦線に現れて来ない限り、米国は遠からず必ず北鮮軍を破って、南鮮の治安を回復するに違いない」[19]と、ソ連の直接介入がないという条件付きながら、米国が北朝鮮軍を破って勝利を収めると予測する。

そして、第三に、ソ連軍の朝鮮戦争への介入の可能性に関して、「この際もし出来るなら、米国ないし国連と、まともに戦火を開くことは避けたいのであろう」「わざと危険な大戦に飛び込む必要はなさそうである。彼はもちろん大いに自重するにちがいない」、あるいは「ひそかに北鮮を助けつつ、口で米国を非難し、それ以上には表面に出ないであろう」と、朝鮮戦争に介入することが第三次世界大戦に発展することを避けるため、ソ連軍は米国を非難することはあっても直接戦火を交えることはないと指摘した。[20]さらに、ソ連が中国を使嗾して朝鮮戦争に参戦させるか、台湾で事件を起こさせたり香港を攻撃させたりするなどして「朝鮮における米国の活動をけん制」させる可能性があることに言及している。[21]

石橋が論考を執筆する際に参考とした情報は特殊なものではなく、新聞やラジオの報道に基づいていたことは、開戦の経緯と戦争初期の南北朝鮮軍の動向の記述が当時の新聞記事の内容に即していることや『毎日新聞』が掲載したラッセルの談話を重視する点からも明らかである。この間、政府関係者と唯一接触したのは、七月十八日に自宅に来訪した加藤隆太郎《かとうりゅうたろう》のみである。当時の加藤は第三次吉田茂内閣の電気通信政務次官を務めており、石橋とは一九四七年の第二三回総選挙でともに日本自由党から出馬し、初当選した間柄だった。[22]石橋は静岡県第二区、加藤は東京都第五区と選挙区は異なり、しかも石橋は当選直後に公職追放となって議席を失うというように、当時の両者の境遇は全く異なっていた。しかし、旧知の加藤の来訪に、石橋は「時局重大に赴きたる証拠か」[23]と朝鮮戦争をめぐる日本の国内外の動向に変化が生じる可能性を見出している。

このように、一般的な情報によって議論を行った石橋ではあるものの、朝鮮戦争に関する見立ては、その後の戦争の推移に照らせば適切なものであった。その意味で、石橋は開戦から一か月と経たないごく初期の段階において、従来の米ソ関係やアジアにおける各国の利害に即して分析を行ったと言える。

石橋湛山とバートランド・ラッセル

一方、石橋は、米ソの全面的な対立は起きないであろうと考える多くの論者について事態を軽視していると指摘し、朝鮮戦争を第三次世界大戦の始まりと見なすラッセルの主張に同意する[24]。例えば、一九五〇年六月二十九日にオーストラリアの『シドニー・サン』の特派員との会見におけるラッセルの談話のうち、「ソ連がアジヤで甘んじて面子を失うとは信ぜられない」という指摘は、「米国ないし国連に北鮮の料理をまかせ、黙って見ているとしたら、世界はソ連をなんというであろう」という石橋の分析に引き継がれている。朝鮮戦争勃発時に第三次世界大戦への懸念を抱いた石橋にとって、朝鮮戦争を第三次世界大戦の始まりと明快に主張するラッセルの見解は重要なものであった。

さらに、石橋は「それは米国が南鮮を見殺しにする場合と等しく、戦わずしてソ連を敗北に導くものである。過去五年の間にソ連が築いた東西の勢力圏は、ソ連頼むに足らずとして、くずれ去るであろう」と、ソ連が朝鮮戦争に本格的に介入せざるを得ない理由を東西冷戦の構造そのものに求める。もしソ連が事態に介入せず、北朝鮮が敗れる事態になれば、東側諸国の盟主としてのソ連の地位が崩壊するのは、米国が韓国に介入しない場合に受ける打撃と同じであるという分析は、国際政治に対する現実的な視点に基づくものだった。

この指摘が示すように、石橋はラッセルの談話に全面的に依拠してはいない。すなわち、ラッセルが第三次世界大戦の勃発に際してインドはまず中立のままであることを望み、中立を保てない場合は西欧側に加わるとしたのに対し、石橋は朝鮮戦争において米国が日本を維持することができなければ、「ホラが峠の印度はますます米国から離れるであろう」と、日本に対する米国の関与のあり方いかんによって、インドは米国ではなくソ連に接近するであろうと考えることが示す通りである。

結果的には、石橋やラッセルが危惧した、朝鮮戦争を契機とする第三次世界大戦の勃発は回避された。その意味で、石橋の懸念は杞憂《きゆう》に終わったと言える。

しかし、われわれは、「第三次世界大戦の必至と世界国家」において石橋が第二次世界大戦後の日本の針路と国際社会に対する態度を変化させていることに気づくのである。

戦後世界秩序への期待

「科学精神」に基づく日本の復興

太平洋戦争での日本の劣勢が強まったことを受け、石橋湛山は一九四四（昭和十九）年十月から戦後の経済秩序の構築を中心とした戦後研究を行っていた。[25] そして、日本政府が連合国によるポツダム宣言を受諾すると、その決定がなされた一九四五年八月十四日を「実に日本国民の永遠に記念すべき新日本門出の日である[26]」と、日本の降伏を敗北ではなく、旧弊を一掃し新国家を建設するための第一歩として肯定的に捉える。そして、戦後の復興に際しては、「単に物質的の意味でない科学精神に徹底せよ。然らば即ち如何なる悪条件の下にも、更生日本の前途は洋々たるものあること必然だ[27]」と指摘し、空襲をはじめとする種々の戦災からの復興という物理的な側面ではなく、国民の意識の根本的な改革こそが真の復興であると主張する。

ここで石橋が挙げる「科学精神」とは、直接的には日本と連合国、特に米国との違いを指す。具体的には、日本政府が降伏を決断する重要な契機となった原子爆弾を作り出した科学技術であり、そのような科学技術を生み出した人間の頭脳を意味する。[28]

それでは、なぜ石橋は日本の再生のために科学精神が重要であるとするのか。科学精神の粋を集めた原子爆弾が通常兵器を無力化するだけでなく、第一次世界大戦で華々しく登場し、第二次世界大戦でも各国の軍事戦略の中心であった航空機をも陳腐化させ、原子爆弾を搭載した一機の航空機があれば戦争の帰趨を決められるという現実は、もはや戦争のあり方そのものを変える力を持つからである。

さらに、特に第二次世界大戦中の日本が軍備の不足に直面した際、より高度化された科学技術によって事態を打開しようとするのではなく、精神力で補おうとする軍当局者の精神主義が敗戦を招いたという反省がある。

石橋が「竹槍こそ最も善き武器なりとする非科学的精神」[29]と指摘するように、精神主義としてすぐに思い浮かぶのが、一九三三年に陸軍大臣の荒木貞夫《あらきさだお》が唱えた「竹槍三百万本論」であろう。荒木の「竹槍三百万本論」は、国家財政が逼迫《ひっぱく》する中で国防上必要な軍備を整えるための予算さえ支出できないのであれば、陸軍としては、最後は竹槍三百万本を国民に配布してでも外国による国土の蹂躪《じゅうりん》を許さない覚悟であるという決意を示したものである。[30]

荒木の発言は国家の予算には上限があり、財政面での理由から軍備の増強が難しい場合としても、外国の勢力の侵攻に立ち向かうために可能な限り努力するという、財政と国防の関係を踏まえた内容であった。しかし、一九三三年三月七日に英国大使館で行われた劇作家のバーナード・ショウとの対談の中で、「細菌兵器は人道上甚だ遺憾だ」とするショウに対して、「毒ガスも人を殺すのをやめて数年間眠るのを用ひることにしたらよい、眠らせられたものはその間大国の様な夢を見て覚めた時には戦争が終わつているという様なのは理想的だ」と応じたように、[31]荒木の思考法は独特であった。また、荒木は陸相としては予算獲得の能力に欠け、行政上の手腕に疑問符が付くなど、陸軍省内では不評であったものの、軍人としては万事におおらかであり、精神論によって将兵を鼓舞するのが上手く、青年将校の間で人気ではあった。[32]そのため、荒木の発言のうち、財政上の裏付けがなければ十分な国防政策を行うことができないという前提が捨象され、竹槍三百万本があれば国土の防衛も可能であるという主張のみが一人歩きすることになった。

「竹槍三百万本論」と非科学的精神

一九四四年、石橋は東洋経済新報社が朝鮮総督府、朝鮮銀行、東洋拓殖など、日本政府が朝鮮の支配のために設置した行政機関や当地の主要な企業の財政援助を受けて創刊した日本語雑誌『大陸東洋経済』に寄稿した随想の中で、荒木による「竹槍三百万本論」に言及している。そして、実際に竹槍で近代的な兵器に対抗するのではなく、国民が最後まで戦意を失わず、竹槍を手にしてでも敵に立ち向かうという意味において、現在の状況は「竹槍三百万本論」の含蓄の深さを実感させるものだと指摘する。(33) さらに、一九六八年には、ベトナム戦争で兵力や物量で圧倒的に有利であるはずの米軍がホー・チ・ミンの率いる北ベトナムの前に苦戦する様子を目の当たりにし、荒木の主張が荒唐無稽ではなかったと一定の理解を示す。すなわち、当時参謀本部が試みた図上演習では、米英などの連合軍の攻撃力が日本の防衛力をはるかに上回り、連合軍の本土侵入を食い止められないものの、ゲリラ戦を全本土で展開すれば連合軍は閉口して撤退するという結論に至ったことが、荒木の「竹槍三百万本論」の根拠であるとする。(34)

一方で、荒木に代表される精神主義は、人間の頭脳の産物である「科学精神(35)」を軽視するという、特に軍部の指導者の多くに特徴的な態度を象徴する立場でもあった。もちろん、荒木の「竹槍三百万本論」も、当初は相応の理由を背景とした発言であった。しかし、根拠が忘れ去られ、結論だけが残ることで、物量の不足を精神力で克服するといった非合理的な主張となり、それが精神力への過度の依存を招くことになった。そして、このような精神主義が太平洋戦争のような事態を招いたのである。

戦中の石橋にとって、「飛行機の数こそ、大東亜戦の運命を決する鍵」と強調した連合艦隊司令長官山本五十六《やまもといそろく》の主張が国民に伝わらなかったことや、米国の飛行機生産計画を非現実的な内容と等閑視した他の軍部首脳の態度は「科学精神」からほど遠いものであった。また、いかに連合艦隊が無敵であったとしても、艦砲の射程と飛行機の航続距離とを比べれば航空兵力の多寡が戦局を左右することは自明である。従って、人々に求められるのは、現代の戦争においては飛行機のない艦隊も軍隊も用をなさず、飛行機があっても飛行場や空母がなければ有用ではないという事実を十分に理解する合理的精神を持つことであるというのが、石橋の主張だった[36]。

このように戦中から戦後にかけての石橋が合理的精神や「科学精神」を強調するのは、何よりも日米の差を比較し、戦中の劣勢と最終的な敗戦という事実を受け止め、敗戦国は戦勝国に学ぶべきであるという現実的な態度に基づくものであった。

それとともに、このような態度の中には、一九一一(明治四十四)年六月に評論誌『東洋時論』の論説において「哲学的日本を建設すべし[37]」と唱え、「自己の立場に対する徹底的智見を立てよ、而してこの徹底的の智見を以て一切の問題に対するの覚悟をせよ」と主張した、二十七歳の石橋の姿も見出される。すなわち、日本にとって重要なのは世界各国に伍して劣らない広大な領土や強大な武力ではなく、国際社会の中に置かれた自らの立場を徹底して理解し、その理解に基づいてあらゆる問題に対処するという内省的態度と実践的な行動を求めた明治末年の議論が、敗戦という古今未曽有の事態に際して新たな指針となって蘇ったのである。

戦後の日本がとるべき三つの方針

また、石橋は、敗戦の直後に、戦後の日本がとるべき具体的な方針として次の三点を挙げる。(38)

（1）経済復興（積極財政、賠償の削減、財閥の利用による経済優先主義の実施）

（2）日本の民主化の実現（国民各自が等しく政治の責任を負う、権利と義務を顧みる、個を主張するとともに全体を尊重する）

（3）戦後の国際秩序の肯定（大西洋憲章、国際連合、ブレトン・ウッズ体制を主軸とする戦後の国際秩序に則った日本の復興）

日本の敗戦による海外の領土の喪失や軍備の制限などを「抑《そも》も生々発展せんとする日本国民に取って何程の妨げをなそう」(39)とする石橋にとって、日本が新たな国家を建設するためには何よりも重要であったのは、第二次世界大戦の終結によって世界から全体主義や軍国主義が淘汰《とうた》され、国際連合を中心とする平和的で民主的な国際秩序が復活することであった。(40)従って、国際経済の面で、ブレトン・ウッズ体制によって保護貿易主義から自由貿易主義への転換が進んだ戦後の状況は、日本にとって好ましいものなのである。(41)何より、日本だけに限れば、人々の生活を安定させ、国家の経済状況を改善させることこそが急務であった。そのため、石橋は戦後の日本の経済復興に財閥の活用を主張している。

石橋は中小企業が開拓した新しい分野に財閥が参入して市場を独占するといった財閥の横暴や弊

害の議論に理解を示しつつも、「日本産業近代化の使命を帯びて現れ来った歴史的産物」として財閥を位置づける立場から、むしろ経済復興の「安定勢力」としての責任を持たせ、財閥中心の経済復興を提言するのである[42]。

しかし、戦後の経済復興を最優先するという観点から財閥の持つ資本力や経営規模の大きさを活かした輸出の促進を考慮すべきだという石橋の主張は、実際の政策には反映されていない。財閥解体を推進し、『東洋経済新報』の英語版である *The Oriental Economist* の読者でもあったGHQ経済科学局長のレイモンド・クレーマーが「どうも自由主義の『オリエンタル・エコノミスト』が財閥の三井をひいきにするとは残念だ」と、石橋が財閥解体に反対するのは意外であると落胆したのだから[43]、石橋の政策が受け入れられる余地はなかったのである。

日本国憲法への強い賛意

戦後の日本の国家としてのあり方を規定したのは、一九四六年十一月三日に公布され、翌年五月三日に施行された日本国憲法である。一九四六年三月六日に政府が憲法改正草案を発表した際、石橋は「権利の擁護には十全を期した観があるが、義務を掲げることの至って少なきことは、記者の甚だ不満とする所である」とし、「重要の点に於て改良の要がある」として内容の不備を指摘するものの、「草案は大体に於て甚だ佳良だ」と改正案を肯定する[44]。

大日本帝国憲法は、第三十一条において「本章ニ掲ケタル条規ハ戦時又ハ国家事変ノ場合ニ於テ天皇大権ノ施行ヲ妨クルコトナシ」と規定する。実際にはこの条文に基づく天皇大権が発動されることはなかったものの、理論上は戦時または国家の非常事態の際に臣民の権利義務を停止することを可能にするものであった。一方、国民の権利である居住・移転や信教の自由、言論・出版・集会・結社の自由、信書の秘密、私有財産の保護などは、法律の範囲内に限り認められるという制約を受けていた。こうした大日本帝国憲法の規定は、石橋にとって臣民の義務の範囲を明記するものの、権利の擁護は必ずしも十分ではなかった。

　これに対し、日本国憲法の施行に向けた憲法改正案は、大日本国憲法とは異なり、国民の権利の擁護に重点を置き、義務の明記が最低限にとどまるという点に不十分さを感じ、改良すべき条文があるものの、基本的には望ましい内容というのが、石橋の評価であった。

　例えば、改正案の中で最も多くの議論を生んだ、天皇を「日本国及其の国民統合の象徴」とする第一条の条文について、「記者は天皇制に対して政府の憲法改正案が取れる態度は、全面的に之《こ》れを支持せんと欲する者である」と肯定する。[45]また、戦争と武力の放棄、交戦権の否認を定めた第二章についても「記者は此の一条を読んで、痛快極りなく感じた[46]」、全面的な賛意を表している。

　さらに、石橋は外国の一部の思想家が世界国家の建設を提唱していることに触れ、「我が国は憲法を以て取りも直おさず其の世界国家の建設を主張し、自ら其の範を垂れんとするものに外ならない」と、新たに制定される憲法こそが世界国家の建設のための第一歩になり、それによって日本は敗戦国ではなく「栄誉に輝く世界平和の一等国」、あるいは「真実の神国」になると指摘する。[47]

日本の民主政治の基礎としての五箇条の御誓文

明治時代以来、明治天皇による五箇条の御誓文の第一条において「広ク会議ヲ興シ、万機公論ニ決スヘシ」と天地の神々に誓ったことを指して議会を基礎とする民主政治こそが日本の国体であるとした石橋にとって、日本国憲法は戦後の日本の精神的基盤になるものであった[48]。そのため、大日本帝国憲法に代わる「新憲法体制」を積極的に支持したのである。

このような五箇条の御誓文こそが日本の民主政治の基礎であるとする考えは、石橋独自の考えではなかった。例えば、一九四六年六月二十五日の衆議院本会議において大日本帝国憲法改正案が審議された際、当時の首相であった吉田茂は、君主政治と民主政治の関係について質問した日本自由党の北昤吉に対し、次のように答弁している[49]。

日本の憲法は御承知の如く五箇条の御誓文から出発したものと云つてもよいのでありますが、所謂五箇条の御誓文なるものは、日本の歴史、日本の国情を唯文字に現はしただけの話でありまして、御誓文の精神、それが日本国の国体であります、日本国そのものであつたのであります、此の御誓文を見ましても、日本国は民主主義であり、「デモクラシー」そのものであり、敢て君権政治とか、或は圧制政治の国体でなかつたことは明瞭であります。

吉田の答弁は、五箇条の御誓文は日本の歴史や国のあり方を文字として表現したものであり、その中に示されている内容は民主主義そのものであって、君権政治や圧制政治が国の形ではなかったことは明らかであるという政府の立場を示すものであった。

もちろん、政党政治が強固な基盤を持たず、ややもすれば藩閥や軍部の掣肘《せいちゅう》を受けざるを得なかった時代にあって、議会を基礎とする政体こそが日本の本来の姿であると強調することで議会政治を擁護しようとした石橋と、新憲法草案の策定に際し、大日本帝国憲法の大幅な改変を避けるため日本は既存の憲法の下でも民主的な政体が保証されていたとする政府の方針は、異なる方向を目指している。しかし、両者がいずれも五箇条の御誓文に着目し、その内容から民主政治こそが日本の国体であるという主張を導き出した点に、いずれも「オールド・リベラリスト」と称された石橋と吉田が共有する日本の国のあり方や五箇条の御誓文への理解があった。

第一章で見たように、石橋は一九四六年の総選挙に臨んで「仮りに私が大蔵大臣になったとして」と、務めるなら蔵相がふさわしいと自負していた。しかし、当選のためなら所属するのはどの党でもよいというのではなく、出馬の際に知己の多い日本社会党からの勧誘を断って日本自由党を選んでいる。このように、石橋は人的な繋がりではなく、党と自らの政策や理念の一致を重視していた。吉田の答弁に見られるように、国体に関する理解に共通点があったからこそ、石橋は総選挙で落選したにもかかわらず第一次吉田茂内閣に大蔵大臣への就任を要望された際に、躊躇《ちゅうちょ》なく入閣することができたのである。

憲法第九条の一時停止論

憲法と国防への態度の変化

このように、太平洋戦争後の日本の針路と国際社会について、石橋は日本の武力や交戦権の放棄を明記した日本国憲法第九条を積極的に支持し、国際連合を中心とする国際秩序の確立を高く評価していた。

しかし、一九五〇（昭和二十五）年の論文「第三次世界大戦の必至と世界国家」において、石橋は従来の立場を変えている。

草案を経て一九四七年五月三日に施行された日本国憲法では、第九条第一項において「日本国民は、正義と秩序を基調とする国際平和を誠実に希求し、国権の発動たる戦争と、武力による威嚇又は武力の行使は、国際紛争を解決する手段としては、永久にこれを放棄する」とし、第二項では「前項の目的を達するため、陸海空軍その他の戦力は、これを保持しない。国の交戦権は、これを認めない」と、戦力の保持と行使、国の交戦権を否定している。これに対して、石橋は、世界に恒久平和をもたらすためには、まずもって米ソ両陣営の対立を打破しなければならず、そのためには「しばらく忍ぶ外なき犠牲」として日本の再軍備を提唱する。(50)

その際、日本の再軍備の規模は「少なくとも東洋において、ソ連と中共とを十分押えるに足るだけの規模をもたなければならない」とする。(51) これは、日本をアジアにおける共産圏への防波堤にすることを目指した当時の米国の思惑とも符合する考えである。

しかし、日本の再軍備を許容するということは、戦争の放棄を定めた第九条によって構成される日本国憲法第二章の規定に背くことになる。そこで、石橋は、「例えば「世界に完全なる安全保障制度が確立されるまで」というような期限をつけて、しばらく効力を停止する」ことを提案する。[52]

また、国際社会の体制については、「米国は、イギリスをも勧誘して、一九四三年のカイロ宣言、一九四五年のヤルタ協定および同年のポツダム宣言の失効を声明」することを提唱する。すなわち、石橋は、カイロ宣言は米支英、ヤルタ協定はソ米英、ポツダム宣言は米支英ソが取り決めたものの、「ソは今日世界の平和破壊者として、米英の敵である」とともに、「支は中共に征服され、ソ連の衛星国に化した」のであり、三つの宣言や協定に調印した四か国のうち半分が脱落し、米支英ソによる戦後体制が名存実亡の状態になったことを理由に、カイロ宣言、ヤルタ協定、ポツダム宣言が廃棄されるべきであると主張する。[53]

西側諸国全体の盟主としての米国の評価

それでは、なぜ石橋は朝鮮戦争の前後で日本の針路や国際社会への見方を変えたのであろうか。最大の理由として挙げられるのは、自由主義諸国の盟主としての米国に対する不信感である。

『東洋経済新報』によって言論活動を行っていた時代から、石橋は自由主義者、国際協調主義者として知られていた。しかし、石橋の自由主義や国際協調主義は対米追従や対米依存ではなかった。むしろ、あくまで日本の自立と尊厳を保つことを第一義に考え、そのような理念を実現させるために植民地の放棄や国際協調主義、あるいは経済的自由主義を提唱したのであった。[54]石橋にとって問題の中心は日本であり、経済的自由主義や国際協調主義は日本の人々の福祉にかない、国益を増進させるという意味で有益であるからこそ、その実現が強く主張されたのである。

こうした発想に基づくとき、第二次世界大戦後の米国の姿はどのように評価されるだろうか。「第三次世界大戦の必至と世界国家」の中で、石橋は「米国の対外援助は、偽善的、気まぐれ的で、真に味方を作り、味方を強化するという打算と誠意とに立脚していない」「その援助が中途半ぱで、徹底せず、被援助国民の信頼をかち得ない」と批判する。[55]第二次世界大戦中に尊重した蔣介石を戦後になって見捨て、韓国についても一時は見捨てるかのような態度を示す米国のありさまは、敵と味方を区別する以前に、自ら進んで敵を作り、味方を離反させるかのようなものであり、支援を受ける各国の国民が真の盟邦として信頼感を寄せることを妨げているというのが、石橋の米国に対する見方であった。

もちろん、こうした米国への評価の背景に、自らを公職追放としたGHQに対する不満があることは看過できない。米国に対して「すみやかに日本人の公職追放を解除しなければならない」[56]と求めていることは、石橋が、当人にとっては不当な措置に他ならない公職追放と米国の対外政策とを結びつけて議論を進めていることを示している。

一方で、労働組合の結成を促し、日本共産党にも好意的な態度を示しつつ、ゼネストによる吉田政権の打倒を目指すと連合国軍最高司令官の指令として中止を命じたり、日本の民主化を推進するとしながら民主的な選挙によって選ばれた人物を公職追放にするといったことは、いかに理解されるべきか。占領当初と冷戦下という状況の違いや、GHQ内部の主導権争いといった要因があるにせよ、「偽善的、気まぐれ的」で「中途半ぱ」な米国の姿が認められるのも事実であろう。

結果として、石橋は米国に対して、偽善的でも気まぐれ的でもなく、また中途半端でもない対外政策を提起することになる。具体的には、日本や西ドイツのように占領している国を直ちに完全に独立させることを求めるとともに、自国だけでなく日独両国を含む西側諸国全体の利益を考慮し、世界大戦の可能性を排除するという全人類的な観点から行動することを提案したのである。(57)

ただし、注意しなければならないのは、石橋が米国に要求したのは西側諸国全体の盟主にふさわしい、大局的な見地からの対外政策の立案と遂行であって、自由主義陣営における米国の地位を否定してはいないという点である。戦後の速やかな復興のためにも日本にとって米国の支援は不可欠であり、米国との協調なしには国際社会において確固とした地位を得られないという当時の日本が置かれた状況を考えれば、日本のよりよい発展を最優先の課題と見なす石橋が、米国主導の国際秩序を否定することはあり得なかった。むしろ、日本にとって米国の果たす役割が大きく、西側諸国の盟主、自由主義陣営の中心としての地位を認めるからこそ、その地位にふさわしい態度を米国に求めたのである。

改憲と護憲を超えて

日本国憲法第九条の規定を削除するのではなく、一時的な停止を訴えたことは、「第三次世界大戦の必至と世界国家」が示した特徴的な議論である。再軍備を進めるのであれば、戦争の放棄を定めた日本国憲法第二章そのものを削除するほうが簡潔である。しかし、かつて日本国憲法が示した理念に共感し、高く評価した石橋にとって、憲法の勘所とも言うべき第九条の廃棄は日本国憲法の制定の精神を損なうと思われた。その一方で、現状のままで再軍備を進めれば明らかな憲法違反とならざるを得ない。このような葛藤の末に導き出されたのが、第九条の骨格は維持しつつその効力を一時的に停止することで至急の対応が必要な再軍備を進めるという提案だった。

もとより、第九条の廃止であれ新たな条文の追加であれ、改憲のためには衆参両院で各議院の総議員の三分の二以上の賛成を得た上で国会が発議し、国民投票もしくは国会が定める選挙の際に過半数の賛成を得なければならない。憲法第九十六条の規定に忠実であれば、どれほど事態が切迫しているとしても、一連の手続きを無視することはできない。しかも、憲法第九条の停止期間が「世界に完全なる安全保障制度が確立されるまで」とされているものの、どのような状況が当てはまるかについて明記しないところに、「第三次世界大戦の必至と世界国家」での石橋の提案が試論の域を出ないことを示す。

このような議論に、結論だけを述べており、具体的で歯切れのよい政策提言の前提をなす情勢分析の内実に再検討の余地があるという指摘[58]の適切さを認めることは難しくない。ただ、当時はGHQによる新聞や雑誌への検閲は廃止されていたものの、プレスコードによって自由な言論は制約されていた。石橋自身も『東洋経済新報』一九四五年九月二十九日号に掲載した社論「進駐米軍の暴行——世界の平和建設を妨げん」がGHQによって摘発され、同誌は頒布停止を命じられる経験をしている。[59]そうだとすれば、たとえ公職追放が解除された後の発表を目指していたとしても、そのときに依然としてGHQが日本を去っていなければどうなるか。GHQが制定に深く関わった日本国憲法の条文の廃止を明記することは、占領当局の忌避に触れ、論文の公表の機会を失うことになりかねなかった。一九五〇年当時に報道機関などが受けた言論活動への制約を考えれば、石橋の議論にある種の論理の飛躍や曖昧さがあることも、やむを得ないものであった。

これに加えて注目すべきは、その後のいわゆる五五年体制下で重要な争点となる改憲か護憲かという立場に囚われない、いかにして憲法の枠組みを活かしつつ目の前の情勢に対応すべきかという、現実に即した石橋の姿が示されていることである。そして、こうした態度は追放解除後に政界に復帰し、一九五四年に発足した鳩山一郎内閣で通産大臣を務め、一九五六年に政権を担当してから、より一層明確になるのである。

政界復帰後の憲法論と国防論

未発表の論文「第三次世界大戦の必至と世界国家」で示された、憲法と国防との兼ね合いという問題に対する石橋湛山の姿勢は、政治復帰後の行動にも影響を与えている。

例えば、一九五六年に日本社会党左派の帆足計から、通産相として軍事費の問題と経済政策との関係を「国際的教養の水準」を踏まえつつどのように理解するか問われた石橋は、「えらい大きな御質問でありますが」と前置きしつつ次のように答弁する。[60]

すなわち、一九〇九年に *Europe's Optical Illusion* を出版し、一九三三年にノーベル平和賞を受賞したノーマン・エンジェルや、マルクス主義哲学者で神学者のエルンスト・ブロッホが唱えたような、経済の発達や武器の進歩によって戦争が起きないという考えは現実的ではなく、原爆や水爆の誕生によっても戦争がすぐに起きないと断定できない。また、防衛産業の裏付けがなく兵員の数だけを増加させるのは現実的ではなく、経済の確実な発展に支えられた国防こそが重要である、というのが、石橋の回答だった。

さらに、帆足の質問の三か月後に、日本社会党左派の田中稔男が防衛生産は現在の憲法第九条の解釈としては禁止されているのではないかと発言すると、石橋は左記のように答弁している。[61]

しろうとがうっかり憲法論をやりますとしくじりますから、そういうことには触れたくないのでありますが、しかし防衛生産が防衛一般と切り離されたものとは思いません。だから憲法第九条にも関係があると私は思います。とにかく防衛力を持つ限りは防衛生産が必要である。しかしながらこれは、ほんとうは私の個人的意見を述べれば、防衛生産を大いに伸ばして、武器は精鋭なものがいいと思うのです。（中略）なるべく人命を損せずに防衛する、なるべく人手を使わずに防衛するということで、これは機械、武器というものは相当りっぱなものを持っておる方がいいと思います。

これに加え、対外貿易を所管する通産相としては、防衛産業を輸出の中軸に据えることは考えていないとすることで、兵器生産はあくまで国防の範囲にとどめることも明言する。

田中への答弁から分かるのは、改憲論争に直接関わることを避けようとしながらも、人命の損失を最小限に留めるためにも武器を精鋭化させる必要があり、そのためにも防衛生産の伸長が不可欠であるとしながら、武器の輸出は行わないという石橋の態度である。

石橋による一連の答弁は、日本国憲法の下でも自衛のための戦争は認められるとともに自衛隊も違憲ではないものの、憲法第九条に対する国民の理解を明確にするためにも機会を見て憲法改正を行いたいという鳩山内閣の統一見解[62]に基づく。いずれは憲法改正を行う予定ながら速やかに取り組むものではないという鳩山内閣の立場は、鳩山自身にとっては改憲を掲げ続けることで保守派の支持を集める原動力となり、石橋にとっては改憲の是非ではなく、産業力の発展が日本の完全な復興と十分な経済力とを実現し、ひいては防衛力の向上に寄与するという実務的な議論を可能にするものであった。

吉田と石橋に共通する国防観

すでに第三章で見たように、一九五六年十二月二十三日の石橋内閣発足時、防衛庁長官が不在であった。そのため、石橋が事務取扱として防衛庁長官を兼ね、十二月二十八日には防衛庁に登庁して隊員への訓示を行う[63]。

防衛のことについては政府与党は今後の政策の中の重要案件の一つとして最も重きを置く考えである。このため新内閣の防衛庁長官は諸君に対してもまた内外に対しても信頼される人物を選ぼうとして苦心しているところだ。国防問題は装備、人員も大切だが、それよりも精神が大切だと思う。私も昔陸軍少尉で軍隊のことは相当理解しているつもりだが、最も国防にとって大切なことは精神であり、それに庶民《ママ》一体となって進めることである。

この訓示は、内閣成立後も専任の防衛庁長官が決まらないことが自衛隊員の士気に悪影響を与えることを懸念した防衛庁次長の増原恵吉《ますはらけいきち》と防衛庁官房長の門叶宗雄《とがむねお》とが、石橋に要請して実現したものだった(64)。そのため、通産相時代以来の持論である国防には産業力の向上と兵器の精鋭化が必要であるという立場は示されず、国の防衛に一身を捧げるという精神的な側面が強調されている。

ただ、訓示後の記者会見では、防衛問題に関する政府の方針を次のように示している。

一、防衛庁の専任長官はなるべく早く決める。

一、防衛問題についても自主性をもってやりたいが、しかし自主性とは自分一人だけでやるということではない。日本の防衛にはどのような装備が必要かを決めてそのうえに立ってアメリカとの協力関係を立てていくべきだ。国防という問題は背後に工業力をもつことが必要である。私の考えとしては徒《いたずら》に人員をふやすばかりでなく装備をできるだけ立派なものにしたい。そのためには防衛産業も真剣に考えなければならないと思う。

一、日米安保条約および行政協定などは日本のいまの国力では残念ながら改定する時機ではないと思う。これらの防衛協定はよく片務的だといわれるが、これを日米対等に双務的に改定するということになると日本側の負うべき義務はますます増大しいまの国力ではむずかしい。

三点の発言のうち、第二項において持論である工業力に基づく防衛力の向上を強調していることは、国防政策が鳩山内閣以来大きく変化していないことを示している。また、わずかな時間の記者会見の中で「国力」に繰り返し言及し、現在の日本の経済力では片務的とされる日米安保条約を双務的な内容に改めることは時期尚早であると指摘することは、条約締結時に政権の座にあった吉田茂が志向した、米国の軍事力に依存して軍事費を可能な限り抑制し、経済復興を最優先させる「吉田路線」と軌を一にするものだった。

公職追放に遭った際、自らの内閣の一員を擁護しなかった吉田に対し石橋が「何か釈然としない」[65]感情を抱いたことは確かだった。だが、盟友である鳩山一郎が政権を獲得し、保守合同を経て自らが首相となれば、吉田の政策に反発する必然的な理由はなくなる。しかも、首相就任後の年頭のあいさつでは、防衛や基地の問題などを超党派的に解決することで、日米両国の関係の基礎をゆるぎないものにすることを明言している。[66]このように見れば、国防政策や日米安保体制に対する石橋と吉田の立場の違いは小さいものだった。

一九六〇年、首相となった岸信介は訪米し、米国大統領ドワイト・アイゼンハワーとの間で新安保条約の調印を行った。その翌日、吉田は、日米安全保障条約について次のように述べている。[67]

もちろん私が締結した安保条約は完全なものではなかった。安保条約そのものに明記しているように「国際連合の措置」や「個別的もしくは集団的の安全保障措置」によって日本領土区域の平和と安全が確保されるようになるまでの暫定措置であった。私としては初めから恒久的な、より完全な条約にとって代えられることを予想していたわけである。言いかえると「守ってもらう」関係から「ともに守る」関係へ前進することは当然であると予期していたのである。

述懐の内容を記述の通りに理解するなら、少なくとも一九五一年に日米安全保障条約を締結した際の吉田は、経済優先主義と軽武装主義からなり、戦後日本の保守派の基本的な政策となった「吉田路線」とは異なる意見を抱いていたことになる。とりわけ、個別的もしくは集団的の安全保障措置によって日本の主権の及ぶ範囲の平和と安全を確保することは、軽武装主義を超える立場である。この点で、少なくとも吉田と、「世界に完全なる安全保障制度が確立されるまで」という制約を設けることを条件に日本国憲法第九条の効力を一定の期間停止させ、日本の再軍備を許容した一九五〇年の石橋の考えとは相通じる性格を持っていたのである。

「青っちょろい議論」から現実主義者へ

石橋湛山は、太平洋戦争直後に示した戦後の日本の針路と国際社会への理解を、朝鮮戦争の勃発を契機とする第三次世界大戦への危機感によって転回した。

論文「第三次世界大戦の必至と世界国家」に提起された、西側世界の盟主としての米国の資質に対する懸念や、成長した経済の範囲内での再軍備の実現は、政界復帰後に対米依存から脱却した自主的な外交政策の確立や産業力の向上による国防力の増強という石橋の政策へと具体化される。そして、かつて日本国憲法が国民の権利の擁護に重点を置き、義務に関する記述が必要最低限にとどめられたことを問題視したように、一国の首相となって実際の政治を宰領する立場を得た石橋は、日本が国際社会に対して果たすべき義務が必要であることを強調する。(68)

軍備の問題もそうです。軍備すなわち徴兵といって、みなふれることをイヤがるが、国連に加盟して国際的に口をきくためには、義務を負わなければならない。国連の保護だけ要求して、協力はイヤだというのでは、日本は国際間に一人前に立ってゆくことはできません。(中略)とにかく国連に入った以上、その責任を果たすことは考えておかなければいけないと思います。

日本が国連への加盟を果たしたのは、一九五六年十二月のことだった。これによって名実ともに国際社会に復帰した日本にとって、次なる課題は国連の保護だけに頼らず、自国の防衛は自国の手によって行うという国際社会における最低限の義務を、いかにして履行するかということだった。こうした問題意識に即した検討の結果が、防衛庁長官としての訓示後の記者会見で示された、兵員の増加ではなく兵器の精鋭化による国防力の強化であり、「国の独立安全を保つに必要な最小限の防衛力はこれを備える国際義務を日本国民は負う(69)」という考えだった。

自らの主張に「青っちょろい議論(70)」の一面を認めた石橋湛山は、朝鮮戦争の勃発を契機に憲法や国家のあり方、あるいは国防政策に対する理解を現実の国際情勢に即したものへと改め、その意味において現実主義者へと脱皮したのであった。

一九五二年に発足した保安隊について次のように述べるのは、石橋が目の前の実情に即して国防を考える政治家となったことを示すものである。

われわれの常識からいえば今のフリゲート艦の方は知らないが陸上の保安隊というものは立派な軍隊で、あれが軍隊でないといったらどれが軍隊かと思うんです。形の方からみればですね。今の場合は何とか、憲法の方から解釈していくか、あるいは実際で解釈するかとにかく軍隊と認めなければ不便だと思う。実際現在あるものはね。（中略）戦力なき軍隊というのはおよそナンセンスな言葉なんだからね。(71)

現在の日本の実情からみてどうしても軍隊を持たなければならないということであれば、実際的に解釈すべきで、芦田理論でも清瀬理論でもなんでもよろしいから現在の憲法によって軍隊を持たせる、こう解釈すべきだ。政府もどうも今までは間違ったんだとはっきりと間違いは間違いだと訂正した方がいゝと思っている。そうなれば国民も釈然とするだろう。（中略）どうせ日本の防衛というものは以前と違って日本独力でやるという考えはとれないんで、いわゆる集団安全保障ということになるだろうと思うが、そうなると今のＭＳＡの法律の中にも書かれてあるように日本としてできるだけの貢献をするということでわたしはよろしいと思う。(72)

与党自由党を代表し、労農党主席の黒田寿男《くろだひさお》、東京大学教授の宮沢俊義《みやざわとしよし》、元海軍大将・駐米大使の野村吉三郎とともに座談会に出席した石橋は、「実際」「実情」「常識」という言葉を繰り返し用いることで、保安隊は軍隊であり、憲法の解釈を改めれば米国の相互安全保障法（ＭＳＡ）に明記された、被援助国は自国の防衛力の強化に努めるという規定にも対応できると主張する。

このとき「今までは間違ったんだ」と間違いを訂正することを求められている政府とは、当時石橋の政敵だった吉田茂の率いる内閣である。石橋の発言は、一見すると軽武装路線をとる吉田内閣への揺さぶりのように思われる。しかし、すでに見たように国防政策に関する石橋と吉田との隔たりは軽微なものだった。実際には自由党内の主導権争いではなく、理念を述べるだけで現実の政治に責任を持たない理想論とは一線を画し、平和国家の実現という究極的な理念を実現するために、当面の間は目の前の困難な状況の解決のために最善を尽くすという、石橋が到達した現実主義に基づく発言だったのである。

日本国憲法第九条は削除するのではなく現行の条文に一項を加え、暫時停止するという考えは、政界を引退した晩年においても主張されることになる。[73] その意味で、朝鮮戦争は石橋湛山の政治家としての憲法や国防に対する見方を規定しただけでなく、思考のあり方そのものをも方向づける、決定的な出来事だったのである。そして、このような政治上の課題をあるがままに受け止め、解決可能な対応策を提示し、実現に努めるという態度を手にしたことは、時に対立する相手とも妥協し、時に異なる意見をもつ者とも提携することを可能にするという、政治家としての成長を石橋にもたらしたのである。

注

(1)「ラジオ」『朝日新聞』一九五〇年六月二十五日朝刊三面。
(2)石橋湛一・伊藤隆編『石橋湛山日記』上巻、みすず書房、二〇〇一年、三三〇頁。
(3)同右。
(4)同右。
(5)同右。
(6)同右、三三〇～三三二頁。
(7)河野康子・村上友章・井上正也・白鳥潤一郎編『朝海浩一郎日記　付・吉田茂書翰』千倉書房、二〇一九年、一二七頁。
(8)「朝鮮の内戦と日本」『読売新聞』一九五〇年六月二十六日朝刊一面。
(9)「三十八度線の危局」『朝日新聞』一九五〇年六月二十六日朝刊一面。
(10)「朝鮮の戦火と東亜」『毎日新聞』一九五〇年六月二十六日朝刊一面。
(11)「ラッセル博士十年戦争を予言」『毎日新聞』一九五〇年七月一日朝刊一面。
(12)辻清明編『資料・戦後二十年史』第一巻、日本評論社、一九六六年、五八～六一頁。
(13)日韓経済協会編『日韓経済協会30年史』日韓経済協会、一九九一年、一一頁。
(14)経済企画庁戦後経済史編纂室編『戦後経済史』第一巻、東洋書林、一九九二年、二五頁。
(15)「〝冷い戦争〟に転機」『読売新聞』一九四九年三月十九日朝刊一面。
(16)前掲『石橋湛山日記』上巻、三三一頁。
(17)同右、三三四、三三六頁。
(18)石橋湛山「第三次世界大戦の必至と世界国家」『石橋湛山全集』第一六巻、東洋経済新報社、二〇一一年、五〇三～五一八頁。

(19) 同右、『石橋湛山全集』第一六巻、五〇七頁。
(20) 同右、『石橋湛山全集』第一六巻、五〇六頁。
(21) 同右、『石橋湛山全集』第一六巻、五〇八頁。
(22) 加藤隆太郎翁頌徳会編『加藤隆太郎翁』加藤隆太郎翁頌徳会、一九五九年、一二六頁。
(23) 前掲『石橋湛山日記』上巻、三三五頁。
(24) 前掲「第三次世界大戦の必至と世界国家」『石橋湛山全集』第一六巻、五〇五頁。
(25) 姜克實『石橋湛山』吉川弘文館、二〇一四年、一二〇頁。
(26) 石橋湛山「更生日本の門出」『石橋湛山全集』第一三巻、二〇一一年、四頁。
(27) 同右、『石橋湛山全集』第一三巻、六頁。
(28) 同右、『石橋湛山全集』第一三巻、五頁。
(29) 同右、『石橋湛山全集』第一三巻、六頁。
(30) 「国防は単に兵備のみでない」『東京朝日新聞』一九三三年十月二十三日朝刊二面。
(31) 「妙に気が合って弁舌比べ二時間」『東京朝日新聞』一九三三年三月八日朝刊一一面。
(32) 岩井秀一郎『永田鉄山と昭和陸軍』祥伝社新書、二〇一九年、一三七〜一四〇頁。
(33) 石橋湛山「邀激戦と竹槍三百万本論」『石橋湛山全集』第一二巻、二〇一一年、五四一〜五四三頁。
(34) 石橋湛山「日本防衛論」『石橋湛山全集』第一四巻、二〇一一年、四一八〜四二二頁。
(35) 前掲「更生日本の門出」『石橋湛山全集』第一三巻、六頁。
(36) 石橋湛山「故山本五十六元帥の心事」『石橋湛山全集』第一二巻、二〇一一年、五四九〜五五一頁。
(37) 石橋湛山「哲学的日本を建設すべし」『石橋湛山全集』第一巻、二〇一〇年、七五〜七九頁。
(38) 増田弘『石橋湛山――リベラリストの真髄』中公新書、一九九五年、一四八〜一五三頁。
(39) 前掲「更生日本の門出」『石橋湛山全集』第一三巻、五頁。

(40) 石橋湛山「産業再建策の要領」『石橋湛山全集』第一三巻、二七〜三〇頁。
(41) 石橋湛山「今後のわが外国貿易」『石橋湛山全集』第一三巻、五〇〜五四頁。
(42) 石橋湛山「四大財閥の解体」『石橋湛山全集』第一三巻、六九頁。
(43) 石橋湛山『湛山座談』岩波同時代ライブラリー、一九九四年、一〇五〜一〇七頁。
(44) 石橋湛山「憲法改正草案を評す」『石橋湛山全集』第一三巻、八八〜八九頁。
(45) 同右、『石橋湛山全集』第一三巻、八七頁。
(46) 同右。
(47) 同右、『石橋湛山全集』第一三巻、八七〜八八頁。
(48) 石橋湛山「五事御誓文と欽定憲法とに帰れ」『石橋湛山全集』第一三巻、一一二〜一一五頁。
(49)『官報』号外、一九四六年六月二十六日、一二頁。
(50) 前掲「第三次世界大戦の必至と世界国家」『石橋湛山全集』第一六巻、五一三頁。
(51) 同右、『石橋湛山全集』第一六巻、五一三頁。
(52) 同右、『石橋湛山全集』第一六巻、五一三頁。
(53) 同右、『石橋湛山全集』第一六巻、五一三〜五一四頁。
(54) 鈴村裕輔「石橋湛山の合理的思考と国益としての小日本主義」『国際日本学』第八号、二〇一〇年、一〇五〜一二二頁。
(55) 前掲「第三次世界大戦の必至と世界国家」『石橋湛山全集』第一六巻、五一二頁。
(56) 同右、『石橋湛山全集』第一六巻、五一四頁。
(57) 同右、『石橋湛山全集』第一六巻、五一八頁。
(58) 岡本隆司『近代日本の中国観――石橋湛山・内藤湖南から谷川道雄まで』講談社選書メチエ、二〇一八年、三三頁。

(59)「解説」『石橋湛山全集』第一三巻、二〇一一年、六三五頁。
(60)『第二十四回国会衆議院商工委員会議事録』第七号、衆議院、一九五六年二月二十一日、八頁。
(61)『第二十四回国会衆議院外務委員会議事録』第四十六号、衆議院、一九五六年五月十九日、一四頁。
(62)『第二十一回国会衆議院予算委員会』第二号、衆議院、一九五四年十二月二十二日、一頁。
(63)「訓示」『読売新聞』一九五六年十二月二十八日夕刊一面。
(64)「栄誉礼にも感激せぬ石橋長官」『読売新聞』一九五六年十二月二十九日朝刊一面。
(65)前掲『湛山座談』、一〇二頁。
(66)石橋湛山「完全雇用実現に積極経済政策を断行」『石橋湛山全集』第一六巻、四八三頁。
(67)吉田茂「新安保条約調印に思う」『日本経済新聞』一九六〇年一月二十日朝刊一面。
(68)石橋湛山「石橋湛山大いに語る」『石橋湛山全集』第一四巻、三五四頁。
(69)石橋湛山「プレスクラブ演説草稿」『石橋湛山全集』第一四巻、三六六〜三六七頁。
(70)前掲『湛山座談』、五〇頁。
(71)「自衛と憲法　本社座談会①」『読売新聞』一九五四年一月四日朝刊一面。
(72)「自衛と憲法　本社座談会②」『読売新聞』一九五四年一月五日朝刊二面。
(73)石橋湛山「石橋元総理、政治の動向を語る」『石橋湛山全集』第一六巻、五五〇頁。

終章　石橋湛山最後の日々

一九六四年、モスクワの日本語学級で学生たちと
（一般財団法人石橋湛山記念財団提供）

首相退陣後

首相を辞任してからの石橋湛山は、一九五九（昭和三十四）年の訪中や、一九六〇年に米国で調印された新日米安全保障条約の批准をめぐり、自民党の単独採決によって批准を可決した岸信介内閣の手法を批判し、東久邇稔彦、片山哲と連名で岸信介に対する辞職勧告と国民への議会政治の尊重を訴えるなど、自民党穏健派の重鎮として存在感を発揮した。

また、岸内閣が退陣し、良好な関係にあった池田勇人が組閣すると、定期的に池田と会談し、訪米の報告を受けたり、日米中ソの連携を提言したり、あるいは日中関係の改善に向けた助言を行っている。[1]こうした活動は、日本工業展覧会総裁として中国に渡った一九六三年九月の第二次訪中や翌年の訪ソに繋がっている。

日中関係の改善に関しては、一九六〇年に発足した池田勇人内閣が中国の中華全国総工会主席である劉寧一《りゅうねいいつ》一行の来日を認めたことで、断交状態が終結する。中国側は「貿易三原則」を提示し、十一月には日中友好貿易が始まる。日中友好貿易は一九六二年に高碕達之助と廖承志の間で日中総合貿易に関する覚書が締結されたことで新たな段階を迎えた。すなわち、締結者である高碕

（Tatsunosuke Takasaki）と廖承志（Liao Chengzhi）の姓の頭文字をとってLT貿易とよばれる貿易が始まり、従来は第五章でみた「政治三原則」を受け入れる商社のみによる限定的な日中友好貿易が規模を拡大し、半官半民の大規模な交易に発展した。一九七二年九月の日中国交正常化まで続くLT貿易は池田と石橋の会談が発端であり、LTラインは貿易に限らず、幅広い人事交流やスポーツ交流などにも対応していた。(2)

一方、石橋が訪中後に計画していた訪ソについては、心臓動脈に懸念が見つかったために当初予定されていた一九六一年五月の渡航が延期された。体力を回復し、健康状態も良好となった一九六三年五月に訪ソの方針を固めた石橋は、ソ連の最高指導者ニキータ・フルシチョフからも快諾を得ることに成功する。(3)こうして、一九六四年九月二十二日から十月十三日まで石橋夫妻に随員四名がソ連を訪問した。(4)しかし、ソ連の指導部内で深刻な権力闘争が起きていたため、フルシチョフとの面会は実現しなかった。二年前にフルシチョフから直接招待の手紙をもらい、一九六四年七月にもソ連大使館を通して面会の意向を伝えられていただけに、計画されていた面会の延期を当初は「おかしい」「ふしぎ」と感じていた石橋も、フルシチョフの失脚との関連を推察している。(5)

これに加え、佐藤栄作政権下でも山際正道《やまぎわまさみち》の後任の日本銀行総裁問題で佐藤栄作と意見交換を行い、北朝鮮訪問の希望を伝えるなど、歴代政権への一定の影響力を保持していた。(6)

だが、石橋が率いた火曜会、すなわち石橋派は次第に勢力を縮小させていた。

例えば、一九五七年七月頃から石橋の最側近であった石田博英と派の重鎮である大久保留次郎との間で派閥の運営をめぐる対立が起きたことは、派としての統一した活動を困難にした。さらに、大久保をはじめとする旧鳩山一郎直系議員の多くは一九六〇年の総選挙で落選ないし引退する。これにより、弱体化が進んでいた石橋派は勢力をさらに後退させることになる。

石橋派の解散を決定づけたのは、石橋が一九六三年十一月の衆議院議員総選挙で落選したことであった。残された石橋派の議員は池田派、佐藤派、藤山派への移籍ないし無所属となり、一九五六年の自民党総裁選に向けて誕生した石橋派は消滅する。(7)

最後の選挙

すでに第一章で見たように、石橋は選挙に弱く、名取栄一が静岡県第二区の財界を取りまとめ、支援体制を確立したことで当選を果たしていた。その名取が一九五八年十一月に死去した影響は大きく、この年四月の総選挙では一五・一%であった石橋の得票率は一九六〇年には一四・三%に低下する。(8) そして、一九六三年には、定員五人の選挙区に自民党としては四人目の候補として木部佳昭《きべよしあき》が立候補したため保守票が分散し、石橋は落選する。得票率は静岡県第二区から立候補した七回の選挙で最も低い一一・一%だった。(9)

木部は農林大臣時代の河野一郎の秘書官を務めた人物であった。その木部が加わり、従来三人であった公認候補が一名増えたのは、政治家として最晩年を迎えるだけでなく、名取栄一という駿東地区を代表する人物を失った石橋よりも、当時は次期総理総裁候補の有力者であった河野を党執行部が尊重した結果だった。

落選後、石橋は政界を引退したため、一九六三年の総選挙は最後の選挙となった。

当時体調がすぐれなかった石橋が出馬を見送るという観測もある中で立候補したのは、「選挙のエキスパートたちがみんなだいじょうぶというしボクも有望だと思ったから」[10]だった。名取亡き後の石橋陣営の選挙事務長は沼津市長の塩屋六太郎《しおやろくたろう》が務め、東京では前回の総選挙で落選して政界を退いていた大久保留次郎が事務を取り仕切っていた。静岡県第二区の支援体制は「地元としては第一級」ではあったものの、木部の存在が大きな脅威であったことは、石橋が病身を押して選挙区をすみずみまで回って支持を訴えたことからも窺われる。

実際、石橋に対しては、自民党の支持者だけでなく、ともに当選をかけて競い合っている日本社会党の候補も「石橋さんを落とすな」と声援を送っており[11]、その姿が悲壮なものであったことが分かる。

すれ違う二人の首相経験者と二人の未来の首相

ところで、一九六三年の総選挙では、石橋とともにもう一人の首相経験者も落選している。一九四七年に日本社会党を率いて首班となった片山哲である。

戦後の政界に一時代を画した吉田茂が出馬せず政界を引退する一方、立候補した石橋と片山が落選したこと、さらに二十代で当選した候補者をめぐっては、論者の間で評価が分かれた。例えば、政界の高齢化を考えれば好ましい現象であり、両者は本来出るべきでなかったという意見がある一方、国家的人物の落選は大きな損失であるという指摘があった。それとともに、二十代で当選した者については、親の選挙区を継承した結果当選したのであり、ただ若いというだけで歓迎すべきではないという批判がなされていた(12)。

このとき当選した二十代の候補とは、橋本龍太郎《はしもとりゅうたろう》、小渕恵三《おぶちけいぞう》、塚田徹《つかだとおる》であった。橋本は龍伍《りょうご》、小渕は光平《みつへい》、塚田は十一郎を父に持つ。父の逝去の直後に行われた総選挙に立候補（橋本）、父の死後一回の総選挙を挟んで一九六三年を迎える（小渕）、県知事となった父の選挙区から国政に進出（塚田）と、経緯は異なるものの、いずれも父の地盤を継承している。そのため、これら三人は、後に世襲議員と称される存在の典型だった。

塚田は第三章で見た通り、石橋内閣時代に石井派であった父の十一郎が自民党の政務調査会長を務めており、石橋との関わりは決して浅くなかった。

橋本龍太郎は一九九六（平成八）年に、そして小渕恵三は橋本の後を継いで一九九八（平成十）年に首相に就任する。

確かに、一般に世襲議員は、強固な地盤、親の名声、そして豊富な資金と、「地盤」「看板」「鞄」の「三ばん」を持ち、非世襲議員に比べて有利な状況で初めての選挙に臨むことができるとされている。しかし、同じ世襲議員でも、自民党の要職を務め、閣僚を歴任した父をもちながら、塚田は衆議院議員を通算三期務めた後は落選が続き、政界を引退している。ここから世襲議員は政界に進出する際には有利でも、その後は当選を続け、頭角を現すことができなければ表舞台から姿を消すだけとなることが分かる。

実際、橋本は一九七八（昭和五十三）年に第一次大平正芳内閣で厚生大臣となったのをはじめとして、閣僚や党三役を歴任し、早くから将来の総理総裁候補と目されたのに対し、小渕は福田赳夫《ふくだたけお》と中曽根康弘《なかそねやすひろ》という派閥の領袖が割拠していた群馬県第三区が地盤であったため苦戦を強いられ続け、中選挙区時代に立候補した一一回の選挙で最下位当選が六回あった。また、橋本の翌年に初入閣を果たしたものの、その後党の役職や閣僚としての経験は常に橋本の後塵を拝し続けてきた。こうした小渕の姿は、古参の支持者が「一回ぐらい大臣にはなっても、総裁候補とは夢にも思わなかった」と述懐するほどであり、福田と中曽根という巨頭に挟まれた小物政治家という自己認識は「ビルの谷間のラーメン屋」の一言[13]によく表れている。

しかし、橋本は誰よりも政策をよく知っているという自負心を隠すことなく総理総裁への道をひたすらに進み、小渕も敵を作らない人当たりの良さを活かして「人柄の小渕[14]」の評価を確立し首相の地位を手にした。

二人の首相経験者が落選したことが話題となった一九六三年の総選挙は、後に振り返ると一九九六（平成八）年から二〇〇〇年まで四年にわたり首相を務めることになる二人の青年代議士を輩出した、新旧すれ違いの場でもあったのである。

「プロ」と「アマチュア」

それでは、政治家としての石橋湛山とはいかなる存在だったのか。

これまで見てきたように、根回しを得意とせず、選挙運動も大所高所から日本や世界のあり方を見据えた演説を行っても選挙区の繁栄に繋がるような主張をしないために支援者を困惑させたといった様子は、「アマチュア政治家」という評価が妥当であることを示す。

その一方で、一九五六（昭和三十一）年の総裁選挙の功労者であり最側近でもあった石田博英のような、政界の表裏を熟知し、手練手管に通じた人物が傾倒したのも、石橋湛山だった。

石田は、旧制京都府立桃山中学校在学中から『改造』や『中央公論』に掲載された賀川豊彦《かがわとよひこ》や石橋の論文に共感していた。[15] そして、『中外商業新報』（現在の『日本経済新聞』）の記者であった一九四三（昭和十八）年に、「加藤隼戦闘隊」の名で知られ、前年に戦死した後は「軍神」と呼ばれた加藤建夫《かとうたてお》の写真集をめぐり、陸軍省と交渉して東洋経済新報社からの出版に尽力する。後日当時同社の社長であった石橋に招かれて東洋経済新報社の食堂で食事をともにしたのが、二人が直接会った最初の機会だった。[16]

中学生時代以来尊敬していた石橋に初めて接した石田はその人柄に改めて感化されるとともに、一九四七年の総選挙に立候補した際には石橋が選挙対策委員長を務めていた日本自由党から出馬し、これ以降二人はともに行動することになる。

それでは、石田が石橋を首相にするために全力を尽くすことを誓った契機は、どのようなものだったのだろうか。石橋に公職追放処分が下されるという噂が立った際に反対の気勢を上げるために関係者を集めたところ、当初は三六、七人が集まったものの、石橋の追放を受けて再招集をかけると集まったのは島村一郎と高橋栄吉《たかはしえいきち》に石田を加えた三人であったことであった。人間の酷薄さに怒りを覚え、「今に見ていろ、いつか必ず石橋内閣を作ってみせる」[17] と捲土重来を決意したという逸話は「小説」[18] のような出来過ぎた話であろう。

しかし、自ら総理総裁を目指すというよりは、誰かを首相の座に押し上げるために尽力しようとする石田のような政治家にとって、単なる政策立案能力や事務処理能力といった官僚的有能さとは次元を異にする、自らの政治理念を現実の政治の中で実現しようとする政治的勇気、行動力、説得力を持つ石橋は、「アマチュア」であった。そして、「アマチュア」であるために、その対極にある「プロの政治家」としての石田は、時に補佐し、時に指導するかのように石橋を支えたのであった。[19]

「ファン」に支えられた政治家

石田は、一九四三年に石橋と会食した際、すき焼きがふるまわれたことを覚えている。そして、牛肉の入手が困難な時代にもかかわらず東洋経済新報社の社員食堂に牛肉があった理由を、神戸の旅館の主である西村貫一が送ったためであると推測する。石田が西村に与えた「石橋先生のファン」という評価は石田そのものにも当てはまるのであり、「ファン」であるがゆえに、利害得失を超えて石橋のためにすべてを賭けることを可能にしたのである。そして、「ファン」という点から考えるなら、石橋に選挙区を譲った佐藤虎次郎や後援会を組織し、物心両面で石橋を支えた名取栄一も石橋の「ファン」であった。さらには、一九五六年の総裁選で「自分の父に似ていると思わないか」と石橋を支持した三木武夫も「ファン」の一人であったし、後に安保改定問題をめぐって対立しながらも、石橋の見識を高く評価した岸信介も、石橋の「ファン」であったかもしれない。[20]

このように、政治家としての石橋は、周囲が思わず手を差し伸べ、支援せざるを得ない存在であった。そして、そのような周囲の力を取り込むことで首相となり、政治家としての頂点を極めることに成功したのである。

ただし、周囲の支援を得て初めて力を発揮できるという石橋の姿は、政治家としての魅力であるとともに、欠点でもあった。名取の没後に石橋が落選したのは、名取あっての石橋の選挙であったことを物語る。

また、一九五八年五月の総選挙後に第二次岸信介内閣が発足した際、石橋派からの入閣者をめぐり石橋と石田の間に不仲がささやかれることになった。石橋派の中で石田博英を支持する石田系は石田の留任（当時、労働大臣）を主張する一方、大久保留次郎ら旧鳩山派から参加した大久保系は一九五六年の総裁選で活躍した加藤常太郎の入閣を主張し、両者が岸やその周辺に別々に働きかけ、結果的に誰も入閣できない事態となったことで、石田と大久保らの側に立った石橋との間に意見の対立が生じたのであった。石田が一九五八年七月に東京書房から『勝負の孤独』を出版したのは、石橋派を私物化しているという派内の批判に反論し、石橋や世間に対して私心を持っていないことを訴えるためだった[21]。

石橋と石田は吉田茂の仲介によって和解したものの、たとえ一時的であるとしても側近である石田との関係が悪化したことは、石橋と石橋派の力を削ぐものであった。その後、宇都宮徳馬が石橋の新たな側近として登場し、一九五九年の訪中にも同行する。だが、大野派から河野派を経て大野派に復帰し、保守合同以前には改進党の北村徳太郎派の会合に参加するなど、宇都宮は派閥を転々としている。また、宇都宮は石田のような政治的な駆け引きには通じておらず、石田のように石橋のためにすべてを捧げようとする「ファン」でもなかった[22]。むしろ、自分の下に集まる者はたとえ自らの主義主張と異なるといえども受け入れた石橋の態度によって石橋派に合流した政治家たちの一人だった。もとより石田は生涯石橋に師事する気持ちを失わず、最後まで石橋の側近をもって自任した。しかし、いわば石橋派の客分である宇都宮が側近に名を連ねたことも、石橋が自らの政治力を十分に発揮する機会を失う一因だったのである。

晩年の石橋湛山

一九六三年の総選挙で落選し、政界を引退した石橋湛山は病気がちになり、論文の執筆なども まれになった。さらに、一九六八年三月三十一日をもって立正大学長、立正高等学校長、立正中学校長を辞任して立正大学名誉学長となったこと[23]は、石橋がますます社会の第一線から遠のいてゆくことを告げていた。

そのような中で二年九か月の準備期間を経て一九七〇年十月二十日に『石橋湛山全集』の刊行が始まり、一九七二年九月十日に全一五巻が揃ったことは、石橋にとってそれまでの活動の集大成を意味する、重要な出来事であった。

そして、一九七三年四月二十五日午前五時一七分、石橋は脳梗塞により八八年の生涯を終えた。石橋の遺体は「少しでも医学のためになれば」という遺志により、解剖のためにツツジが深紅の花びらを鮮やかに咲かせる自宅から、聖路加病院に搬送されたのだった[24]。

注

（1）「石橋湛山年譜」『石橋湛山全集』第一五巻、二〇一一年、二九五〜二九六頁。

(2) 鮫島敬治『8億の友人たち――日中国交回復への道』日本経済新聞社、一九七一年、四七～五七頁。
(3) 増田弘『石橋湛山――思想は人間活動の根本・動力也』ミネルヴァ書房、二〇一七年、三二六～三二七頁。
(4) 同右、三二八頁。
(5) 石橋湛山『湛山座談』岩波同時代ライブラリー、一九九四年、一九二～一九三頁。
(6) 前掲「石橋湛山年譜」『石橋湛山全集』第一五巻、二九五～二九七頁。
(7) 鈴村裕輔「自民党石橋派の盛衰――石橋湛山と辻政信の関係を踏まえつつ」『国際日本学』第一九号、二〇二二年、六四～六五頁。
(8) 静岡県選挙管理委員会編『静岡県の選挙記録』静岡県選挙管理委員会、一九六八年、五五四、五六二頁。
(9) 同右、五七〇頁。
(10) 「新旧交代」『読売新聞』一九六三年十一月二十三日朝刊一五面。
(11) 同右。
(12) 「親の地盤に乗る」『読売新聞』一九六三年十一月二十三日朝刊一五面。
(13) 「こんな素顔　自民総裁を目指す3人」『朝日新聞』一九九八年七月十八日朝刊三一面。
(14) 「自民総裁選　3候補の横顔」『読売新聞』一九九八年七月二十一日夕刊二面。
(15) 石田博英『私の政界昭和史』東洋経済新報社、一九八六年、六頁。
(16) 同右、六二頁。
(17) 同右、六五頁。
(18) 宮崎吉政「新聞記者が接した政治家石橋湛山の実像」『石橋湛山研究』第三号、二〇二〇年、一七四頁。
(19) 前掲『私の政界昭和史』、一九五頁。
(20) 同右、六三頁。
(21) 中島政希「石橋派の変遷――石橋湛山をめぐる政治家たち」『自由思想』第一五三号、二〇一九年、六七、六九頁。
(22) 同右、『自由思想』第一五三号、七一頁。
(23) 前掲「石橋湛山年譜」『石橋湛山全集』第一五巻、二九七頁。
(24) 「大型訪日団を見届け　苦痛もなく眠るように〝大往生〟」『朝日新聞』一九七三年四月二十五日夕刊三面。

あとがき

初めての国政選挙で落選、大蔵大臣を務め、有力な支援を得て臨んだ翌年の総選挙で雪辱するものの公職追放、追放解除後に鳩山一郎内閣の成立をみたにもかかわらず希望していた大蔵大臣ではなく予想外の通商産業大臣としての入閣、総裁選挙の勝利を経て満を持して首相となった矢先に病を得たため在職六五日での退陣など、政治家としての石橋湛山は挫折の連続だった。

それにもかかわらず、日本の国政が混乱したり首相の指導力が問われたりする局面で、しばしば「もし、今生きていたら」と言及される政治家の一人が石橋湛山でもある。

こうした様子を見るたびに筆者が抱いたのが、石橋湛山はいかなる政治家であり、何を目指し、何を成し遂げたのか、という疑問だった。

本書はこのような疑問から出発し、石橋湛山が政治家としていかなる人物であったのか、その実像に迫ろうとした一冊である。このような試みがどこまで成功したか、読者各位の忌憚のないご批正を仰ぎたい。

さて、筆者が初めて石橋湛山を研究の対象としたのは二〇〇六年のことであった。これ以降、石橋に関する個別の話題について論文を発表してきたものの、一冊の本としてまとめ上げるには至らなかった。そうした中で本書を刊行できた最大の理由は、公益財団法人サントリー文化財団が二〇一五年十月から二〇一七年五月まで行った、山崎正和先生を塾長とする『知』の試み研究会、通称「山崎塾」の存在である。

山崎塾は若手研究者がいかにして一般書を執筆するだけの力量を備えるかを、第一線で活躍する編集者との協同の下で学ぶという場であった。かつて同財団の鳥井フェローであった経緯から山崎塾に塾生として参加する機会を得た筆者は、他の塾生の優れた才能や編集者の具体的で実践的な助言、そしてどのような話題についても必ず明快な回答を示す山崎先生の卓越した見識に接し、大きな刺激を受けた。

山崎塾は所期の目的を果たして活動を終了し、山崎先生も二〇二〇年八月十九日に逝去された。しかし、山崎塾で編集者の皆さんの知遇を得たことは筆者にとって大きな成果であった。本書の原型となる企画「政治家・石橋湛山」を構想した際、山崎塾に助言者として参加されていた中央公論新社の中西恵子氏（当時中公新書ラクレ編集長）に相談したところ、中公選書での刊行を勧められた。二〇二〇年七月三十日のことだった。

その後、本書の総論として「はじめに」を提出し、企画が採用されたことで、本格的な執筆に入ることになる。しかし、筆の進みは遅く、脱稿したのは二〇二三年六月七日であった。企画の採用は二〇二〇年九月のことだったから、原稿の完成まで二年九か月を要したことになる。

この間、世界的には新型コロナウイルス感染症の感染拡大が進み、ロシアによるウクライナへの侵攻に象徴される既存の国際秩序の動揺など、様々な出来事があった。日本においても、安倍晋三元首相の銃撃事件や原料高を背景とする物価騰貴など、過去に例を見ない事件や日常生活に大きな影響を与える出来事が起きた。

筆者自身にとっても、この間の状況は大きな変化を伴うものだった。執筆前は夫婦二人であった家庭は二〇二〇年十月に長男、二〇二三年一月に次男が誕生して四人家族となったし、二度の転居も経験した。特に二度目となる二〇二三年四月には居宅を勤務先のある愛知県名古屋市から、四年ぶりに生まれ育った東京都目黒区に戻すなど、節目ともいうべき出来事を相次いで経験したのである。

こうした中で、本書の編集を担当された吉田大作氏は、原稿の完成を根気強く待ち続けてくださった。明るく朗らかであり、しかも発せられる言葉の一つひとつが考え抜かれ、問題の核心を突く吉田氏との対話は筆者にとってかけがえのないひと時であった。特に自宅を東京に戻してからは編集部を訪問する機会も増え、そのたびに寛いだ雰囲気の中で本書の課題を検討したことは得難い経験となった。

例えば吉田氏と筆者の思いがけない共通点が明らかになった時の喜びは大きなものであったし、書名についてあれこれと意見を交わした際の躍動感と緊張感は、文字通り目の前で一つの本が作り出される過程を実感するのに十分なものであった。吉田氏がいなければ本書は成り立たなかったし、もし刊行されたとしても現在の姿とは大いに異なっていたであろうことは明らかである。吉田氏の絶大な支援に深甚なる謝意を表する次第である。

この他にも本書は出版までに多くの方々の助力を得た。本来であればすべての方々のお名前を明記しなければならないものの、紙片の都合上、左記の方々に限定することを寛恕されたい。

最初に挙げるのは、クルト・ウェルナー・ラドケ先生（元早稲田大学、元ライデン大学）である。筆者が二〇〇三年四月に法政大学大学院国際日本学インスティテュート社会科学研究科政治学専攻に入学し、二度目の修士課程を修めた際、兼任講師として講義を担当したラドケ先生が石橋湛山についてのご自身の最新の論考を紹介されたことが、筆者にとって石橋に関心を持つ契機となった。特にお名前を記して謝するものである。

次に、増田弘先生（立正大学）には、石橋湛山に関する著書や論文から多くを学ぶとともに、石橋湛山研究学会や立正大学石橋湛山研究センターなどでも様々なご指導を頂戴した。現在の石橋湛山研究の中心的存在である増田先生の謦咳に接することは、筆者にとって重要な知見を得るための格好の機会であった。

また、一般財団法人石橋湛山記念財団及び石橋省三代表理事には、財団所有の写真を快くご提供くださるなど、種々の便宜を図っていただいた。

さらに、石橋湛山研究学会で毎年のようにご一緒する、三木武夫研究の第一人者である竹内桂先生（明治大学）は、二〇二三年二月に著書『三木武夫と戦後政治』（吉田書店）を上梓された。これまで各種の学術誌に掲載された三木武夫研究が一冊の本にまとめられたことは三木研究の一層の深化を促すであろうし、筆者にとっても石橋湛山内閣の実現に大きく貢献した三木を知るために重要な手掛かりとなった。その学恩に深く感謝する。

政治家としての石橋湛山の最大の恩人であった名取栄一の曽孫に当たる名取正純氏には、私家版の『名取栄一翁伝記』の貸与を許可されたことに謝意を表する。従来の石橋湛山研究では言及されてこなかった同書を利用できたことは、本書の大きな特徴の一つであると筆者の自負するところである。

この他に、石橋湛山研究学会と立正大学石橋湛山研究センターの関係各位には、日頃からの支援に感謝するとともに、名城大学附属図書館のほか、コロナ禍にあって資料収集が困難な時期に各種資料を快く閲覧に供した国立国会図書館憲政資料室、法政大学図書館、九州大学附属図書館中央図書館、神戸大学附属図書館社会科学系図書館、沼津信用金庫にも御礼申し上げる。

最後に、妻と二人の息子には、いかなる言葉も及ばないほど感謝している。特に妻には、筆者が東京の自宅から名古屋市の仕事場まで通勤するため、講義や会議がある日は育児の多くを任せることになった。それまでに比べて負担が大きくなったにもかかわらず、笑顔を絶やさない妻がいるからこそ、本書は無事に刊行されたのである。われわれ夫婦にとってかけがえのない存在である二人の息子が本書を手に取り、自分たちが生まれ、日々成長する間に書き進められた本がどのようなものであったかについて関心を持つ日が来ることを願うばかりである。

二〇二三年八月七日

鈴村裕輔

石橋湛山略年譜

＊年齢は9月満年齢

西暦（和暦）	齢	事項
一八八四年（明治十七）	0	9月25日、東京市麻布区芝二本榎に生まれる。父は杉田湛誓、母は石橋きん。幼名省三。母方の姓を継ぐ。
一九〇七年（明治四十）	23	7月、早稲田大学大学部文学科（哲学科・英文学科）を卒業し、特待研究生として宗教研究科に進級。
一九一一年（明治四十四）	27	1月、東洋経済新報社入社。
一九一二年（大正元）	28	10月、『東洋時論』廃刊に伴い『東洋経済新報』に合併され、同誌記者となる。
一九二四年（大正十三）	40	9月、神奈川県鎌倉町町会議員に当選。 12月、東洋経済新報社第五代主幹に就任。
一九二五年（大正十四）	41	1月、東洋経済新報社代表取締役・専務取締役に就任。
一九四一年（昭和十六）	57	2月、東洋経済新報社代表取締役社長に就任。
一九四五年（昭和二十）	61	11月、日本自由党顧問に就任。
一九四六年（昭和二十一）	62	4月、第22回総選挙に東京都第二区から立候補して落選。 5月、第一次吉田茂内閣の大蔵大臣に就任。東洋経済新報社代表取締役社長を辞任。

一九四七年（昭和二十二）	63	4月、第23回総選挙に静岡県第二区から立候補して当選。 5月、GHQより公職追放を受ける。
一九五一年（昭和二十六）	67	6月、公職追放解除。自由党入党。
一九五二年（昭和二十七）	68	10月、第25回総選挙に静岡県第二区から立候補して当選（以後、五回連続当選）。 12月、立正大学学長就任。
一九五四年（昭和二十九）	70	12月、第一次鳩山一郎内閣の通商産業大臣に就任。
一九五六年（昭和三十一）	72	7－8月、火曜会（石橋派）結成。 12月14日、自由民主党総裁選挙で当選。 12月23日、内閣総理大臣に就任。
一九五七年（昭和三十二）	73	2月23日、首相を辞任。
一九五九年（昭和三十四）	75	9月、周恩来国務院総理の招請により中国を訪問（第一次訪中）、石橋・周恩来共同声明を発表。
一九六三年（昭和三十八）	79	9月、日本工業展覧会総裁として中国を訪問（第二次訪中）。 11月、第30回総選挙に立候補して落選、政界を引退。
一九六四年（昭和三十九）	80	9－10月、日本国際貿易促進協会総裁としてソ連を訪問。
一九七〇年（昭和四十五）	86	9月、『石橋湛山全集』全一五巻の刊行開始（一九七二年完結）。
一九七三年（昭和四十八）		4月25日、死去。享年八十八。

ヤ　行

ラ・ワ行

タ　行

ナ　行

カ　行

サ　行

人名索引

ア　行

鈴村裕輔

名城大学准教授
1976年、東京都生まれ。法政大学大学院国際日本学インスティテュート政治学研究科政治学専攻博士課程修了。博士（学術）。専門は比較思想、政治史、比較文化。近著に『清沢満之における宗教哲学と社会』（法政大学出版局、2022年）、論文に "Once They Were Heroes: The Rise and Fall of the Japanese Communist Party in the Wake of the Second World War." *War and Communism*. Brill Schöningh, 2022. がある。

政治家《せいじか》 石橋湛山《いしばしたんざん》
——見識《けんしき》ある「アマチュア」の信念《しんねん》

〈中公選書 140〉

著 者 鈴《すず》 村《むら》 裕《ゆう》 輔《すけ》

2023年 9 月10日 初版発行

発行者 安 部 順 一

発行所 中央公論新社
〒100-8152 東京都千代田区大手町 1-7-1
電話 03-5299-1730（販売）
03-5299-1740（編集）
URL https://www.chuko.co.jp/

D T P 今井明子

印刷・製本 大日本印刷

Published by CHUOKORON-SHINSHA, INC.
Printed in Japan ISBN978-4-12-110141-9 C1321
定価はカバーに表示してあります。

中公選書　好評既刊

120
日本の私立大学はなぜ生き残るのか
――人口減少社会と同族経営：1992-2030

ジェレミー・ブレーデン
ロジャー・グッドマン 著
石澤麻子訳

十八歳人口の減少によって、次々と経営破綻すると予想された日本の弱小私立大学。しかし今、その数は増えている。フィールドワークとデータ分析で導き出された日本社会の本質とは何か。

121
「感染」の社会史
――科学と呪術のヨーロッパ近代

村上宏昭著

病気をもたらす不可視の微生物への恐怖と不安は、呪術的思考と絡み合い、人と人とのつながりや社会のあり方を一変させた。十九世紀末の「細菌学革命」以後のヨーロッパの激動を追う。

122
戦後日本の中国観
――アジアと近代をめぐる葛藤

小野寺史郎著

文化大革命や天安門事件は日本でどう理解されたか。敗戦、日中国交樹立、反日デモ……変わる日中関係は、日本の中国研究にどう影響したか。膨張を続ける隣国を冷静に見つめるために。

123
写真論
距離・他者・歴史

港　千尋著

実験成功から二百年、常時接続されたカメラが見つめる日常は刻一刻と「写真化」している。撮られる世界のほうが撮る人間のことを知っている画像の世紀に撮るべきものは残っているか。

124 謎の海洋王国 ディルムン
――メソポタミア文明を支えた交易国家の勃興と崩壊
安倍雅史著
バハレーンに残る世界最大の古墳群。四〇〇〇年前これらを築いた人々は、いかにして繁栄をきわめ、なぜ歴史の表舞台から去ったのか。謎につつまれていた王国の歴史の解明に挑む。

125 脳とAI
言語と思考へのアプローチ
酒井邦嘉編著
合原一幸／辻子美保子
鶴岡慶雅／羽生善治著
福井直樹
AIは人間の脳を超えられるのか（シンギュラリティは来るのか）。学問的な背景と現在地を確認し、未来像を得るために、脳科学・工学・言語学・将棋のエキスパート達が縦横に論じ合う。

126 「戦後」が終わるとき
――日本は外交の言葉を取りもどせるか
坂元一哉著
内外情勢の激動するなかで国際政治学者が書き続けた人気コラム「世界のかたち、日本のかたち」の、二〇〇八年から二一年まで一三年分を集成。米中の狭間における日本の指針を探る。

127 聯合艦隊
「海軍の象徴」の実像
木村 聡著
日清戦争時の臨時組織に過ぎなかった聯合艦隊は日露戦争の栄光を引っ提げ、常置されるものとなったが――。これまで海軍史の一部分でしかなかった聯合艦隊を中心に据えた初の通史。

128
分断の克服 1989–1990
統一をめぐる西ドイツ外交の挑戦

板橋拓己著

「ベルリンの壁」は崩れた。だがソ連は統一に反対、英仏が大国ドイツ復活を警戒する中、新生ドイツと新しい国際秩序はいかに創られたか。最新史料を駆使し描く。大佛次郎論壇賞受賞作。

129
人類史の精神革命
――ソクラテス、孔子、ブッダ、イエスの生涯と思想

伊東俊太郎著

前五世紀以降、ソクラテス、孔子、ブッダ、イエスの思索と行動により、哲学と普遍宗教が生まれた。なぜ東西の地で並行して精神革命が起きたのか。平易な筆致で人類史の謎を解明する。

130
矢部貞治
――知識人と政治

井上寿一著

戦争の時代、東大で政治学講座を担い、近衛文麿のブレーンとして現実政治で実践を試みた矢部。敗戦後は、よりよき民主主義を模索。言論を通じ変革を求め続けた。ある政治学者の生涯。

131
日本の保守とリベラル
――思考の座標軸を立て直す

宇野重規著

日本政治の対立軸として語られるようになった「保守」と「リベラル」は、本来対立するものなのか。欧米の政治思想史を参照しつつ、近現代日本にそれぞれの系譜を辿り、読み解く試み。

132
脱「中国依存」は可能か
――中国経済の虚実
三浦有史著
日本にとり中国は最大の貿易相手国だが、深まる一方の「中国依存」への不安も高まっている。バブル崩壊論でもバラ色の未来でもない中国経済の正しい見方と日本の取るべき指針とは。

133
大才子 小津久足
――伊勢商人の蔵書・国学・紀行文
菱岡憲司著
四つの名前を使い分けて生きた江戸時代最大の紀行文作家・小津久足。その営みを丹念に辿りながら、文学、文化、経済を横断し、近代とは似て非なる、ありのままの江戸社会の姿を探る。

134
卑弥呼とヤマト王権
寺沢 薫著
三世紀初め、奈良盆地東南部の纒向の地を大王都として、卑弥呼は「新生倭国」の女王に共立された――。考古学の最新成果と中国史書の精読から、ヤマト王権誕生のドラマを再現する。

135
山本五十六
――アメリカの敵となった男
相澤 淳著
日米開戦の積極論者か、悲劇の英米協調派か。航空戦力への先見の明、山本の転機となったロンドン軍縮会議、そして対米認識の変遷に着目し、最も著名な連合艦隊司令長官の実像を描く。